BERGER-LEVRAULT ET Cie, LIBRAIRES

5, rue des Beaux-Arts, Paris. — 18, rue des Gla

BIBLIOTHÈQUE D'ENSEIGNEMENT COMMERCIAL

II. — Ouvrages parus.

Principes généraux de Comptabilité, par E. LÉAUTEY, professeur de comptabilité, ancien chef de bureau au Comptoir national d'Escompte, et A. GUILBAULT, ancien chef d'administration de la Société métallurgique de Vierzon. 1895. 1 volume in-8°, relié en percaline gaufrée. . . . . 5 fr.

Manuel pratique des Opérations commerciales, par A. DANY, directeur de l'École supérieure de commerce du Havre, ancien chef de comptabilité, ancien professeur à la Société mutuelle des employés de commerce du Havre. 1894. 1 volume in-8°, relié en percaline gaufrée . . . . 5 fr.

Monnaies, poids et mesures des principaux pays du monde. Traité pratique des différents systèmes monétaires et des poids et mesures, accompagné de renseignements sur les changes, les timbres d'effets de commerce, etc., par A. LEJEUNE, directeur de l'École supérieure de commerce de Marseille. 1894. 1 volume in-8°, relié en percaline gaufrée . . . . 5 fr.

Manuel de Géographie commerciale, par V. DEVILLE, professeur agrégé au Lycée Michelet. (*Ouvrage récompensé par la Société de géographie commerciale de Paris.*) 1893. 2 vol. in-8° avec cartes et diagrammes, reliés en percaline gaufrée **.** . . . . 10 fr.

Précis d'Histoire du Commerce, par H. CONS, professeur à la Faculté des lettres de Lille, à l'École supérieure de commerce de Lille et à l'Institut industriel du Nord. 1896. 2 vol. in-8°, reliés en percaline gaufrée. . 8 fr.

Armements maritimes, cours professé à l'École supérieure de commerce de Marseille, par C. CHAMPENOIS, capitaine au long cours, ancien commandant aux Messageries maritimes. 1895. 2 vol. in-8° avec 140 figures, reliés en percaline gaufrée . . . . 10 fr.

Les Tribunaux de commerce. Organisation, compétence, procédure, par A. HOUYVET, docteur en droit, ancien agréé près le tribunal de commerce de la Seine, professeur de législation commerciale et industrielle à l'École supérieure de commerce de Paris, avec une préface de M. F. RATAUD, professeur honoraire à la Faculté de droit de Paris. 1894. 1 volume in-8°, relié en percaline gaufrée . . . . 4 fr.

Les Transports maritimes, éléments de droit maritime appliqué, par HAUMONT et LEVAREY, avocats, professeurs à l'École supérieure de commerce du Havre. 1893. 1 volume in-8°, relié en percaline gaufrée. . 4 fr.

Code annoté du Commerce et de l'Industrie. Lois, décrets, règlements relatifs au commerce et à l'industrie, avec un commentaire tiré des circulaires ministérielles, de la jurisprudence du Conseil d'État et de la Cour de cassation, par GEORGES PAULET, chef de bureau au Ministère du commerce. 1891. 1 volume grand in-8° de 956 pages, sur 2 colonnes, broché . . 15 fr.
Relié en demi-chagrin, plats toile . . . . 18 fr.

Code de Commerce et Lois commerciales usuelles, avec des Notions de législation comparée, à l'usage des élèves des Facultés de droit et des Écoles de commerce, par E. COHENDY, professeur à la Faculté de droit et à l'École supérieure de commerce de Lyon. 1892. 1 vol. in-18, relié en percaline gaufrée . . . . 2 fr.

Recueil des Lois industrielles, avec des Notions de législation comparée, à l'usage des élèves des Facultés de droit et des Écoles industrielles et commerciales, par E. COHENDY, professeur à la Faculté de droit et à l'École supér. de commerce de Lyon. 1893. 1 vol. in-18, rel. en perc. gaufrée. 2 fr.

Manuel de préparation aux Écoles supérieures de commerce, contenant le développement des programmes officiels des concours d'entrée (arithmétique, algèbre, géométrie, physique, chimie, géographie, histoire, comptabilité). 1892. 2 vol. in-8°, reliés en toile gaufrée. . . . . 10 fr.

Annuaire de l'Enseignement commercial et industriel. 3e année (1894). Volume in-18 de 760 pages, cartonné . . . . 3 fr.

Les frais de port en sus, à raison de 75 centimes pour l'envoi par la poste d'un volume de 4 ou 5 fr.; plusieurs volumes peuvent être réunis dans un colis postal de 3 kilogr. (85 centimes) ou 5 kilogr. (1 fr. 05).

PRÉCIS

D'HISTOIRE DU COMMERCE

NANCY, IMPRIMERIE BERGER-LEVRAULT ET Cⁱᵉ

BIBLIOTHÈQUE D'ENSEIGNEMENT COMMERCIAL

Publiée sous la direction de M. GEORGES PAULET

PRÉCIS

D'HISTOIRE DU COMMERCE

PAR

Henri CONS

PROFESSEUR A LA FACULTÉ DES LETTRES DE LILLE

A L'ÉCOLE SUPÉRIEURE DE COMMERCE DE LILLE

ET A L'INSTITUT INDUSTRIEL DU NORD

TOME PREMIER

BERGER-LEVRAULT ET Cie, LIBRAIRES-ÉDITEURS

PARIS	NANCY
5, RUE DES BEAUX-ARTS	18, RUE DES GLACIS

1896

AVANT-PROPOS

Ce livre est un précis. Il ne comporte donc ni abondantes citations de documents, ni continuelles références aux textes. Il sera néanmoins, je l'espère, facile de reconnaître que je n'ai rien négligé de ce qui pouvait éclairer mon sujet et donner à cette publication le caractère d'exactitude et de clarté qui convient à un ouvrage d'enseignement.

Son plan était tout tracé par les programmes du cours d'histoire du commerce dans les écoles supérieures. Mais un programme supporte tant d'applications diverses et de si grandes divergences d'interprétation, que je veux d'abord exposer ici dans quel esprit j'ai abordé et exécuté ce travail, la règle que je me suis tracée dès le début et dont je crois ne m'être pas départi.

Il importait avant tout de bien circonscrire les limites dans lesquelles cette étude devrait se renfermer et ce qu'elle emprunterait ou laisserait aux sciences, études ou connaissances qui confinent à son objet.

Le but à atteindre est de montrer comment, des bornes étroites dans lesquelles il se mouvait au début, le commerce est arrivé à conquérir le vaste champ d'opérations dans lequel il s'agite aujourd'hui ; de rechercher en sui-

*

vant les phases successives par lesquelles ont passé, à travers les âges, les modes d'échanges entre les hommes, ce qui revient dans ces transformations à chaque peuple, à chaque époque, à chaque découverte par des additions d'articles nouveaux, des inventions qui ont multiplié la production ou facilité les transports, ou par le perfectionnement des procédés de transaction ou de règlements de compte ; de retracer en un mot la genèse du commerce universel et de son outillage si complexe.

Les développements théoriques et techniques et certains renseignements spéciaux avaient leur place nettement marquée dans les autres sections de l'ensemble dont le programme que j'ai adopté fait partie. Mais notre domaine restait encore assez vaste pour qu'il fût nécessaire de le bien définir.

L'histoire du commerce est si intimement liée à l'histoire politique et morale, que non seulement il est impossible de faire, en l'écrivant, abstraction de cette dernière, mais qu'il est indispensable, au contraire, de s'appuyer constamment et s'étayer sur elle. — Un fait n'a de valeur qu'autant qu'il est montré bien en place, reporté dans son milieu, ajusté dans son cadre. — Force était donc de rappeler les grands événements et de les caractériser en quelques mots, sans oublier toutefois l'objet immédiat de cette évocation, leur influence sur un point déterminé du développement économique et commercial.

Si la géographie aide à comprendre la subordination de certaines phases de l'évolution intellectuelle et morale de l'humanité à des fatalités de milieu, de race et de climat, à plus forte raison devait-elle être d'un grand secours pour l'explication de faits relatifs à la vie extérieure et corporelle. Je me suis attaché néanmoins, tout en marquant, aussi nettement que je l'ai pu, son action, à ne pas m'attarder dans des considérations trop étendues et surtout dans des récits de voyages et découvertes qui, à certains moments, pouvaient paraître rentrer dans le cercle des excursions permises.

De même l'histoire de la colonisation a des liens étroits avec celle du commerce. Les éléments colonisateurs, les procédés de colonisation, les modes d'exploitation, de régie, de mise en valeur des colonies, les règlements commerciaux qui les concernent, ont eu, en raison de leur connexité intime avec la vie commerciale de ces pays, une telle influence sur le commerce du monde, qu'une place devait être accordée à leur étude. L'intérêt même du sujet pouvait exposer à un entraînement dont j'ai dû me défendre.

A plus forte raison était-il difficile de fixer le point précis où devaient s'arrêter les renseignements relatifs à l'agriculture et à l'industrie, ces deux aliments primordiaux du commerce, à la marine, aux travaux publics, à toutes ces branches de l'activité économique dont le commerce est comme la résultante et le but. Je me suis efforcé de ne rien laisser dans l'ombre d'essentiel, et d'élaguer ce qui m'apparaissait comme nettement superflu.

Les pratiques économiques, les systèmes douaniers, les idées, principes, vues, intérêts et doctrines qui ont inspiré la politique commerciale de tous les pays et de tous les peuples, tiennent naturellement une place des plus importantes dans une histoire du commerce, mais j'ai banni de celle-ci la discussion de ces doctrines. Je me suis attaché cependant à établir toujours le lien qui existe entre la naissance et le développement de ces pratiques et de ces doctrines et le caractère général de l'époque où elles apparaissent, sont formulées ou appliquées. Un même principe les domine toutes, celui de l'intérêt bien entendu, et c'est en me plaçant à ce même point de vue que j'ai laissé ressortir des faits la conclusion sur l'opportunité des mesures qui se sont tour à tour inspirées des différents systèmes, l'opportunité — et ce mot embrasse l'intelligence et la compréhension de tous les intérêts matériels et sociaux auxquels il s'agit de veiller et de pourvoir — étant en pareille matière la première règle à suivre et la première condition du succès.

Il est enfin toute une série de questions, tout un aspect de l'histoire du commerce, auxquels, sans les négliger, je n'ai donné qu'une place assez restreinte. C'est l'histoire des prix.

L'intérêt qu'elle présente est grand assurément, mais, malgré les travaux dont elle a été l'objet, la faveur dont elle jouit, elle ne m'a pas paru pouvoir être, dans un ouvrage comme celui-ci, l'objet d'un grand développement. La crise dans le prix des objets les plus usuels à laquelle nous assistons nous permet de juger de la difficulté de se faire une idée vraie de la valeur exacte de la monnaie, de l'importance réelle des fluctuations de ce que l'on appelle, d'une manière bien vague, mais la seule encore qui dise bien ce qu'elle veut dire, le prix de la vie. Cette opposition entre les récriminations des producteurs sur le prix infime auquel ils doivent livrer leurs produits et les plaintes non moins vives des consommateurs sur la cherté de l'existence, nous démontre clairement quelle est la difficulté d'apprécier et de coter ces éléments si divers que, pour avoir une idée exacte de la valeur relative des choses à une époque déterminée, il faut faire entrer en ligne de compte.

J'ai cru bon, dans ces conditions, de me borner à quelques indications très générales, sans penser pour cela commettre une véritable lacune, cette étude pouvant être connexe à celle de l'histoire du commerce, mais n'en faisant pas à vrai dire partie intégrante et constitutive.

Dans un champ aussi vaste que celui que j'avais à parcourir, je ne pouvais songer à traiter toutes les parties avec le même développement. J'ai donc dû, quoique à regret, mesurer l'espace aux chapitres qui concernent les périodes les plus éloignées de nous. Les études qui ont été faites dans ces dernières années sur la vie économique des Grecs et des Romains me rendaient sur ce point les développements assez faciles, je me suis attaché à être court, ainsi que sur les époques qui suivent celles de leur puissance, afin de réserver la plus grande place à la période contemporaine, qui joint à un intérêt de curiosité, un intérêt immédiat d'utilité, d'application possible, de démonstration.

A cet immense groupement de faits, il fallait un centre.

Il était tout naturellement indiqué. L'Europe forme aujourd'hui, malgré ses divisions, ses rivalités et ses haines, un tout marqué d'une certaine empreinte, uni par certains liens, par ce fonds commun d'éducation, de culture morale, de développement social et d'intérêts qu'on appelle la civilisation européenne. C'est encore lui que l'on retrouve, sous les modifications légères en somme qu'il a pu subir, dans tous les pays que l'Europe a peuplés ou colonisés. C'est à elle, c'est à son intérêt que nous mesurons d'ordinaire nos jugements sur les États où dominent d'autres races, d'autres idées, d'autres manières d'être. C'est donc l'extension du commerce européen et, par suite, de la civilisation européenne qui fait l'intérêt dominant de ce travail.

Les symptômes menaçants de crise et de rupture entre le monde européen et les sociétés qui se sont formées de sa substance, les dangers qui naissent, pour elles comme pour lui, du réveil de ces peuples d'Orient que nous avons peut-être imprudemment tirés de leur sommeil séculaire, m'ont paru rendre plus nécessaire encore de bien marquer la solidarité de toutes les parties de ce grand tout.

La part que la France a eue dans la constitution de ce fonds commun nous le rend doublement précieux. Car, quels que puissent être l'éclat et le succès momentanés de certaines autres doctrines, ce sont en somme les idées de justice et d'humanité qui tendent de plus en plus à caractériser notre civilisation rajeunie, et ce sont là des idées bien françaises.

Je les aurais méconnues, comme cette solidarité elle-même, si je ne m'étais efforcé de bien rendre à chaque collectivité ethnique ou nationale ce qui lui revient dans l'œuvre générale. Aussi, tout en faisant ressortir, comme il convenait, le rôle de la France dans toute sa plénitude, et prenant de préférence mes exemples chez elle, me suis-je attaché à proportionner à chaque époque, pour elle comme pour tous les autres pays, les développements à l'importance de l'action exercée. Au surplus, les faits et les chiffres ont surtout, en la matière que nous traitons, une éloquence contre laquelle ni les sentiments, ni la raison même ne pourraient prévaloir. Les impressions et les jugements sur des points spéciaux, sur les crises, sur les phases dont il faut expliquer la genèse, l'épanouissement ou la durée n'en restent pas moins permis et légitimes, mais leur expression ne saurait porter atteinte à l'équité de ce travail pris dans son ensemble, pas plus qu'à la justesse de sa conception, qu'à sa sincérité et à sa droiture.

Lille, octobre 1895.

H. CONS.

PRÉCIS

D'HISTOIRE DU COMMERCE

DEPUIS LES ORIGINES

JUSQU'A L'APPARITION DES NOUVELLES DOCTRINES ÉCONOMIQUES

AU XVIII° SIÈCLE

CHAPITRE PREMIER

Coup d'œil général sur l'histoire du commerce. — Ses relations avec l'histoire de la civilisation et l'histoire politique. — Ses grandes divisions. — Causes générales qui influent sur le développement ou la restriction du commerce. — Sources de l'histoire commerciale.

Le commerce est l'échange que les hommes font entre eux des produits de la nature et de l'industrie. Son origine et l'époque du développement historique de l'humanité à laquelle il convient de la rapporter ont fait l'objet de nombreuses controverses. Tandis que, suivant quelques économistes, il serait aussi ancien que le moment où deux hommes se rencontrant ont eu besoin d'échanger leurs services, d'autres prétendent qu'une abusive extension du sens de ce terme peut seule lui faire assigner de si lointains débuts et ne le font dater que de l'ère moderne. Tel, en effet, que nous le comprenons maintenant, supposant l'aptitude à comparer les objets, à apprécier leur valeur, à en fixer l'équivalence, et reposant sur la foi d'un contrat, l'échange implique évidemment un développement intellectuel et social assez avancé. Mais avant le moment où l'ouverture des esprits, l'opinion, les coutumes, les mœurs, les lois ont rendu de pareilles transactions possibles, des échanges moins solennels et moins réguliers se pratiquaient depuis des milliers d'années, et si l'on veut bien affranchir ce mot de toutes les idées complexes qu'il éveille aujourd'hui, on peut dire sans hésitation que les premiers vagissements du commerce remontent à l'origine même, sinon de l'humanité, du moins des sociétés humaines.

Ces premiers trocs ne rappellent évidemment que de fort loin les opérations compliquées de nos jours et en diffèrent autant que l'homme primitif de celui de la fin du xix⁰ siècle; ils appartiennent néanmoins à l'histoire du commerce et ce serait la mutiler étrangement que d'en retrancher l'étude non seulement de ces premières manifestations de la vie commerciale, mais de toutes les relations économiques qui ont précédé les grandes découvertes de la fin du xv⁰ siècle. Par elle en effet, par la recherche attentive des conditions et des circonstances dans lesquelles sont nées et se sont développées la pratique des échanges et les habitudes commerciales, par la connaissance des modifications successives qu'elles ont subies, par la constatation des produits amenés dans la circulation, de leur pays d'origine, de la route qu'ils ont suivie, de leurs modes de transport, de leur faveur ou de leur défaveur, nous sommes initiés à tout un côté de la vie des peuples. L'homme a rarement guerroyé par seul amour des combats ; le désir d'acquérir, de posséder, de jouir de

nouvelles richesses, qu'elles dussent profiter à tout un peuple,
à une seule classe, ou même à un seul homme, ne se trouve-
t-il pas au fond de la plupart des faits de l'histoire politique ?
La *circulation* des produits n'est sans doute qu'une partie de
l'activité économique, mais par cela même qu'elle nous initie
mieux aux relations des hommes entre eux, elle nous permet, beaucoup plus que l'étude de la production, de suivre
les effets de la pénétration réciproque de tous les éléments
qui existent à la surface du globe. Non seulement, en effet,
les idées circulent avec les produits et ceux qui les transportent, mais ces produits mêmes introduits dans la consommation modifient dans une mesure, assurément plus ou moins
appréciable, la manière de vivre et, par elle, celle de sentir,
des individus et des groupes. On a pu dire avec raison que
l'histoire du commerce était, à un point de vue spécial, celle
de la civilisation. Car si elle ne met pas au premier rang,
comme cette dernière, l'histoire du développement intellectuel et moral de l'humanité, elle nous montre comment se
traduisent extérieurement ses sentiments, ses aspirations, ses
besoins, ses mœurs et même ses progrès dans les sciences et
les arts par le nombre, la variété et la qualité des produits
livrés au commerce et à la circulation et par l'activité des
échanges.

Se plaçant au point de vue des méthodes et procédés du
commerce, un économiste allemand distingue dans son histoire trois périodes : 1° celle du *troc* ; 2° celle des *monnaies* ;
3° celle du *crédit*. Un autre, Karl Bücher, considérant dans
une vue plus suggestive le développement progressif de
l'humanité et de l'ensemble de sa vie économique, adopte les
périodes suivantes :

1° Période de l'*Économie domestique fermée*, pendant laquelle

les biens sont consommés aux lieux mêmes où il sont été produits, ou dans laquelle les échanges se faisant uniquement
par colportage et dans un cercle très restreint, se réduisent à
un minimum. Elle embrasse tous les temps qui s'écoulent
des origines au xɪᵉ siècle de notre ère.

2° Période de l'*Économie urbaine* ou de l'échange direct
dans laquelle les biens passent immédiatement des producteurs aux consommateurs et qui a pour principale forme des
manifestations du commerce, les marchés. Elle s'étend jusqu'au xvɪᵉ siècle.

3° La période de l'*Économie nationale* dans laquelle les
marchandises étant en plus grande quantité, ont une circulation plus active et passent par une série d'intermédiaires
avant d'arriver à la consommation.

Ce sont là des divisions très générales auxquelles on peut
reprocher notamment de ne pas tenir compte, dans la première
période, des modifications considérables apportées dans les
allures du commerce par la constitution de l'empire romain.
Aussi les multiplie-t-on quelquefois, mais elles ont en somme
l'avantage de bien spécifier les trois grandes phases par
lesquelles a passé le commerce devenant de *local, territorial*
ou *provincial,* puis *national.* Il faudrait même y ajouter une
quatrième phase comprenant la deuxième moitié de notre
siècle pendant laquelle le commerce est devenu *international*
ou *universel.*

Les divisions de l'histoire politique, que nous suivrons
pour plus de facilité, n'en diffèrent que pour la limite à assigner aux deux premières périodes de Bücher. La période des
temps modernes concordant avec celle du commerce national,
celle du commerce universel ou contemporaine commencerait
en 1848, année qui ouvre, par la découverte des mines d'or

de la Californie, une nouvelle ère économique, comme par la Révolution française de février et l'établissement du suffrage universel une nouvelle ère politique.

La distinction de cette dernière période est d'autant plus opportune qu'elle répond à une merveilleuse efflorescence du commerce, à l'apogée de son histoire. Tout a tourné à son profit, les découvertes de la science comme les rêveries des philosophes, les perfectionnements de l'industrie comme les hardiesses des financiers. Les applications de la vapeur et de l'électricité, la multiplicité des moyens de communication et la rapidité des transports, la sécurité des routes terrestres et maritimes ont mis à sa disposition des ressources inattendues ; les grandes explorations continentales inspirées à la fois comme au xvᵉ siècle par les mobiles les plus variés, religieux, mercantiles, humanitaires et scientifiques, le peuplement et la mise en valeur de nouvelles terres, le réveil de nations assoupies, l'entrée dans le mouvement économique universel de contrées jusqu'alors fermées au commerce européen, les aspirations à la fraternité universelle, l'application de nouvelles doctrines économiques ont élargi dans des proportions inouïes son cercle d'action.

Enfin le développement du crédit, l'association des capitaux, les grandes compagnies financières et commerciales lui ont donné, dans la vie économique du globe, une part qu'il n'avait jamais connue et dans la hiérarchie des professions, si je puis dire, un rang que ses plus hardis partisans n'auraient pas osé espérer pour lui ; l'enseignement commercial a pris place parmi les hautes études et le commerce est l'objet des incessantes préoccupations de l'opinion et des pouvoirs publics.

Cette grandeur même a ses dangers. Comme tout ce qui

s'élève, il a soulevé des inimitiés ardentes et nombreuses. On supporte haineusement les profits qu'il peut faire, sans tenir compte des risques qu'il court. Les spéculations hasardeuses jettent le discrédit sur les opérations les plus régulières ; les pratiques nouvelles que les nécessités de l'industrie lui imposent, lui sont imputées à crime ; le petit commerce gémit sur la concurrence des grands magasins qui l'écrasent. Après avoir été salué comme une garantie contre les famines, une protection contre la féodalité industrielle et les hauts prix, le commerce est honni maintenant pour l'abondance des produits qu'il jette sur le marché, la mévente et les bas prix qui en résultent. L'agriculture et l'industrie redemandent contre lui le rétablissement de ces barrières à la chute desquelles elles ont dû leur prospérité. On oublie quelle immense armée de travailleurs ont mobilisé son développement et l'activité de la circulation et des transports, le bien-être qu'il a créé, l'aisance qu'il a répandue, et les attaques contre lui s'élèvent à la fois de la part des ennemis du capital et du capitaliste, et des défenseurs, parfois intempérants, du travail national.

Il n'en est que plus intéressant de rechercher dans son histoire ses titres de noblesse, de montrer par quels degrés successifs il s'est élevé au rang qu'il occupe, quels obstacles il a dû vaincre, quelles difficultés, quels périls il rencontre à chaque instant sur sa route ; quel mélange de sagacité, de prudence et de résolution il exige, quels prodiges il a enfantés, quelle part il a dans cette révolution qui entraîne de nos jours l'humanité, si rapidement que, comme le mouvement de la terre qui nous porte, elle échappe aux sens de ceux au profit desquels elle s'accomplit.

Des trois grandes sources de richesses que reconnaissait

Quesnay, l'agriculture, l'industrie et le commerce, c'est celui-ci qui a le plus lentement et le plus difficilement creusé son sillon et établi son cours. Outre en effet qu'il présuppose l'existence de produits agricoles ou industriels sur lesquels il puisse opérer, nécessitant un champ d'action plus vaste et le concours d'un plus grand nombre de volontés, il a eu pour naître et se développer à triompher d'un ensemble plus considérable de résistances venant de la nature ou des hommes.

Les circonstances générales qui ont entravé ou favorisé le développement du commerce et influent encore aujourd'hui sur son expansion ou sa restriction peuvent être ramenées à deux groupes : les unes venant de la nature et permanentes, les autres des hommes et par suite essentiellement accidentelles et variables.

Si le milieu physique a pu être considéré comme ayant exercé une influence prépondérante ou même, suivant quelques-uns, décisive sur le développement intellectuel et moral et le rôle historique des individus et des peuples, à plus forte raison a-t-il dû, surtout à l'origine, faire sentir son action et son poids sur la marche et le progrès du commerce. La répartition des terres et des mers, les plateaux et les plaines, les marécages et les déserts, les climats, étaient autant de circonstances favorables ou défavorables dont il dut apprendre tout d'abord à profiter ou à se défendre. « On peut dire, a écrit M. Reclus, que le développement de l'humanité était inscrit d'avance en caractères grandioses sur les plateaux, les vallées et les rivages de nos continents. » Frappé du rôle qui appartient dans cette évolution à la distribution des eaux, Ritter a partagé l'histoire du processus économique de l'humanité en trois périodes : fluviale, maritime, océanique, et cette division répond judicieusement à un des aspects de la

question, aux efforts que l'homme a dû faire pour utiliser
progressivement et par degrés séculaires, les fleuves dont les
inondations et les lits incertains le troublèrent et l'arrêtèrent
si longtemps avant qu'il utilisât ces « routes qui marchent
toutes seules », les mers intérieures du sein desquelles il
apercevait encore le rivage et enfin ces immensités océaniques, objet au début de tant de terreurs et d'effroi. Mais
elle néglige un autre et l'un des plus puissants facteurs de la
distribution de la vie à la surface du globe, le relief terrestre.
Les mers sont aujourd'hui domptées et comme asservies et
les hauts plateaux n'ont presque rien perdu de leur puissance.
La masse formidable des hautes terres asiatiques isole toujours les mondes hindous et chinois du monde européen. Sur
bien des points sans doute, la lutte est déjà engagée contre
les montagnes ; les déserts céderont, eux aussi, devant les
appétits et les exigences du commerce ; la science assouplira
les climats et étendra le domaine habitable ; mais si les
triomphes successifs de l'homme sur la nature ont réduit
l'action du milieu physique, elle n'en persiste pas moins
encore dans de puissantes proportions. Si les plateaux ont vu,
comme les vallées et les plaines, éclore et se développer des
civilisations, celles-ci moins pénétrées par les influences extérieures, tenues en dehors des grands courants de migrations et d'échanges que ces plateaux éloignent et détournent,
ont été plus lentes dans leurs mouvements, moins brillantes
dans leur floraison, plus bornées dans leur rayonnement. Les
sociétés nées sur les bords ou à portée de la mer se trouvaient
dans de bien plus favorables circonstances pour prospérer
et recevoir d'incessants mélanges et d'actives communications
avec l'extérieur les éléments de vie et de progrès. Là où les
facultés humaines ne sont pas alourdies et comme éteintes

par un climat glacial ou torride, les conditions meilleures d'existence se traduisent par une plus grande aptitude au travail et aux échanges, et les exemples si connus de l'Égypte et de la Grèce ne nous montrent-ils pas comment, même sur un petit espace, la variété ou l'uniformité du sol, son unité ou son fractionnement peuvent agir sur la formation des caractères, la tournure de l'esprit, la sociabilité et enfin les destinées des races ?

Enfin, outre les conditions climatériques ou topographiques, la structure géologique du sol a son rôle important dans la vie commerciale d'un pays. Non seulement la complicité du sol est nécessaire pour que des conditions météorologiques favorables produisent leurs effets bienfaisants sur les plantes ou les animaux et celle du relief pour que l'écoulement des produits soit possible, mais la terre elle-même, par les richesses minérales qu'elle renferme, peut donner naissance à un mouvement commercial et industriel des plus actifs, créer subitement la vie là où régnaient, depuis l'origine des siècles, l'engourdissement et la mort. Ainsi peuvent se trouver déterminées, à côté des routes naturelles tracées par les découpures des continents, les dépressions des montagnes, la circulation atmosphérique et les courants marins, des routes nouvelles dont l'épuisement de ce même sol ou le discrédit de ses trésors entraîneront plus tard l'abandon.

Ainsi se trouvent confondues dans une action commune les influences physiques et les causes humaines ou, comme on les a appelées, psychiques, c'est-à-dire intellectuelles et morales. Essentiellement égoïste et défiant, l'homme ne s'élève que lentement à la conception d'échanges fondés sur la réciprocité des services et l'équivalence des valeurs. Quelle qu'en soit l'origine, de quelque combinaison d'éléments et d'influences que cette disposition puisse provenir, les races nous apparaissent dans l'histoire avec des différences bien tranchées d'aptitudes et d'éducation première. Toute une longue partie de leur passé nous reste inconnue ; ni la civilisation n'a marché partout d'un même pas, ni elle ne représente un type unique et commun du développement. Les groupements primitifs ne se sont pas formés suivant les mêmes lois ; le milieu, physique ou humain, dans lequel ils ont crû, a varié à l'infini ; les circonstances, si souvent plus fortes que les hommes, ont décidé du refoulement ou de l'essor de leurs aptitudes natives et tel pays resté jusque-là dans l'ombre, apparaît tout à coup sur la scène lorsqu'une race mieux douée sait tirer parti des ressources et des richesses restées enfouies ou méconnues jusque-là. Pacifiques ou violentes, les révolutions des empires, pour restreint que soit leur théâtre, ont toujours un contrecoup sur le commerce. Qu'elles détruisent des centres florissants, ferment des marchés, interceptent les routes, exterminent des populations ou au contraire incorporent de force ou de plein gré des contrées et des peuples, jettent dans la circulation des produits nouveaux ou augmentent le nombre des consommateurs, l'équilibre commercial est troublé. Le centre économique se déplace avec l'axe politique comme celui-ci suit souvent dans ses mouvements la marche et le progrès du commerce. C'est ainsi que la découverte et l'exploitation de l'Amérique ont produit au xvie siècle la plus grande peut-être des révolutions qu'enregistre l'histoire.

Les variations si nombreuses qu'a subies dans le cours des âges la conception des besoins et des intérêts humains a été également la source de bien des péripéties et des crises dans l'histoire du commerce. L'homme est souvent à lui-même son plus grand ennemi. On le voit en même temps que perfectionnant et multipliant sans cesse ses objets, ses moyens, ses procédés d'échange, empruntant à la science, pour rapprocher et supprimer les distances, ses plus merveilleuses inventions, s'ingénier en quelque sorte à circonscrire, limiter, abolir même ses relations avec les peuples voisins. Tantôt la crainte d'appauvrir un pays dictera des prohibitions ; tantôt des préoccupations morales ou l'orgueil de caste imposeront des lois somptuaires ; tantôt un amour exagéré du gain créera des privilèges et des monopoles ; tantôt les besoins fiscaux des États grands ou petits multiplieront, sous les formes les plus variées, les entraves au commerce ; tantôt enfin le désir de favoriser et protéger le travail national engendrera, par système raisonné, un régime douanier libéral ou restrictif dont l'effet pourra se répercuter au loin et bouleverser de fond en comble l'échiquier commercial. Le développement du commerce ne fait qu'augmenter, par l'apparition incessante de nouveaux facteurs sur la scène, les difficultés du problème. Si les théories économiques ont cessé de se présenter avec un caractère absolu et ont été toutes ramenées à une conception différente de l'intérêt bien entendu, elles renaissent d'autre part sous la forme de théories sociales dont les plus hasardées trouvent des partisans enthousiastes. Si la foi dans le progrès par le seul effet du temps et du jeu régulier de l'activité humaine s'est ralentie, les opinions diffèrent dans d'énormes proportions sur les limites dans lesquelles on veut recourir à l'intervention de l'État.

L'histoire du commerce enregistre toutes ces péripéties, montre toutes ces doctrines et tous ces procédés en action. Au milieu de ce conflit de vues et d'idées, dans cette mêlée des peuples, le commerce, perdant tout caractère hasardeux et empirique, est devenu une véritable science : science d'observation, car il exige une étude attentive et prévoyante de tous les faits actuels et possibles ; science d'expérience, car il demande une connaissance exacte et précise de ceux qui se sont produits dans des circonstances analogues. Il ne saurait marcher sans un esprit toujours éveillé, au courant des mœurs et des législations étrangères, de la situation économique de tous les pays, de leurs conditions d'existence, de leurs visées d'avenir.

S'il est vrai que l'humanité se répète toujours, l'étude du passé doit être, pour la solution de ces graves difficultés, d'un puissant secours. Rien en tous cas ne peut mieux encourager à la poursuite du mieux que le spectacle des perfectionnements apportés dans la suite des âges aux modes de relations entre les hommes et des résultats qu'ils ont produits.

Les sources de l'histoire du commerce sont très variées. Au premier rang, il faut placer les traités, conventions, lois, décrets, édits, arrêts, ordonnances, tarifs, mercuriales, statistiques douanières, inscriptions, etc., en un mot tous les actes authentiques intéressant soit directement, soit indirectement le commerce intérieur d'un pays ou ses relations internationales.

Les monnaies et médailles par leur origine, leur frappe, leur composition, leur poids, leur titre, leur valeur, leur nombre, leur dispersion, le lieu de leurs découvertes, etc., sont aussi de précieux indices qui ont permis de reconstituer certaines routes de commerce, de mesurer l'étendue des relations, de constater l'existence d'échanges entre des contrées très éloignées les unes des autres.

Les statues, tableaux, bijoux, ornements, monuments et

œuvres d'art de toute nature nous initient également soit aux rapports entre leur pays d'origine et celui où on les rencontre, soit, par leur caractère, leur style, leur dessein, leur relief, la matière dont ils sont faits, les habitudes, les mœurs qu'ils révèlent, les scènes qu'ils représentent, à des rapports entre peuples dont le commerce a été la première base, à la manière dont se faisaient les échanges, aux objets sur lesquels ils se pratiquaient.

Les livres de raison, inventaires, comptes, marchés, etc., donnent aussi de précieux renseignements, mais qui ne doivent être utilisés qu'avec mesure et ne pas recevoir, par exemple, une trop grande généralisation.

Les documents parlementaires, discours, rapports, pétitions, etc. ; les rapports des Chambres de commerce ou des institutions similaires, les discussions dans le sein des sociétés, associations, syndicats, corporations, etc., leurs vœux et doléances ne doivent être, en raison même de la nature spéciale des intérêts dont ils sont l'écho, de la limitation fatale de leurs vues, du caractère forcément circonscrit de leurs investigations, utilisés qu'avec prudence et discernement. Les sermons et homélies, les pamphlets, les dissertations ou réflexions des prédicateurs et des moralistes ne peuvent, pour des raisons de même ordre, faire autorité, sans qu'il soit permis de négliger les indications qu'ils contiennent.

Les tableaux des historiens, les récits des voyageurs, les commentaires des statisticiens, les écrits des économistes seront également consultés avec fruit.

Les recherches entreprises depuis un siècle pour l'établissement des prix d'un certain nombre d'articles aux différentes époques, les *index numbers* et les travaux qui s'inspirent des

mêmes idées, éclairent d'une certaine lumière la vie et les
mœurs de ces époques; mais la comparaison qu'ils ont en
vue entre ces temps écoulés et le nôtre ne peut être admise
qu'à la condition de s'en tenir à des généralités et de ne pas
vouloir pousser trop loin les rapprochements. S'il faut se défier des tableaux trop sombres, il est bon de se tenir en garde
contre les apologies aveugles, de quelque bonne foi qu'elles
se recommandent. La critique doit ici, comme partout, n'abdiquer aucun de ses droits, mais les exercer tous avec une
inflexible modération et la seule passion de la vérité et de la
justice.

TEMPS PRIMITIFS

CHAPITRE II

Les premières sociétés humaines. — Les premiers échanges.

De quelque obscurité que soit nécessairement entourée l'histoire des sociétés primitives, l'étude des traces qu'elles ont laissées de leur passage a cependant permis de reconstituer une partie de leur existence. A mesure que se développe cette connaissance de ces premiers âges de l'humanité, se multiplient les preuves de relations commerciales chez les populations les plus anciennes et sur tous les points du globe. Dès l'époque paléolithique ou de la pierre taillée, nos plus lointains ancêtres, contemporains du mammouth, aux aptitudes restreintes, à la vie bornée, chasseurs et pêcheurs, habitants des stations à ciel ouvert ou des cavernes, demandaient à leurs voisins les silex grossiers ou travaillés que ne produisait pas leur territoire et qui leur étaient nécessaires pour la lutte contre les animaux gigantesques ou féroces qui les entouraient et dont ils faisaient leur nourriture. Les troglodytes des vallées de la Lesse et de la Meuse les empruntaient à la Champagne dont les produits transportés se retrouvent dans un rayon de 200 kil. Des fragments de quartz hyalin des Alpes ou des Pyrénées se retrouvent dans les cavernes du Périgord; des coquilles de l'Océan à la Madelaine

(Dordogne) et à Solutré (Saône-et-Loire). Aux temps néolithiques ou de la pierre polie, de véritables ateliers de fabrication répandaient au loin leurs outils ou leurs armes. Ceux de Spiennes (Hainaut) alimentaient tout le pays depuis la vallée de la Somme jusqu'en Hollande ; les silex du Grand Pressigny se rencontrent depuis les bords de la Garonne jusque dans les îles Shetland ; ceux de la vallée de l'Ohio étaient utilisés par les tribus des régions voisines ; les monuments mégalithiques de l'Europe occidentale et de l'Afrique du Nord, les stations lacustres de la Suisse, de l'Italie et de la Hongrie, les terramares de l'Italie septentrionale ont donné à leurs explorateurs des objets de provenance très éloignée ; partout en somme on peut suivre les relations établies entre des peuplades séparées par d'énormes distances.

Bien que la succession de leurs œuvres indique chez ces populations primitives un développement continu de leurs facultés, peu inventives en somme malgré la découverte du feu, bornées dans leurs besoins, elles limitèrent leurs échanges aux produits de leur industrie restreinte (armes en silex, outils, poteries, instruments et flèches en os ou en bois) et à la matière première qu'elle exigeait. La nature au sein de laquelle elles vivaient rendait au surplus les communications lentes et difficiles. A l'époque de la pierre taillée les phénomènes météorologiques avaient une formidable puissance. D'énormes masses liquides fondaient à la surface de la terre où elles creusaient des vallées que sillonnaient des fleuves immenses ; des glaciers étendus recouvraient les plaines, et des volcans nombreux et d'une puissante activité continuaient leurs éruptions. Aussi n'est-ce pas dans les vallées alors en voie de formation que se retrouvent les débris humains, mais bien sur les hauteurs ; les stations à ciel ouvert

y occupaient des clairières souvent défendues par des marécages ; les cavernes s'ouvraient sur les flancs des coteaux et,
ainsi que l'attestent les objets isolés que nous retrouvons dans
les intervalles qui séparent ces stations, c'était aussi et nécessairement par les plateaux et les isthmes qui les unissent
que se faisaient les communications entre elles. Ces habitudes persistèrent à l'âge suivant alors même qu'avaient déjà
disparu les circonstances qui les avaient imposées.

Les conditions climatériques avaient changé à l'époque
néolithique ; les glaciers s'étaient retirés, les pluies étaient
moins abondantes, les vallées s'étaient creusées, les fleuves
s'étaient tracé un lit plus resserré, l'homme avait déjà commencé à approprier la terre à son usage par la destruction
des grosses espèces animales ; d'autres, comme le renne,
avaient émigré. Un immense remuement de peuples avait
opéré en même temps que des révolutions ethniques, de véritables révolutions économiques et commerciales. La fusion
d'éléments divers modifie, avec les aptitudes premières des
populations, leurs habitudes et leurs goûts. Le polissage de
la pierre, les monuments et constructions de cette époque,
dolmens et habitations lacustres, constituent déjà un remarquable progrès sur celle des cavernes. La vie pastorale commence avec la domestication de certains animaux. Puis,
comme il avait déjà substitué pour sa nourriture aux fruits
que la terre donnait d'elle-même et pour la consommation
desquels il était naturellement conformé, les produits de sa
chasse et de sa pêche, enfin de ses troupeaux, il en vint à demander à la terre les éléments de sa subsistance. Les terrains
autrefois submergés par les fleuves avaient pris consistance ;
les cours d'eau, plus calmes, offraient, tout au moins pour la
descente, des routes régulières et commodes ; les plus hardis s'y

hasardèrent et bientôt les plateaux furent délaissés au profit de la plaine et de la vallée. Les buttes épargnées par le ravinement général reçurent des habitants ; des villes s'y fondèrent. Mais toutes les peuplades étaient loin d'avoir marché d'un pas égal dans la voie de cette transformation. Beaucoup avaient encore conservé leur sauvagerie primitive, leurs habitudes de luttes et de combats, leurs goûts nomades même et de nouvelles poussées déterminaient périodiquement des migrations nouvelles. Les vallées fluviales fertiles, bien arrosées, exercèrent de plus en plus leur fascination ; les populations s'y trouvèrent à l'étroit et la nécessité de s'unir pour défendre le sol occupé contre de nouveaux arrivants décida, autant que l'usage de la force, le groupement des tribus et la fondation d'États. Le peuple le plus fort exerça naturellement la prépondérance, soit que, comme dans le bassin du Gange, il formât une caste privilégiée, soit que, comme dans ceux de l'Euphrate et du Nil, il se soumit lui-même à une discipline rigoureuse sous un chef unique. Partout cependant il s'établit comme une hiérarchie de professions sociales. Le travail de la terre étant plus pénible que la chasse ou la pêche, on ne s'y résigna qu'avec répugnance, on s'en affranchit quand cela fut possible, il devint le lot des faibles et des vaincus. Chaque peuplade en s'avançant portait sur les territoires qu'elle allait occuper les secrets de son art et de son industrie, les métaux dont elle avait appris l'usage, les céréales, les fruits, les animaux devenus nécessaires à ses besoins. Elle ne perdait pas toujours le souvenir des lieux qu'elle avait quittés et restait souvent en rapports avec eux. Mais on comprend à quelles incertitudes et à quels dangers ces échanges ou ces emprunts étaient exposés. La vie sauvage et barbare conservait pour beaucoup de ces peuples tout son prestige et tout son attrait. La lutte contre les êtres vivants leur paraissait plus noble que la lutte contre la terre ; la force et l'adresse restaient à leurs yeux les vrais privilèges de l'homme ; la vie âpre et rude de la montagne leur semblait préférable à l'existence plus molle et plus facile des habitants de la plaine et il restait sur les plateaux et dans les régions montueuses des races intraitables, réserve de l'avenir, mais dont la présence et l'humeur belliqueuse étaient un obstacle aux communications, une menace perpétuelle pour la paix. Des civilisations se formèrent pourtant sur ces plateaux comme sur les bords des grands fleuves ; c'étaient sur des plateaux que les premiers hommes avaient essayé leurs premiers groupements, constitué leurs premières sociétés ; c'est sur des plateaux que naîtront les civilisations américaines. Ce développement toutefois, entravé par les conditions naturelles comme il se trouvait favorisé par elles sur les bords des fleuves, fut plus lent.

Le brigandage fut endémique chez ces populations montagnardes comme la piraterie chez les riverains de la mer. De là des difficultés presque insurmontables pour le commerce. Cependant les besoins et les désirs croissant avec la prospérité, les peuples les plus avancés, tantôt s'efforcèrent de s'ouvrir des chemins par la force, tantôt eurent recours à des intermédiaires soit isolés, soit collectifs. Des colporteurs s'aventurèrent des pays de production vers les pays de consommation, rapportant en échange des produits de leur pays d'origine ceux du sol ou du travail du pays étranger ; tantôt des caravanes s'organisaient, véritables expéditions de guerre et de commerce comme cela se fait encore aujourd'hui dans les régions dangereuses ; tantôt les peuples dont il fallait traverser le territoire se faisaient eux-mêmes les instruments des échanges.

Quelques peuplades montrèrent sur terre ou sur mer une aptitude singulière pour ces opérations et se firent ainsi les agents actifs du progrès. C'est par ces intermédiaires que la connaissance du cuivre, du bronze, du fer pénétra dans les contrées les plus éloignées de celles où l'on avait commencé à en faire usage; c'est par eux que ces contrées entrèrent dans l'aire d'expansion des civilisations d'où est sortie la nôtre. Et depuis longtemps déjà le peuple qui en a jeté les plus anciens fondements était entré dans l'histoire.

TEMPS ANCIENS

CHAPITRE III

Les peuples de l'Orient classique. — Égyptiens. — Chaldéens. — Assyriens. — Babyloniens. — Phéniciens. — Mèdes et Perses.

L'Égypte paraît avoir été le plus anciennement florissant des grands États fondés par les races qui peuplèrent le monde occidental, mais jusqu'à l'invasion des peuples de la mer vers le xxv° siècle avant l'ère chrétienne, elle resta par sa position géographique et la nature de son climat dans un isolement presque complet. Il semble même qu'une fois établis dans la vallée du Nil, les Égyptiens aient perdu toutes relations suivies avec les pays d'où ils étaient venus s'y fixer. La conquête du haut Nil, leur expansion, du delta, leur siège primitif, aux premières cataractes et plus tard jusqu'au pays de Kousch, absorbait tous leurs efforts. Vivant sous un climat sain et délicieux, trouvant dans les produits de leur sol tout ce qui était nécessaire à leur subsistance, fabriquant eux-mêmes leurs tuniques de lin et leurs manteaux de laine, ils n'avaient que de rares besoins. Leurs luttes contre les pays du sud et à l'ouest contre les Lybiens leur procuraient des esclaves, en nombre encore insuffisant toutefois, pour les

grands travaux entrepris par leurs rois. Du côté de l'Orient,
ils n'essayèrent pas de pénétrer au delà de la presqu'île du
Sinaï dont ils exploitaient les mines dès le temps de la ive dynastie et avaient même construit une ligne de forteresses
pour se mettre à l'abri des incursions. Les bouquets de bois
qui parsemaient la vallée du Nil suffisaient à la construction
de leurs barques et ils ne demandaient guère au dehors que
les parfums nécessaires au culte de leurs dieux, la casse, la
myrrhe, le cinnamome, l'encens. Les peuples de la péninsule arabique les leur apportaient du pays de Pount, sur les
côtes des Somalis, et, débarqués à Kosséir, ils étaient transportés par terre à Coptos d'où ils se répandaient par le fleuve
dans toute la région. La religion que l'on trouve en Orient à
la source de toute science se rencontre aussi à l'origine du
commerce. La recherche de ces objets du culte leur fit entre-
prendre sous la xie dynastie la plus ancienne des expéditions
dont leurs monuments nous aient conservé le souvenir. Le
commerce avec ces populations sauvages se faisait par troc,
comme de nos jours. Les conditions des échanges étaient dé-
battues dans des palabres ; le chef de l'expédition étalait devant lui les cadeaux, bracelets, bijoux, vases, colliers de verroterie et poignards qu'il offrait pour des gommes, des
sycomores, des bois, de l'encens, de la poudre d'antimoine,
des peaux de léopards et des esclaves. Les navires qui servaient à ces courses, les plus anciens dont nous ayons une
description certaine, ne paraissent pas avoir été bien propres
à une navigation si dangereuse. Ils avaient 22 mètres de
long, 1m,50 de plus creux et 50 centimètres seulement au-
dessus de l'eau. Leur équipage était de 39 hommes, 30 rameurs divisés en deux bancs, quatre gabiers, deux timoniers,
un pilote de proue, un capitaine et un chef de chiourme et

ils portaient en outre 8 soldats et un officier formant la troupe de débarquement [1].

Les autres objets que leur apportaient des caravanes étaient des métaux, des pierreries, des vases émaillés, des étoffes brodées ou teintes de la Chaldée en retour desquels les Égyptiens livraient les produits de leur industrie déjà très avancée, bijoux, verre, statuettes et vases en or, en argent, en cuivre et en bronze. Ils ne connaissaient pas l'usage de la monnaie. Tous les échanges se faisaient en nature et les métaux étaient comptés pour leur poids. Ce ne fut qu'après l'expulsion ou tout au moins la défaite des Hycsos, c'est-à-dire vers le xviie siècle avant notre ère que cessa l'isolement des peuples et que l'Égypte préluda par des destructions et des conquêtes à un commerce plus actif.

La civilisation chaldéenne contre laquelle allait se heurter celle de l'Égypte était peut-être d'origine aussi ancienne, mais la disparition de ses monuments ne nous a pas permis de reconstituer son histoire. On sait toutefois que la ville d'Our, située sur la rive droite de l'Euphrate, à peu de distance de l'endroit où ce fleuve se perdait alors dans la mer, faisait avec le golfe Persique et les Indes des échanges assez suivis. Des invasions successives avaient plusieurs fois renouvelé la population de ces pays que nous trouvons au moment où ils entrent définitivement dans l'histoire divisés en trois groupes principaux : l'Élam ou Susiane à l'est du Tigre, l'Assyrie sur les hauts plateaux qui se trouvent aux sources des deux fleuves, et la Chaldée vers l'Euphrate inférieur.

La nature et le régime de leurs cours d'eau devaient décider de leurs destinées dernières.

---

1. Maspero, *De quelques navigations des Égyptiens sur la mer Érythrée.* (Revue historique, t. IX.)

L'Élam pouvait recruter dans les rudes montagnes auxquelles il touche par le nord des armées redoutables et fonder pendant quelque temps sa prépondérance par la force ; Suse, sa capitale, put même, grâce à la fertilité de la plaine à l'entrée de laquelle elle se trouvait, conserver longtemps une grande importance politique et commerciale. L'ouverture récente, au profit de l'Angleterre, du Karoun, sur un affluent duquel elle se trouve, a pu être considéré comme un triomphe de la politique de ce pays ; mais, bien qu'une route de caravanes le relie à Ispahan, son bassin commercial est d'étendue relativement restreinte ; son élévation du rang de marché régional à celui de marché international ne pouvait être que passagère.

Ninive située sur le Tigre était déjà en meilleure posture. Le Tigre, malgré sa rapidité et l'inconstance de sa tenue, est un grand fleuve. Le plateau d'Arménie d'où il sort et dont il est la voie la plus directe de communication avec la mer est, comme le prouve l'abondance même des deux grands cours d'eau qu'il alimente, plus humide que celui de la Médie auquel confine le Karoun ; la vigne et le poirier en sont, dit-on, originaires. C'est une contrée de passage en relation directe avec la mer Noire sous l'influence météorologique de laquelle elle se trouve placée. Déjà une grande ville, Élassar, avait, dans cette région, précédé Ninive près de l'emplacement de laquelle s'élève aujourd'hui Mossoul. La route d'Ecbatane et de la Médie vers l'Euphrate y traverse le fleuve. Malheureusement des tribus pillardes en ont de tout temps infesté le voisinage ; les Assyriens eux-mêmes ont été les plus cruels, les plus dévastateurs de tous les peuples de l'Orient, et les ruines qu'ils semaient partout où ils passaient nuisaient à la prospérité et à la croissance commerciale de leur ville.

Ninive en fait n'eut de relations véritablement suivies qu'avec les peuples du nord et de l'est et fort peu avec ceux de l'Asie antérieure.

Moins fermé que le Karoun, le Tigre est encore par son cours et son bassin un fleuve régional. Sa position centrale le destine à un rôle important dans un commerce limité aux échanges dans une Asie fermée, dans un monde restreint comme celui dont Bagdad fut le centre, et tourné surtout vers l'Orient; l'Euphrate par le coude si prononcé qu'il fait vers l'Occident, par la nature même de son cours, la régularité de son débit assurait la prépondérance pour un rôle international à la ville située sur ses bords. Suse et Ninive virent bien affluer vers elles, par le prestige de leur rang de capitale et les tributs exigés des peuples vaincus, tous les produits naturels et fabriqués des contrées soumises, mais le grand commerce libre suivait de préférence les voies plus directes et plus sûres de l'Euphrate. En dehors de la grande et merveilleuse Babylone, trois points du fleuve étaient surtout fréquentés par les caravanes; Thapsaque le plus méridional, à l'entrée du désert sans doute, à proximité des nomades qui quelquefois convoyaient les caravanes, souvent aussi les pillaient, mais plus à proximité des ports phéniciens; Carkhemis, au centre, le plus rapproché des bouches de l'Oronte sur lequel s'éleva plus tard Antioche; Samosate, plus au nord, au débouché des montagnes, d'où partaient les routes vers la vallée de l'Halys et les bords du Pont-Euxin. Carkhemis était alors la plus importante de ces villes. « Elle était le centre d'un grand mouvement commercial et religieux. Les fêtes de sa déesse Atargath étaient un rendez-vous pour les dévots et l'occasion de véritables foires annuelles où les marchands de tous les pays affluaient sous couleur de religion. » (Maspero.)

Un désert séparait la vallée du Nil de celle de l'Euphrate, mais à l'ouest de ce désert s'élevait parallèlement à la côte méditerranéenne une contrée que son rôle d'intermédiaire entre ces deux vallées et sa situation entre deux grands empires destinait à être constamment disputée par eux. La Syrie, l'Aram, comme on disait alors, avec ses hautes montagnes boisées du Liban et de l'Antiliban, ses vallées fertiles, sa côte riche en abris, a toujours joué un grand rôle dans le commerce du monde. Khalep (Alep) et Damas y étaient déjà des cités florissantes. Des tribus belliqueuses occupaient alors, comme aujourd'hui, les montagnes et les ravins de l'intérieur; d'autres, fixées sur le rivage, en possession de terres fertiles et bien cultivées, avaient, pour écouler les produits de leur sol et de leur industrie, repris dans ces parages leurs mœurs et leurs coutumes des bords du golfe Persique et, sous le nom général de Phéniciens, se divisaient en un grand nombre de petites républiques rivales, toutes adonnées au commerce maritime dont elles se disputaient l'honneur et les profits. Au milieu des guerres continuelles qui mettaient aux prises les grands empires, les Phéniciens, quelquefois indépendants, quelquefois soumis, trouvaient toujours dans le trafic une source d'abondantes richesses. Le transport plus facile et plus régulier des produits de l'État dans lequel ils étaient entrés compensait pour eux les pertes résultant du paiement d'un tribut et jusqu'à ce que l'élévation, sur les débris de tous ces États, d'un seul et puissant empire, celui des Perses, ait permis à ce pays de jouir des bienfaits d'un gouvernement régulier, c'est autour des Phéniciens que se concentre l'intérêt de l'histoire du commerce.

Au moment où commencent leurs expéditions maritimes, les populations de l'Asie-Mineure ne formaient pas, à l'ex-

ception du royaume intérieur assez puissant de Phrygie, des
groupes assez compacts pour s'opposer à leur expansion.
Leurs premières tentatives furent au reste assez prudentes.
Il leur fallait connaître cette mer sur les bords de laquelle
ils étaient venus se fixer. Gebel ou Byblos se borna donc
à semer de comptoirs la côte de Cilicie, puis, après avoir
fondé Béryte, au point où la route de Damas aboutit à la
côte, et Thapsaque à l'endroit le plus rapproché de l'Euphrate, repoussée par les Lyciens, elle s'établit dans l'île
de Chypre.

Les Phéniciens s'étaient pendant cette première période
préparés à un rôle plus actif. Sidon, devenue la plus puissante
de leurs cités, s'appuya pour ses entreprises au dehors sur le
prestige dont jouit au temps de la xviiiᵉ dynastie l'Égypte, sa
suzeraine. Les pêcheurs sidoniens devinrent bientôt les véritables rois de la Méditerranée orientale. Tous les rivages de
Chypre se couvrirent de leurs comptoirs. Ils fondèrent sur la
côte de l'Asie, en face de Rhodes, Astyra, pénétrèrent dans
cette île, remontèrent la côte occidentale du continent asiatique, s'établirent dans les îles, franchirent non sans difficulté le Bosphore, sillonnèrent de ports le rivage méridional
de la mer Noire et arrivèrent ainsi jusqu'aux promontoires occidentaux du Caucase. L'étain, dont l'empire assyrien arrêtait
le passage à travers le continent, put être apporté par eux
dans l'Égypte dont ils devenaient les commerçants les plus
actifs. Ils s'établissaient dans toutes les villes, peuplaient
tout un quartier de Memphis, attiraient à eux tous les produits du Tonouter (Yémen): bois de luxe, gommes, aromates,
pierreries, métaux précieux et ceux qu'y apportaient, à la faveur de la mousson d'hiver, les marins du Dekhan que la
mousson d'été ramenait à leurs ports. La soumission de l'É-

thiopie à l'Égypte faisait aboutir également à Coptos, d'où on les dirigeait sur Memphis, les peaux, bois, vases et plumes d'autruche des régions du haut Nil. L'ivoire des éléphants qui peuplaient alors l'Asie antérieure, et que rapportaient les souverains d'Égypte victorieux, s'ajoutait à tous ces objets d'échange.

L'industrie phénicienne, assurée de trouver des débouchés dans les colonies, fournissait de son côté au commerce des produits recherchés : verroteries, bijoux, meubles, bronzes, poteries, étoffes teintes en pourpre ; l'Égypte ses verroteries, ses statuettes.

Les nécessités commerciales amenèrent les Phéniciens à créer pour leurs relations avec tous les peuples l'alphabet dont les éléments empruntés par eux aux Égyptiens furent bientôt acceptés par tous les riverains de la Méditerranée. Les Sidoniens pénétrèrent même jusqu'aux bouches du Dniéper et, tandis qu'une partie de leurs navires parcourait la côte septentrionale de l'Afrique et la semait de comptoirs, les îles de l'Archipel, la Grèce elle-même recevaient leurs colons. Toutes les ressources des pays qu'ils visitaient étaient explorées avec soin ; leurs richesses, produits des mines, coquillages, poissons, exploitées et transportées ; des usines étaient fondées sur quelques points et, les excitations au gain croissant avec leurs richesses même, ils ajoutaient par la piraterie aux profits légitimes du commerce. Leur exemple suscita l'émulation des peuples voisins. Leurs exactions soulevèrent des protestations et des révoltes ; Crète s'affranchit, les populations de l'Asie antérieure ayant appris d'eux à construire et à diriger des navires d'après l'observation des astres, se lancèrent à leur tour sur la mer ; presque toutes les colonies de Sidon lui échappèrent, l'Égypte fut attaquée jusque

sur son territoire et Sidon elle-même succomba sous une at-
taque des Philistins (1206).

Les Sidoniens n'en avaient pas moins créé entre les différents pays visités par eux et la Phénicie des relations qui ne
cessèrent plus. La civilisation phénicienne, représentée surtout par sa religion et son culte, s'était implantée sur tous les
points où ils s'étaient établis. Ils avaient été les premiers
importateurs en Europe des vieilles civilisations de l'Égypte
et de l'Orient.

Tyr reprit et amplifia l'œuvre de Sidon. Cette petite île
qui, malgré ses hautes maisons et le resserrement de sa
population, ne renferma jamais plus de 22,000 à 35,000 habitants, répandit ses colonies jusqu'au delà des colonnes
d'Hercule. Une de celles qu'ils fondèrent en Gaule, Narbo
(Narbonne), nous montre les Juifs associés aux Phéniciens
pour ces expéditions en Occident comme pour celles qu'ils
dirigeaient vers le pays d'Ophir (Zanguebar et Arabie méridionale). Leurs rois, David et Salomon, alliés du roi de Tyr
Hirôm, reçurent en échange de la sécurité qu'ils leur procuraient sur le continent, les bois, les ouvriers et les artistes
nécessaires à la construction des palais de Jérusalem et du
Temple. Les Tyrrhènes, à peine établis en Italie, ne pouvaient
leur disputer l'empire de la Méditerranée occidentale comme
les Grecs leur ravissaient celui de la Méditerranée orientale ;
ce fut là désormais leur principal domaine et l'éloignement
où se trouvait Tyr de ses colonies explique, autant que les
révolutions qui ébranlèrent, puis ruinèrent sa suprématie,
l'importance que prit immédiatement Carthage. La côte occidentale de la Sicile, la Sardaigne, l'Afrique (Utique, Leptis,
Hadrumète, Hippo), l'Espagne (Gadès, Tartessos), la Gaule
(Illiberris, Ruscilo, Narbo), reçurent des colonies ; leurs na-

vires s'avancèrent jusqu'aux Cassitérides (Sorlingues?) et sur la côte occidentale de l'Afrique. « De Tyr à Gadir et de Gadir à Tyr, les relations furent bientôt aussi régulières et aussi complètes qu'entre Chypre et la Phénicie. » (Maspéro.) La rivalité des Grecs et de Carthage elle-même, les luttes de Tyr sur le continent, les sièges qu'elle eut à soutenir, ruinèrent cet empire dont hérita Carthage. Mais les Phéniciens n'en conservent pas moins la gloire d'avoir, les premiers, unis dans des relations d'échanges tous les riverains de la Méditerranée, d'avoir préparé par le commerce la seule union possible entre eux, bien que la domination romaine les ait pendant plusieurs siècles réunis sous une même loi.

Les révolutions politiques, qui ont toujours leur contrecoup sur le commerce, feront subir au commerce méditerranéen bien des vicissitudes, mais les grandes routes étaient tracées, les articles d'échanges possibles désormais connus. L'Afrique sera plus souvent dans l'orbite de l'influence orientale que de celle de l'Occident et l'Orient sera toujours le pôle d'attraction des régions occidentales de la Méditerranée.

Ce commerce des Phéniciens avait pour objets les produits les plus divers. C'est par eux que les épices, les bois, les pierres précieuses, les parfums et les perles de l'Inde, de l'Arabie et du golfe Persique pénétrèrent en Occident ; c'est d'eux que l'Égypte, la Phénicie, l'Afrique reçurent le cuivre de Chypre, l'étain du Caucase et des Cassitérides, le plomb de l'Espagne, le fer des îles de l'Archipel et l'ambre du Nord. Les différents pays échangeaient par leur intermédiaire les produits de leur sol et de leur industrie : le blé et le papyrus de l'Égypte, les baumes et les laines de la Palestine, les vins, les laines et les ânes de la Syrie, les poissons de la mer Noire et de la côte d'Espagne ; les métaux précieux servaient d'aliment à leur commerce comme les étoffes de la Babylonie et de la Phénicie, et les statuettes de l'Égypte. C'est par eux que l'influence égyptienne pénétra dans la Grèce. Sans originalité, ils furent de merveilleux imitateurs, d'entreprenants intermédiaires, mais ils ternirent leur gloire en se faisant aussi grands marchands d'esclaves et tout ne fut pas à louer dans l'influence que leurs idées et leur culte exercèrent sur les pays où ils les introduisirent.

Malgré l'importance et l'étendue de leurs relations, les Phéniciens n'ont pas pratiqué d'autre système que le troc. Ils se conformaient en cela aux véritables règles du commerce maritime pour lequel le mode le plus avantageux de paiement est le paiement en marchandises. De cette façon, en effet, ils ajoutaient au profit de la vente de la cargaison apportée dans leur voyage d'aller celui de la vente des produits reçus ou acquis en échange et constituant leur fret de retour. Aussi n'eurent-ils jamais l'idée de faire usage des barres ou lingots de métaux usités de leur temps pour les paiements en Égypte et en Afrique ; le retour à vide avec ces lingots les eût privés de la moitié des bénéfices du voyage.

Les Hébreux que nous avons vu mêlés aux Phéniciens à Narbonne, ont marqué leur courte hégémonie par la fondation de Tadmor (Palmyre). Située aux confins du désert, sur la route qui mène du golfe Persique en Phénicie et de la mer Rouge à Thapsaque, elle eut quelque temps, comme l'attestent ses ruines, une grande importance commerciale. Le port d'Élath, à l'extrémité du golfe nord-oriental de la mer Rouge, leur servit de point de départ pour plusieurs expéditions, et ils entretinrent avec les peuples de l'Arabie méridionale, ainsi qu'en témoigne la visite de la reine de Saba à Salomon, des relations suivies ; mais leurs discordes

intestines, leurs guerres avec leurs voisins, le fractionnement de leur empire ne leur permirent pas de jouer dans
l'antiquité, comme peuple, un rôle important dans l'histoire
du commerce. Beaucoup d'entre eux cédant à leurs instincts,
et sous l'impulsion même de ces circonstances, s'embarquè-
rent sur les navires phéniciens pour aller s'établir dans les
pays lointains, mais leurs colonies y restèrent longtemps
confondues avec les colonies phéniciennes. Ce ne fut qu'à
la longue, quand les Phéniciens se furent presque partout
fondus avec les peuples au milieu desquels ils se fixaient,
tandis qu'au contraire, évitant alors, comme dans la suite des
temps, ces mélanges, les Hébreux maintenaient, avec cette
ténacité qui fait à la fois leur faiblesse et leur force, leur isolement et la pureté de leur race, qu'elles se manifestèrent
d'une façon d'autant plus remarquée que leur fondation avait
passé plus inaperçue.

A côté de ces émigrations volontaires, les transplantations
de peuples qui suivaient toujours les guerres, et dont celle
des Juifs à Babylone est un des exemples les plus connus,
devenaient, par la force des choses, des causes d'extension du
commerce. Les vaincus portaient avec eux dans leur nouveau milieu leurs industries et leurs mœurs ; il était rare
qu'ils ne conservassent pas avec les lieux d'où ils avaient été
enlevés quelques relations d'intérêts, et lorsqu'un nouvel
exode les ramenait dans leur patrie, ils en gardaient toujours
avec le pays de leur exil.

De même chaque nouvelle invasion provoquait, avec le
refoulement des anciens habitants, un ébranlement général
qui avait toujours sa répercussion dans le monde économique.
C'est ainsi que l'arrivée, avec les Mèdes, des populations
aryennes de l'Iran fit entrer plus intimement cette région

dans le mouvement des échanges. Elle était déjà, depuis plusieurs siècles, en contact avec l'Assyrie ; plusieurs fois elle avait été saccagée par elle et n'avait dû qu'à sa pauvreté de n'être pas plus durement traitée par sa redoutable et impitoyable voisine. Ecbatane (Hamadan), sa capitale, s'élevait sur le versant oriental du Zagros. Séparée de Ninive par les multiples remparts de cette chaîne, elle était cependant le point d'arrivée de plusieurs routes, l'une, communiquant directement avec Ninive par une des fissures de la chaîne, les autres la contournant au nord par le lac d'Ourmyah et par le sud vers Babylone.

Le passage rapide de la suzeraineté des Mèdes à une autre tribu aryenne, les Perses, la fondation par Cyrus d'un empire qui réunit sous sa domination toute l'Asie antérieure et auquel ses succcesseurs allaient joindre, l'un, Cambyse, l'Égypte, l'autre, Darius, les pays à l'ouest de l'Indus, ne firent qu'accélérer la fusion commerciale des pays réunis sous une même dénomination. L'abandon par Darius des anciennes capitales de la Perse pour Suse répondait à une pensée politique. Il se rapprochait de cette grande voie de l'Euphrate qui coupait en deux son empire et restait à proximité des pays belliqueux d'où était partie sa fortune. Il se transportait vers ces terres de l'ouest qui contrastaient par leurs richesses avec la pauvreté des terres orientales et d'où lui arrivaient les plus importants tributs, dont la civilisation était très supérieure. Cyrus, pour s'assurer des renseignements rapides sur tout ce qui se passait dans l'étendue de son empire, avait établi « sur toutes les routes, des écuries distantes l'une de l'autre d'un même intervalle et y avait fait placer des chevaux et des hommes chargés de les soigner ». Ce système de relais et de courriers se succédant incessam-

ment de nuit comme de jour, cette *poste royale,* fut perfectionnée par Darius. La route de Suse à Sardes traversant des
contrées habitées et sûres, et que nous a décrites Hérodote,
ne contenait pas moins de 111 relais et autant d'hôtelleries
sur un parcours de 3,497 kilomètres (13,500 stades). Empruntant dans la traversée de l'Asie-Mineure une ancienne
route tracée par les Leucosyriens pour réunir leur centre de
Ptéria (Boghaz-Keui) à Sardes, elle contournait par le nord le
steppe lycaonien et, arrivée à Sardes, s'y bifurquait en trois
branches dirigées sur les ports de Cymé, de Smyrne et d'É-
phèse. Le transport des marchandises s'y faisait à dos de
cheval, d'âne ou de mulet. Chaque étape était en même temps
un marché. Véritable poste fortifié, le caravansérail enfer-
mait une cour au milieu de laquelle était un puits et qu'entouraient des galeries de bois étagées sur lesquelles s'ouvraient des cellules. Aux principales stations, au point de
rencontre de plusieurs routes, ce marché devenait un de ces
grands bazars comme nous en montrent encore aujourd'hui
ces contrées où les mœurs ont si peu changé.

Un récent historien de la Lydie a essayé de représenter ce
que pouvait être au temps de sa splendeur la ville de Sardes,
« cette étrange cité qui était l'avant-garde de l'hellénisme
vers l'intérieur, en même temps que la dernière étape du
sémitisme vers l'Occident », et dont l'incendie par les Grecs
sera une des principales causes des guerres médiques. « Au
bazar, dit-il, en de minuscules échoppes, longues et creuses,
tassées les unes contre les autres comme les alvéoles d'une
ruche, se vendaient tous les produits de l'Orient. Les corps
de métiers s'y pressaient par groupes. Ici, c'était le marché
des cuirs, toutes les inventions rouges, bleues, jaunes, pi-
quées, pailletées, passementées où se complaît la cordonnerie

asiatique, bourses aux couleurs vives, sandales à lacets, chaussures recourbées à la poulaine, courroies teintes et brodées, gaînes, lanières, exhalaient dans l'air épaissi une odeur savoureuse. Ailleurs, se trouvait le quartier des tissus, des étoffes de pourpre, des tentures de luxe, des housses aux tons chauds, des tapis aux rayures éclatantes. Plus loin, miroitaient les étalages des orfèvres, les merveilles de la bijouterie assyrienne, les colliers, les anneaux et les bagues, les parures d'électrum et d'argent, les joyaux d'ivoire. Un des coins les plus singuliers était la section de la parfumerie. Là s'accumulaient des drogues sans nombre : les poudres étaient exposées en sacs ou par tas ; des coffrets ou des étuis enfermaient les pastilles, les sachets, les grains de senteur ; des essences coloraient les fioles, des pots contenaient les pommades et les onguents... Trafiquants, acheteurs et courtiers appartenaient aux races les plus diverses. Les Lydiens vendaient de tout et notamment des eunuques ; les Ptériens apportaient leurs laines et leurs céréales ; les Phrygiens amenaient leurs bestiaux ; les Grecs étalaient des poteries, des bijoux, des objets d'art... ; les Cariens exposaient des armes, des casques à panache, des boucliers ornés de figures ; les Chaldéens offraient mystérieusement des amulettes[1]. »

En même temps, le canal de Néchao était mis en état de navigabilité ; les routes commerciales qui aboutissaient à l'Égypte soit du Soudan, soit de la Lybie, soit de la mer Rouge, étaient remises en honneur et Scylax de Cariandra faisait, au nom du roi, de Caspatyra, sur l'Indus, à l'extrémité de la mer Rouge, un voyage de 30 mois pendant lequel il

---

1. G. Radet, *La Lydie et le monde grec au temps des Mermnades*. Paris, Thorin, 1893.

recueillait sur les pays dont il longeait les côtes des renseignements précieux. Le commerce profitait naturellement de cette facilité, de cette sûreté des voyages, de ces connaissances nouvelles et de l'extension des relations qui résultait naturellement de l'agrandissement de l'empire. Il y trouvait une compensation aux impôts levés régulièrement au nom du roi des rois et même aux exactions des satrapes. L'élévation même des revenus royaux que l'on a évalués à 663 millions de francs de nos jours pour la partie payable en argent et à une somme égale pour l'impôt en nature, montre combien, malgré toutes les guerres, les invasions, les pillages et les ruines, le commerce avait déjà accumulé de richesses dans ces régions.

Alexandre trouvera dans les trésors de Persépolis et de Pasagarde la valeur d'un milliard en métaux précieux. Le nombre des têtes de bétail, à en juger par celui que l'impôt demandait à certaines provinces, était considérable. L'armée de Xerxès avait 80,000 chevaux, sans compter les chameaux et les attelages des chars. Les encouragements donnés à l'agriculture augmentaient la prospérité des terres, et si le dénombrement de l'armée de Xerxès que nous a laissé Hérodote, témoigne de la diversité, de l'absence de cohésion des éléments qui la composaient, il nous donne en même temps des renseignements précieux sur l'industrie, les mœurs et le commerce des différents pays auxquels appartenaient ces variétés de soldats. On trouve dans cette description bien des traits qui appartiennent encore aux populations actuelles de ces contrées. Chaque pays conservait son costume et ses armes, comme il conservait sa religion, ses institutions et ses lois. L'Indien avec ses vêtements de coton et ses arcs en bambou y figurait à côté de l'Éthiopien vêtu de peaux de

panthères et de lions, avec des arcs en rameaux de palmiers;
le Perse avec sa tiare de feutre à côté des Chalybes aux
casques d'airain et des Moschiens aux casques de bois. Les
Libyens vêtus de cuir à côté des Arabes aux longues robes
assujetties par une ceinture et des Thraces aux manteaux
bariolés. Mais il résulte aussi de cette variété que si les produits naturels circulaient de province en province, chacune
d'elles conservait son industrie particulière. Les vingt-trois
(plus tard trente et une) satrapies de l'empire étaient des divisions financières et militaires plus qu'administratives. A
l'exemple des Lydiens, Darius avait créé une monnaie d'or et
d'argent : les dariques. « Elles portent au droit une figure de
roi armé de l'arc ou de la javeline ; elles sont épaisses, irré-
gulières, grossières de frappe », mais elles ne servirent que
dans la partie occidentale de l'empire. Ailleurs on continua à
faire les échanges en nature, comme l'avaient fait les Égyptiens et les Phéniciens ou contre du métal brut, au poids.

Les difficultés que présente encore de nos jours, malgré
les moyens que nous possédons, l'alimentation des armées
nous permettent d'apprécier la somme des efforts qui durent
être faits alors pour assurer celle de l'immense multitude
que Xerxès traînait avec lui. Quelque exagération que l'on
puisse attribuer aux chiffres d'Hérodote, il n'en reste pas
moins que cette armée est peut-être la plus nombreuse qui ait
jamais été réunie. L'habileté, la ponctualité, avec lesquelles
les approvisionnements furent tirés des lieux de production
et rassemblés sur les points ordonnés de concentration, donnent une haute idée de la régularité qui régnait alors dans
l'administration et des ressources dont disposait le commerce.
La construction du pont sur l'Hellespont, le creusement du
canal de l'Athos rappelèrent les grands travaux entrepris vers

Babylone et dans l'Égypte. Les détails que nous donne Hérodote sur la manière dont les opérèrent les différents peuples
appelés à y contribuer témoignent de la supériorité des ingénieurs phéniciens et grecs sur ceux des autres nations. Le
nombre et la provenance des trières nous montrent également
quelle importance avaient prise les relations maritimes et
quels étaient les peuples les plus puissants sur mer. Des 1,200
trières, 300 appartiennent aux Phéniciens et aux Syriens ;
200 aux Égyptiens ; 150 aux Cypriens ; 100 aux Ioniens ;
100 aux Hellespontins et colons de l'Euxin ; 50 aux Doriens
d'Asie ; 60 aux Éoliens ; 17 aux insulaires. L'élément grec
y dispute la suprématie du nombre à l'élément phénicien.

Ils s'étaient déjà trouvés en présence au service de l'É-
gypte dans les derniers temps de son indépendance. Les
Phéniciens avaient sur les ordres de Néchao accompli en
trois années le périple de l'Afrique en partant de la mer
Rouge pour revenir par les colonnes d'Hercule. Les Grecs
avaient fondé des comptoirs florissants en Égypte (Naucratis)
dont Psammétik leur avait, malgré l'opposition de ses sujets,
ouvert les portes. Des ingénieurs grecs s'étaient efforcés en
même temps de rouvrir le canal creusé autrefois par Séti
entre le Nil et la mer Rouge. L'œuvre civilisatrice des Grecs
allait continuer celle de l'Égypte et des nations asiatiques ;
mais il ne faudrait pas voir dans le triomphe des premiers
comme une sorte de loi fatale et une évolution nécessaire de
l'humanité ; quelques services que nous aient rendus les
Grecs, et ils sont nombreux, ils ne doivent pas nous faire
oublier les peuples qui les avaient précédés et dont ils mirent
à profit les exemples et les travaux.

CHAPITRE IV

Les Grecs.

Les Grecs, qui devaient enlever aux Phéniciens l'empire de la Méditerranée orientale, reconnaissaient avoir reçu d'eux, comme l'atteste la légende de Cadmos, l'alphabet et certains arts utiles. Peut-être apprirent-ils d'eux aussi la navigation, dans laquelle leurs progrès furent au surplus singulièrement favorisés par la merveilleuse situation de la Grèce. Les montagnes alors boisées fournissaient les matériaux nécessaires à la construction de leurs barques. « Chaque matin le vent du nord se lève pour conduire les barques d'Athènes aux Cyclades, chaque soir le vent contraire les ramène au port. De la Grèce à l'Asie-Mineure les îles sont posées comme des pierres sur un gué ; par un temps clair, un navire qui fait ce trajet a toujours la côte en vue ; de Corcyre on voit l'Italie, du cap Malée les cimes de la Crète, de la Crète les montagnes de Rhodes, de Rhodes l'Asie-Mineure ; deux jours de navigation conduisent de la Crète à Cyrène ; il n'en faut que trois pour passer de la Crète en Égypte. » (Taine.) Le sol était pauvre, les communications par terre difficiles ; ils entendaient vanter les richesses et la science de l'Asie ; de bonne heure ils tendirent la main vers elle. Les exploits d'Héraclès rappellent ceux du Melkharth tyrien ; l'expédition des Argonautes nous les montre suivant les Phéniciens, leurs maîtres, dans cette Colchide d'où ceux-ci rapportaient les métaux, où ils allaient, eux, conquérir la Toison d'or, et les récits fabuleux sur le retour des Argo-

nautes sont un écho des grandes navigations phéniciennes.
C'était par le promontoire du Nord-Ouest, le plus rapproché des mines d'or du mont Pangée, qu'ils avaient dans cette
course aperçu l'Asie. Ce fut de ce côté qu'ils firent la guerre
de Troie.

Elle mit toute la Grèce en mouvement : 1,186 vaisseaux
transportèrent d'Aulis en Troade une armée de 100,000 hommes, ce qui fait en moyenne 84 hommes par navire.

Un pareil effort suppose déjà une longue pratique de la
mer. Elle devint bientôt le véritable élément des Grecs et,
dès le siècle qui suivait la guerre de Troie, les Doriens commençaient le grand exode des tribus helléniques. Comme
les Phéniciens, leurs maîtres, les Grecs allaient essaimer
partout. Comme eux, ils accompagnaient la prise de possession de nouvelles terres de cérémonies religieuses. Ce n'é-
taient pas de simples comptoirs, c'étaient des colonies qu'ils
fondaient, rattachées à la mère patrie, mais ayant comme
toutes les villes grecques leur originalité, et qui sous l'influence asiatique allaient même précéder les cités d'Europe
dans la voie du développement commercial, intellectuel et
artistique. Cythère, la Crète, Théra, Mélos, Cos, Carpathos,
Rhodes et sur la côte d'Asie, Halicarnasse et Cnide reçurent
des colonies doriennes. Des émigrés éoliens se fixèrent à
Lesbos, Ténédos et, sur le continent, à Abydos et à Cymé;
les Ioniens fondèrent à leur tour, entre l'Éolide et la Doride,
les douze cités qui célébraient au Panionion leur fête commune en l'honneur de Poséidon, le dieu de la mer, et parmi
lesquelles Samos, Chio, Milet, Éphèse, Phocée et Smyrne
tenaient le premier rang. Plus tard, le réseau s'étendit. Le
littoral des pays au nord de la Grèce fut à son tour jalonné
de comptoirs. La Chalcidique était occupée par des colonies

eubéennes ; Corinthe fondait Polidée ; Mégare, Byzance, Samothrace et Paros étaient conquises ; à l'ouest enfin, l'Acarnanie recevait la colonie d'Ambracie, l'Épire celle d'Épidamne ; les îles de Corcyre et de Leucade des villes du même nom.

Les grecs d'Asie rivalisaient d'activité avec ceux d'Europe. Milet fondait sur les rives de l'Hellespont et de la mer Noire 80 comptoirs ; Sinope, sa colonie, fondait à son tour Trapezonte ; l'Italie, la Sicile, l'Afrique se couvraient d'établissements grecs. Là s'élevait la Grande-Grèce avec les cités un instant fameuses de Sybaris, Crotone et Métaponte ; en Sicile, c'était Syracuse, Agrigente et Messiné ; en Afrique, Cyrène et bientôt Naucratis, à deux pas de Tyr déjà vaincue par Sennachérib et bientôt attaquée par Nabuchodonosor ; en Gaule, enfin, Marseille, colonie de Phocée, dont un enfant, Pythéas, devait accomplir jusque dans la légendaire Thulé un des voyages de découvertes les plus audacieux et les plus fameux de l'antiquité, et autour d'elle, de Moncoæs à Emporiæ, toute une ligne de comptoirs dont Agde (Agathé Tyché) était le plus important.

L'Adriatique, sur les rives de laquelle les légendes avaient déjà fait aborder Cadmos et Héraclès, avait, elle aussi, reçu successivement les colonies des Asiatiques et des Grecs. Les Phéniciens avaient fondé Rhizon (Risano) et Naron (Viddo di Metkovitch), Syracuse y jetait les importantes colonies de Lissos (Alessio) et d'Issa (Lissa) ; les Isséens à leur tour donnaient naissance à Tragurium (Trau) et Epetium (Stobrez) ; les Pariens s'établissaient à Pharos (Lesina). Ainsi, de poste en poste, s'était achevé l'investissement de toute la Méditerranée. Comme les cités de l'Orient, celles de l'Occident soit par elles-mêmes, soit par les stations qu'elles créaient et les débouchés qu'elles s'ouvraient, agrandissaient incessamment le champ du commerce et par le contact avec des peuples nouveaux le cercle de pénétration de l'influence hellénique. Elle devait être d'autant plus durable qu'elle s'infiltrait plus lentement et se montrait plus souple à subir de son côté les impressions du dehors.

Jusqu'au milieu du viiiᵉ siècle, la Grèce n'eut qu'un rôle passif, recevant tout de l'étranger, objets d'alimentation comme de mobilier, et ne lui vendant rien en échange. Corinthe, la première, vers cette époque, exporta des vases peints. L'industrie ne se développa qu'avec lenteur et inégalité. La Grèce s'appropria plus vite les idées et les inventions de l'Asie, ses découvertes scientifiques et ses arts avec ses procédés industriels, mais lorsqu'à l'aide d'ouvriers et de modèles empruntés, elle eut commencé à fabriquer les objets dont elle avait besoin, ses progrès furent rapides. Les importations diminuèrent peu à peu d'importance ; au viiᵉ siècle, les exportations commencèrent.

C'est alors que les premières monnaies firent leur apparition. Au troc ou échange en marchandises, les commerçants par terre avaient depuis longtemps substitué le paiement en métal. Des barres ou lingots en cuivre, en fer, en plomb, en or ou en argent, de formes et de dimensions nécessairement très variées, suivant le métal, étaient divisés en masses fixes « dont les tailles graduées répondaient aux différents degrés de l'échelle pondérale, même aux plus faibles ». (Perrot, *Hist. de l'Art.*) Pour éviter la nécessité de les peser et de les mesurer chaque fois qu'ils changeaient de main, on en vint à les marquer d'une empreinte officielle qui leur donnait un caractère légal, une valeur déterminée. La monnaie était créée.

Les premières monnaies furent-elles frappées en Lydie, au temps de Gygès, ou vers le même temps à Égine, par Phidon d'Argos? Toujours est-il que leur apparition facilita singulièrement le commerce. Le contrat de change assyrien avait déjà rendu de grands services, mais son usage était très limité, restreint à l'intermédiaire entre le vendeur et l'acheteur. La monnaie permit aux caravanes de s'affranchir des produits destinés uniquement aux paiements, encombrants, coûteux à transporter. La variété des monnaies sera un inconvénient moindre ; les banquiers, déjà nombreux à Sardes au temps de Crésus, y remédieront bientôt sur toutes les places.

Les villes grecques d'Europe purent donner, grâce à cette facilité de paiement, plus d'extension à leurs affaires.

Les colonies de l'Asie antérieure, dont le rôle et l'influence ont été si grands dans la formation du génie hellénique, furent les premières à introduire dans le mouvement général des échanges les produits du sol et de l'industrie de la Grèce. Les colonies firent même d'abord entre elles un commerce plus étendu qu'avec la métropole et la prospérité commerciale de Milet, d'Éphèse, de Sybaris même précéda celle d'Athènes. Le blé de la Chersonèse, si recherché par Athènes, les vins de l'Attique, de Chio, de Smyrne et d'Éphèse, le lin d'Amorgos, les bois de la Thrace, les fruits et les légumes de la Grèce, les laines de l'Attique et de Milet, si appréciées des Sybarites, l'huile de l'Asie et les salaisons de l'Euxin, les vases peints de Corinthe, les meubles, les étoffes, les céramiques et les statuettes furent les principaux objets de ce commerce.

Au vi⁰ siècle, Égine, Corinthe, Chalcis, Athènes, entrée enfin en lice, rivalisaient d'activité avec les places de l'Ar-

chipel, Délos, Samos, et celles de l'Asie-Mineure. Le développement du commerce intérieur marchait parallèlement
avec celui du commerce extérieur, les progrès de l'agriculture et de l'exploitation du sous-sol avec ceux de l'industrie.
Des foires se créaient près de tous les sanctuaires ; des marchés s'ouvraient dans toutes les villes. L'unité religieuse favorisait ce mouvement.

Les temples et surtout les plus fréquentés, Délos, Del-
phes, Olympie, faisant fonction de véritables établissements
de crédit, recevaient des dépôts, placés sous la garde du dieu,
et prêtaient aux particuliers et aux villes les sommes qui
leur étaient confiées. Leurs administrateurs faisaient frapper
la première monnaie, peut-être dès le viiie siècle.

Les mines d'or de Siphnos, de Thasos, du mont Pangée,
de la Macédoine et de l'Épire ; celles d'argent de Siphnos,
de l'Épire et surtout, un peu plus tard, du Laurion donnaient
d'abondants produits. Corinthe, centre des relations avec la
Grèce occidentale, dans laquelle régnait exclusivement son
système monétaire, et entrepôt de son commerce avec l'Asie-
Mineure, était alors la cité la plus florissante de la Grèce.
Une route, que suivaient aussi quelquefois les bateaux de
petit tonnage, réunissait ses deux ports de Léchæon et de
Cenchrée. Corcyre, sa colonie, envoyait ses navires jusqu'au
fond de l'Adriatique ; Sybaris, après deux siècles seulement
d'existence (720-510 av. J.-C.), était à la veille de sa ruine.
La fertilité de son sol, les beaux travaux qui avaient assaini
sa campagne, son commerce qu'alimentaient son huile, son
vin, ses laines, son bois, son cuir, la cire de ses abeilles et
sa poix renommée, ses relations avec Milet d'une part et
l'Étrurie de l'autre, dont elle exemptait de droit les produits,
y avaient attiré une population nombreuse, riche, mais dont

le relâchement et le raffinement des mœurs sont restés célèbres.

Au vᵉ siècle, la prospérité de toutes ces villes fut éclipsée par celle d'Athènes. Avec ses ports de Mounichia, Zéa, le Pirée et sa rade de Phalères, auxquels la réunissaient trois routes protégées par de longs murs, elle atteignit, après les guerres médiques, au temps de Périclès, l'apogée de sa grandeur. Le travail y était en honneur, l'industrie prospère. De petits patrons l'exerçaient comme de gros industriels ; des ateliers familiaux existaient à côté de véritables usines. On y fabriquait des vases, des armes, des meubles, des étoffes, que ses flottes portaient au loin. Trois lignes principales de navigation en partaient vers le Pont, en suivant les côtes ; vers Chio et Lesbos, à travers la mer Égée ; vers l'Égypte et la Cyrénaïque par les Cyclades, Rhodes, Chypre et les côtes de la Phénicie. Les tributs de la confédération maritime dont le centre avait été transféré de Délos à Athènes, affluaient dans son trésor ; elle avait des alliés, des colonies et voyait s'épanouir chez elle la floraison du génie hellénique. Le souvenir des guerres médiques, sa rivalité avec Sparte la préservaient en partie des dangers qui résultent d'une longue prospérité commerciale. Si la ville s'embellissait des chefs-d'œuvre de l'art, les habitations particulières, le costume, les habitudes même ne se modifiaient que lentement.

Les gens de métier formaient la majorité de l'assemblée du peuple ; elle accordait des faveurs aux commerçants, traitait avec égard les marchands étrangers. Le titre et la valeur de la monnaie d'argent y restèrent longtemps tels que les avait établis Solon ; les marchandises importées et exportées n'y étaient frappées que d'un droit de 2 p. 100. Il est vrai que l'exportation du blé était prohibée, le commerce avec

certaines villes, Mégare entre autres, interdit. Mais ce qui fit
surtout la force d'Athènes, ce fut le commerce de l'argent.
Les banquiers ou trapézites, pour la plupart étrangers ou affranchis, assis sur l'agora derrière leurs comptoirs, firent d'a-
bord l'office de changeurs. Les monnaies étaient nombreuses
et variées, chaque ville souveraine ayant les siennes. Certaines étaient acceptées partout : ainsi les tétradrachmes d'A-
thènes, les *Chouettes du Laurion,* les statères de Cyzique ; d'autres dans un rayon étendu, les tétradrachmes de Thasos en
Thrace et dans le bassin du Danube, les didrachmes corin-
thiens, les *Vierges* (Pallas casquée), en Épire et sur toute la
côte de l'Adriatique, mais beaucoup n'avaient qu'une circulation très restreinte. La monnaie de compte, le talent,
différait elle-même de valeur suivant les pays et par suite son
sous-multiple, le drachme. Des conventions monétaires exis-
tèrent bien pour remédier à ces inconvénients entre particuliers et entre États, mais le recours au changeur, alors que
le crédit existait à peine, s'imposait souvent. A mesure que
l'on s'avance dans le ve et le ive siècle, leur rôle s'accroît.
Aucune loi ne fixait de taux d'intérêt. Ils se firent bientôt
prêteurs et peu à peu pratiquèrent toutes les opérations de
banque, se chargeant des paiements, ouvrant des comptes
courants, délivrant même des lettres de change. Servant, ce
que ne faisaient pas les temples, un intérêt pour les dépôts
qui leur étaient confiés, ils virent les capitaux affluer et se
concentrer dans leurs caisses. Le taux moyen auquel ils prêtaient était de 12 à 18 et 24 p. 100, quelquefois même de 30
à 35 p. 100 quand il s'agissait de prêts maritimes. Les entreprises qu'ils favorisaient fournissaient souvent de gros dividendes et l'attention de tous se trouvait de plus en plus atti-
rée, malgré les déboires qu'elles causaient souvent, vers les

opérations commerciales. L'État intervenait peu ; des mesures étaient prises pour le jugement rapide des litiges commerciaux ; à Athènes, au ive siècle, ils doivent être jugés dans le délai d'un mois. A l'étranger, des proxènes ou consuls sont chargés de la protection des citoyens. Partout des règlements sévères assuraient la bonne tenue des marchés et des foires et réprimaient la fraude. « Il y avait à Athènes quelques grosses fortunes, mais elles étaient rares, et de plus elles ne se conservaient guère. Ce qui dominait, c'étaient les fortunes moyennes et les petites fortunes. Les pauvres étaient fort nombreux, s'il est vrai qu'en 322 neuf mille citoyens seulement sur vingt-un mille possédassent 1,950 fr. et plus. Il faut ajouter toutefois que ces 1,950 fr. en vaudraient près de 6,000 des nôtres [1]. » La facilité et le bas prix des communications par mer rendaient presque inutiles les routes de terre. Aussi étaient-elles rares en dehors de celles qui servaient aux pèlerinages. Ceux-ci, fort nombreux, occasionnaient à époques fixes dans toute la Grèce des déplacements considérables et un transport énorme de marchandises. Les sanctuaires vénérés recevaient de toutes parts les plus magnifiques offrandes ; la célébration des rites amenait un déploiement inouï de luxe et de richesse.

Les autres routes étaient beaucoup moins fréquentées. On voit cependant dans le Péloponèse tout un réseau de voies de communication rayonnant en Laconie autour de Sparte, autour d'Olympie en Élide, de Mégalopolis en Arcadie, d'Argos en Argolide. Dans l'isthme tout aboutissait à Corinthe. Trois routes unissaient la Béotie à l'Attique. De

---

1. Guiraud, *Lectures historiques, Histoire de la Grèce,* d'après Bœckh, *Économie politique des Athéniens.*

Thèbes d'autres se dirigeaient vers Platée, vers l'Euripe et le pont qui réunissait Chalcis à la terre ferme, vers Thespies, vers le nord. Une route réunissait la Thessalie à l'Épire et par Dodone se prolongeait jusqu'à l'Adriatique. Mais c'était des chemins à peine frayés en général, d'un parcours pénible et lent à cause des difficultés de terrain et de leur entretien défectueux. Les transports s'y faisaient par bêtes de somme ou chariots à quatre roues traînés le plus souvent par des mulets, et leur chargement était l'objet de la plus grande attention. Les ponts étaient rares, le plus souvent en bois, mais les rivières souvent à sec n'étaient que rarement des obstacles. Les auberges étaient mal tenues, mais l'hospitalité se pratiquait largement et les abris étaient moins nécessaires que dans nos climats sous ce beau ciel où à Athènes même la plupart des habitants passaient les nuits sur leurs terrasses.

Le IV⁰ siècle fut pour la Grèce une époque de crise. Athènes avait bien conservé sa qualité de métropole financière de la Grèce et retrouvé rapidement, malgré ses désastres de la guerre de Péloponèse, son ancienne activité industrielle et commerciale, mais elle avait des rivales : Héraclée, Byzance, Cyzique, Rhodes surtout dont le port à l'entrée duquel se dressait le fameux colosse allait faire la plus riche et la plus florissante cité de la Grèce et dont les lois maritimes régirent si longtemps les nations. L'hégémonie de Sparte dura peu, Athènes ne réussit pas à reconstituer la sienne ; ni Thèbes, ni la Thessalie n'eurent une suprématie durable ; les troubles intérieurs déchiraient toutes les villes et semaient de bannis toutes les routes. Le monde grec se débattait dans l'impuissance de trouver une direction morale ; il se rejeta vers le soin de ses intérêts matériels. Ces bannis se rencontraient

partout comme voyageurs, marchands, médecins, mercenaires; ceux des colonies de la Grèce occidentale où De-
nys l'Ancien terrifiait Syracuse, s'y joignaient à ceux de la
Grèce propre. Quand Timoléon fit, pour repeupler Syracuse, un appel en Grèce, soixante mille hommes accoururent;
Alexandre renverra 20,000 exilés dans leur pays et beaucoup
de ces malheureux seront établis par lui dans les colonies
dont il sèmera son empire.

L'entrée en scène de la Macédoine, l'activité de Philippe
et les conquêtes d'Alexandre répondirent donc à une situation éminemment favorable à l'accomplissement de leurs desseins. L'expansion des armes et du génie helléniques jusque
sur les bords de l'Hyphase coïncidait avec une disposition
particulière des esprits qui devait assurer à l'œuvre du conquérant succès et durée.

La fusion que rêvait Alexandre entre l'élément gréco-
macédonien et l'Orient devait avoir pour instruments non
seulement des mariages entre Grecs et Asiatiques, l'adoption
par les Grecs des costumes de l'Orient, mais l'établissement
durable de colons helléniques au milieu des anciennes provinces de Darius et le développement du commerce entre les
diverses parties de son empire. Les soixante colonies qu'il
fonda étaient autant, dans son esprit, des stations de commerce et des foyers de lumière que des postes militaires.
Quelques-unes disparurent rapidement sans doute ; ni la ville
qu'il fonda aux bouches de l'Indus, ni celle qu'il établit à
l'embouchure rendue libre de l'Euphrate et sur lesquelles il
fondait de grandes espérances pour ses projets du côté de
l'Inde ne lui survécurent, mais Alexandrie d'Arie (Hérat)
devint et est restée une des principales étapes du commerce
de l'Asie centrale ; Alexandrie d'Égypte est une des villes

où le génie hellénique a brillé du plus vif éclat, et le rapprochement qui s'y est opéré de l'esprit grec avec les civilisations, les mœurs, les traditions, les religions et les systèmes de l'Orient lui assigne une place à part dans l'histoire
du développement intellectuel et moral de l'humanité.

Alexandre en avait admirablement choisi l'emplacement,
sur les bords mêmes de la mer, à l'ouest des embouchures du
Nil, à l'abri des courants et des apports alluviaux du fleuve,
« à côté de l'Égypte plutôt qu'en Égypte » (Droysen), comme
un poste avancé vers les contrées de la Méditerranée occidentale. Son progrès fut rapide. Alexandre était mort avant d'avoir eu le temps d'assurer par l'expédition qu'il méditait
contre les Arabes du désert la sécurité de la route directe de
Babylone à la côte. La route reconnue par Néarque de l'embouchure de l'Indus à l'extrémité du golfe Persique était par
là rendue presque inutile ; les guerres entre les successeurs
d'Alexandre interceptaient souvent les voies qui conduisaient
aux ports de la Syrie ; ces circonstances et l'extension de la
domination des Lagides vers le haut Nil et le long de la mer
Rouge lui furent très favorables. Ptolémée Philadelphe, en
achevant le canal du Nil à la mer Rouge, en rouvrant les anciennes routes de cette mer à la vallée du Nil, établissant des
stations et des puits sur celle notamment qui reliait Coptos
à Bérénice, et élevant d'autre part, à l'entrée du port d'Alexandrie, le Phare si célèbre dans l'antiquité, de même qu'en développant les fondations savantes de son père, assura sa fortune. Le marché de Canope y avait été transporté. Les
2,000 navires marchands de l'Égypte exploraient toutes les
mers avoisinantes ; des colonies jalonnèrent le littoral du
golfe Arabique, le trafic avec le Sud se développa de jour en
jour, et les richesses affluèrent dans la capitale des Lagides.

En lançant dans la circulation les trésors accumulés par les rois de Perse, en répandant partout les merveilles d'art et d'industrie qu'ils immobilisaient dans leurs palais, Alexandre avait opéré une véritable révolution économique. La surabondance des métaux précieux coïncidant avec la diffusion des étoffes et des ameublements de luxe, avec la connaissance par les Macédoniens et les Grecs de cette vie orientale dont la mollesse et les délices apparentes devaient les séduire ; l'activité des Grecs voyageant ou désormais fixés comme colons dans ces régions, l'entrée pour ainsi dire de tant de provinces, jusque-là comme isolées et perdues, dans le cercle commercial de la Grèce, donnèrent une impulsion jusqu'alors inconnue au commerce. L'Asie en profita comme l'Égypte. La route ouverte vers les Indes par la Bactriane ne se referma pas. Balk et Samarcande devinrent, comme Alexandrie d'Arie, des entrepôts actifs ; Séleucie, fondée par les nouveaux souverains de la Syrie sur le Tigre et qui compta jusqu'à 600,000 habitants, une des étapes du commerce vers ces contrées lointaines, et Antioche « la belle », fondée par eux pour remplacer Tyr, et si célèbre par ses jardins de Daphné, les fêtes qui s'y donnaient et l'étalage insensé de la pourpre, de l'ivoire et de l'or, l'une des cités les plus somptueuses et les plus commerçantes du monde.

Les relations avec la Haute-Asie qu'Alexandre songeait à développer par une exploration de la Caspienne se firent à la fois par l'Oxus et la Caspienne et par la nouvelle route qui de Balk se dirigeait à travers la Médie vers le Tigre. La soie de Chine était apportée par la vallée du Tarim et le Pamir méridional, et la « Tour de pierre », dont l'emplacement n'a pas été retrouvé, mais que quelques-uns placent sur un affluent de l'Yarkand, jouait sur le versant oriental du Toit du monde le rôle de Bactres sur le versant occidental.

Bien que les Séleucides aient poursuivi avec une véritable passion l'œuvre colonisatrice d'Alexandre, les démembrements successifs de leur empire le réduisirent rapidement à la Syrie et au bassin de l'Euphrate. Si l'influence grecque subit une éclipse dans le royaume des Parthes, elle resta sensible dans celui de Bactriane et persista dans l'Asie-Mineure depuis si longtemps attaquée.

« Si, dit M. G. Perrot, aucune des dynasties héritières de la Macédoine ne put la réunir tout entière sous sa domination et y faire régner une paix durable, si aucune ne sut y créer, plus qu'ailleurs, dans tous les pays occupés par les Grecs, les routes qui devaient être pour Rome un si puissant moyen d'action et établir par là des relations faciles et rapides entre des pays séparés par tant d'obstacles naturels, du moins le génie qui y pénétrait en conquérant sut-il lui rendre avec usure ce qu'il lui avait emprunté autrefois. L'idiome grec fait peu à peu disparaître les langues de ces peuples qui avaient jadis tant appris aux colons éoliens et ioniens ; les arts de la Grèce transforment les anciennes cités lydiennes et phrygiennes, élèvent de splendides édifices dans les forêts de la Bithynie, dans les âpres montagnes de la Lycie et de la Pamphylie, étalent toute leur pompe et déploient toute leur élégance dans le voisinage même de ces monuments dont s'étaient inspirés autrefois les premiers architectes et les premiers sculpteurs de la Grèce. »

De grandes cités commerciales florissaient encore vers la fin de la période des Séleucides dans cette Asie-Mineure où la civilisation grecque avait donné son premier éclat : Dioscurias sur l'Euxin, rendez-vous des marchands de 70 peuples et où arrivaient les produits de l'Inde et de la Chine; Trapezonte, dans le Pont, au débouché de la route du haut Euphrate et de celle qui venait du golfe d'Issus; Éphèse, Smyrne, Pergame, célèbre par son industrie et l'invention du parchemin, et, sous la domination romaine, le « monde grec » comprendra toujours toutes les contrées à l'est de l'Adriatique jusqu'à l'Euphrate et aux bords du Nil.

CHAPITRE V

Les Étrusques. — Les Carthaginois. — Les Romains.

Deux peuples avaient précédé les Romains dans la domination de la Méditerranée occidentale : les Étrusques et les Carthaginois.

Les Tyrrhènes ou Étrusques, dont le nom se retrouve encore dans une partie de cette mer, avaient longtemps erré à leur départ de l'Asie-Mineure avant de se fixer sur le revers méridional de l'Apennin. Ils avaient parcouru toute la mer Égée, où l'on trouve des traces de leur passage à Imbros, à Lemnos, à Samothrace, dans la Chalcidique et à Cythère, abordé en Afrique, attaqué l'Égypte et lutté inutilement 150 ans pour s'établir dans le delta. Émigrés dans la vallée du Pô, ils y fondèrent Adria et Mantoue, Bologne et Ravenne dans l'Ombrie et, forcés par les Gaulois de se réfugier de l'autre côté de l'Apennin, ils se fixèrent dans la Toscane actuelle, d'où ils étendirent leur domination sur l'Italie méridionale où Capoue et d'autres colonies leur durent leur origine. Les côtes auparavant malsaines de l'Étrurie, habilement drainées par eux, purent recevoir de nombreuses villes. L'Étrurie et la Campanie formèrent deux confédérations, de douze cités chacune, florissantes par l'agriculture, l'industrie et le commerce. Si Capri devint entre leurs mains un nid redouté de pirates, Populonia, en face de l'île d'Elbe, fut un grand centre pour le travail du minerai de fer qu'ils retiraient de cette île et les échanges avec le dehors. Adria, port de lagunes, mais plus rapproché qu'aujourd'hui de la mer à

laquelle il a donné son nom, et Spina, sur la mer, recevaient
par les routes qui aboutirent plus tard à Aquilée, puis à Venise et enfin à Trieste, l'ambre des bords de la Baltique.
Vulsinii (Bolsena) et le Soracte étaient les grands marchés
intérieurs où le Latium venait amener ses bestiaux et ses
esclaves. Les principaux articles du commerce étrusque
étaient les vases peints, les lampes d'airain, les coupes d'or,
les armes, les objets en cuivre et en bronze qu'ils exportaient
en Grèce, à Carthage, en Sicile, en rapportant les produits
fabriqués d'Athènes, de Corinthe, de l'Égypte, de Milet et
de Babylone que l'on retrouve aujourd'hui dans les tombeaux
de Cæré et de Préneste : ornements d'or, plats d'or, vases
d'albâtre, vases émaillés, œufs d'autruche, cuirs travaillés et
poteries. Habiles dans tout ce qui concernait la construction et
le gréement des navires, ils allèrent même, dit-on, jusqu'aux
îles Cassitérides, à la recherche de l'étain. Ils empruntèrent
aux Grecs l'usage de la monnaie et eurent des ateliers à
Populonia. Mais, bientôt corrompus par leurs richesses, adon-
nés aux plaisirs de la table, jalousés par les Carthaginois et
les Grecs, sans accord entre eux, les Étrusques perdirent
rapidement leur puissance sous les coups des peuples voisins :
sur terre, les Gaulois, les Samnites, les Romains ; sur mer,
les Grecs de Cumes qui leur infligèrent en 474 une défaite
décisive.

Les Carthaginois restèrent seuls en présence des Grecs.

Kyriath-Hadechât, Carthage, la ville d'Élissar (Didon),
avait eu, par suite de l'épuisement et de l'éloignement de sa
métropole et aussi de sa magnifique situation, une fortune
rapide. Fondée non par de simples trafiquants, mais par l'élite
de l'aristocratie tyrienne, elle s'était vite dressée, grâce à
l'activité et à l'ambition de ses colons, en rivale des colonies

voisines et de Tyr elle-même, avait promptement substitué
dans le bassin occidental de la Méditerranée son patronage
et sa suprématie à ceux de la métropole et créé, malgré la
concurrence et la rivalité des Étrusques et des Grecs, un
empire punique. Fièrement campée sur les bords mêmes de
la mer, au pied de la colline de Byrsa, elle était faite pour
commander non pas, comme la moderne Tunis, aux terres
africaines, mais à la mer. Ses deux ports, « qui ne sont plus
aujourd'hui que deux petits lacs, deux pièces d'eau que l'on
dirait faites pour quelque jardin anglais » (Cagnat), occupaient une superficie de 16 à 25 hectares, espace considérable
pour l'époque ; 17 citernes ayant chacune 30 mètres de long
et $7^m,50$ de large, et qui restaurées servent aujourd'hui à
l'approvisionnement de la Goulette, l'alimentaient. Sur la
colline « la ville étageait en amphithéâtre ses hautes maisons de forme cubique. Les places publiques la nivelaient à
des distances égales ; d'innombrables ruelles s'entre-croisant
la coupaient de haut en bas. » Alliée des colonies antérieurement fondées par les Phéniciens, elle voulut devenir aussi
puissance territoriale, soumit le pays qui l'environnait, entretint une armée, battit les Cyrénéens, sema de postes l'intérieur du pays et, par ses relations avec les nomades, étendit
son commerce au delà des oasis du Fezzan (Garamantes) et
de Bilma, sinon, comme on l'a dit, jusqu'à Tombouctou et au
Niger, du moins jusqu'au Soudan central, d'où les caravanes
lui apportaient des dattes, de la poudre d'or et de l'ivoire.
En même temps ses navires portaient sur tout le littoral de
l'Afrique les produits de l'agriculture, blé, huile, bestiaux,
et de son industrie : tissus de soie et de laine, étoffes teintes
en pourpre, ouvrages en métaux. Hannon, franchissant le
détroit de Gibraltar, longeait la côte occidentale de l'Afrique

jusqu'au golfe de Guinée, fondait un comptoir à Arguin pendant qu'au nord d'autres navigateurs s'avançaient jusqu'aux
îles à étain. Maîtres de la Sardaigne, les Carthaginois en
exploitaient les mines ainsi que celles de l'Espagne et de
l'île d'Elbe. Aux riches contrées de l'Orient ils portaient des
objets précieux ; aux contrées pauvres et barbares du Nord,
des armes, des étoffes et des poteries grossières. L'or leur
venait des côtes de l'Afrique, d'où ils rapportaient aussi des
dents d'éléphants, des bois odorants, des peaux d'animaux
féroces, des cuirs, de la laine, des poissons, des esclaves
noirs, laissant en échange aux indigènes, suivant la coutume,
des objets de parure, des poteries, des harnais, du vin et des
coupes en métal. Toutes les routes que suivaient leurs navires étaient jalonnées de stations et grâce à leur habileté et
à leur audace, Carthage était devenue l'une des cités les plus
commerçantes du monde. Concentrant dans son port toute
l'activité de ses anciennes rivales, recevant leurs tributs,
sachant également exploiter les richesses de la terre et celles
de la mer, tournant vers les sciences productives toute son
activité, elle avait amassé d'énormes richesses et les faisait
fructifier dans des entreprises bien conçues. La première elle
fit des prêts à l'étranger et eut une monnaie d'échange sans
valeur propre. Une victoire navale remportée avec l'aide des
Étrusques sur les Massaliotes dans les eaux de la Corse
avait délivré les Carthaginois de rivaux dangereux ; l'écra-
sement des Étrusques les remit en présence des Grecs en
Sicile. Contre ces ennemis communs ils avaient traité à
plusieurs reprises avec Rome ; leurs victoires en Sicile au
moment même où Rome devenait maîtresse de la Grande-
Grèce furent le signal du duel dans lequel Carthage devait
succomber.

Ni Rome ne semblait destinée à devenir le centre d'un grand empire maritime, ni les Romains ne furent jamais un peuple navigateur. Le Tibre, sur la rive gauche duquel elle s'élevait à 30 kilomètres de la mer, a sans doute sur les autres fleuves de même importance l'avantage de conserver pendant les maigres un volume d'eau jamais inférieur à la moitié de son débit moyen, mais il est sujet à des crues énormes et fréquentes ; sa navigation est gênée par la rapidité de son cours, les atterrissements qu'il forme, ses déplacements fréquents. Depuis sa fondation au temps des rois, jusqu'à sa ruine définitive au vᵉ siècle de notre ère, son port d'Ostie s'est plusieurs fois déplacé. La ville primitive est à 6 kilomètres dans l'intérieur des terres ; la plus récente, celle de Claude et Trajan, le portus Trajani (Porto), à 2 kilomètres et demi seulement. Les Romains n'y établirent même que tardivement les magasins et les quais qui sont le premier besoin d'une ville de commerce. Ce fut d'abord un simple arsenal. Les navires n'y abordaient qu'avec difficulté, et étaient forcés d'y décharger leurs blés, leurs vins ou leurs huiles dans des chalands plus petits (naves caudicariæ), qui seuls pouvaient les remonter jusqu'à Rome. L'avantage d'être par sa situation intérieure à l'abri d'une surprise des pirates ne compensait pas cette infériorité de Rome dans une contrée où abondent les belles situations maritimes. Du côté de la terre, elle était mieux placée, à l'entrée d'une région relativement riche et étendue, dont elle était le marché naturel. Aussi les conquêtes territoriales précédèrent-elles son développement maritime. Dans les traités qu'elle conclut en 348 avec Carthage et vers le même temps avec Tarente, et surtout dans celui de 306 avec Carthage, elle s'efface devant ces deux villes. Les navires pris aux Antiates ou fournis par

Naples entrée dans la clientèle de Rome (326) formèrent sa première flotte de commerce, dont le champ d'action était limité à la Sicile et à Carthage. La création de quatre questeurs de la flotte (267) est l'indice de préoccupations nouvelles de ce côté. Le Latium fournissait d'excellents bois de construction ; des chantiers furent ouverts, mais pour un commerce en somme limité, l'on ne construisit que de petites embarcations et ce ne fut qu'après la défaite de Carthage, et à son exemple, que Rome prit définitivement, commercialement et politiquement, position sur la mer.

Le génie propre de Rome était peu porté vers les innovations commerciales. Il était par-dessus tout âpre au gain. Le commerce de l'argent y fleurit au premier rang. Quand les conquêtes et l'influence étrangère ont modifié l'esprit et les mœurs, Rome enrichie consomme mais produit peu ; sur certaines frontières, elle en est réduite à défendre la sortie des monnaies, sur celle du nord par exemple, où elle n'a rien à vendre en retour des esclaves qu'elle achète à foison. Le blé est l'autre article qu'elle demande avant tout à l'étranger. Elle l'importe en quantités considérables, donné en tribut ou acheté, le revend à vil prix (le blé descendit jusqu'à 1 fr. 60 c. l'hectolitre), en rend impossible la culture en Italie. Ce qu'elle peut fournir en échange, c'est le vin, l'huile, la laine. Le bétail n'est élevé que pour le travail. On ne mange en fait de viande que du porc — l'Italie septentrionale en fournit en quantité — et de l'agneau. Lorsque le luxe a pénétré partout, Rome reste toujours tributaire de l'étranger pour tous les produits : c'est le grand marché auquel aboutit le travail du monde. Elle maintient sa richesse par les prises faites sur l'ennemi, les tributs et sa participation à toutes les entreprises financières. Le Romain est avant tout prêteur,

usurier, et usurier sans entrailles. Le taux ordinaire de l'intérêt y étant, vers la fin de la République, de 12 p. 100, on
voit le vertueux Brutus exiger jusqu'à 48 p. 100.

Le commerce de détail et l'industrie sont au-dessous de la
dignité d'un homme libre, mais non les gains qu'ils pro-
curent. Les esclaves les exercent, les patrons en profitent.
Les banquiers sont nombreux à Rome ; on les emploie au
recouvrement des créances ; on leur confie des capitaux à
faire fructifier. Nombreuses aussi les associations financières.
On s'unit pour fréter en commun un navire de manière à partager les risques, pour des achats à l'étranger, pour assurer
un navire et sa cargaison, pour prendre à ferme la perception
des impôts. Les publicains exploitent et pressurent les provinces. Les souffrances de l'agriculture déterminent une
émigration incessante des campagnes vers la ville et hors de
l'Italie. Les pays conquis voient s'abattre sur eux une nuée
de trafiquants. Mithridate peut faire massacrer en un seul
jour quatre-vingt mille Romains en Asie. Au temps de Ci-
céron, « la Gaule est pleine de négociants, pleine de citoyens
romains. Aucun Gaulois ne traite une affaire sans la participation d'un citoyen romain ; il ne se remue pas un sou en
Gaule sans le contrôle d'un citoyen romain. » Là aussi il y
eut à Cenabum (Orléans) un massacre de Romains. C'est que
ces « citoyens romains » cherchaient ailleurs que dans les
légitimes profits d'un commerce honorable une rapide fortune. Rome avait ruiné la puissance syrienne, écrasé Carthage et Corinthe, mais n'avait rien substitué sur mer à leur
domination. La Méditerranée orientale était infestée de
pirates. Délos, l'île sainte, était devenue un grand marché
d'esclaves que ces écumeurs de la mer allaient enlever partout, sans que Rome fît rien pour rétablir la sécurité et répri-

mer leurs brigandages. Les trafiquants italiens se faisaient complices des pirates et envoyaient à Rome de continuels convois d'esclaves. La ruine du commerce mettait les Orientaux à la merci des usuriers romains. C'était à l'usure que, dans tous les pays où ils pénétraient, ils demandaient leur principal profit, et cette oppression de l'usure pesait partout. Les vices des pays conquis se greffaient sur la grossièreté primitive et Rome tardait à comprendre les devoirs que lui imposait cette conquête du monde.

L'accroissement de sa population, l'augmentation des richesses, donnaient cependant un grand développement à son commerce. Chaque addition de territoire en modifiait les conditions. L'affluence de l'or à certains moments y produisait des crises. La monnaie de cuivre, l'as, y était restée longtemps la seule monnaie courante ; les monnaies d'argent, introduites seulement en 269 avant J.-C., étaient encore rares vers les derniers temps de la République, plus rares encore celles d'or dont les premières furent frappées par Jules César. L'or abonde cependant, mais pour les échanges il s'emploie toujours en lingots. Une sorte de monnaie conventionnelle est admise pour les marchés qui, en vue de se mettre en garde contre les variations dans la valeur des métaux précieux, sont expressément stipulés payables en argent ou en or, au cours.

La victoire de Pompée sur les pirates et la dictature de César avaient déjà ramené quelque amélioration dans les conditions du commerce du Levant. Le triomphe d'Auguste et l'établissement de la « paix romaine » qui en fut la conséquence ouvrirent, dans l'histoire des relations commerciales comme dans l'histoire politique de Rome, une ère nouvelle.

Ce n'était pas seulement sur les mers et dans les provinces

qu'il y avait à rétablir la sécurité et l'ordre. « Nulle part aucun homme ne fut moins sûr de sa vie qu'à Rome dans les derniers jours de la République ; le meurtre professionnellement pratiqué par des bandits était le seul commerce qui lui fût particulier : avant l'assassinat, on attirait la victime à Rome ; personne ne s'aventurait, sans être armé et suivi, dans le voisinage de la capitale. » (Mommsen.) A côté de la populace avide seulement de meurtres, de pillages, de spectacles et de pain, une foule considérable de Romains et de provinciaux n'aspirait qu'à profiter des conquêtes et des richesses de Rome pour jouir de ces richesses et en obtenir légitimement sa part ; les provinces n'aspiraient de leur côté qu'à écouler vers la ville où affluaient tous leurs impôts les produits de leur sol et de leur industrie. Par le seul fait donc du rétablissement de la paix si longtemps souhaitée et de la réunion en un seul empire de tous les pays qui s'étendaient de l'Euphrate à l'Atlantique et du Danube aux déserts de l'Afrique, un mouvement commercial intense se produit d'un bout à l'autre du monde romain et les pays extérieurs à cet empire y ont eux-mêmes une large part. Une circulation immense de capitaux et de produits afflue vers le gouffre de Rome et en reflue jusqu'aux extrémités du monde connu. Aucune création particulière de Rome n'a en vue ce mouvement des échanges. Ses colonies (la première date de 383 avant J.-C.) sont avant tout des établissements militaires, des « postes d'observation, des boulevards du peuple romain » contre les peuples vaincus. Si quelques-unes deviennent en outre des places de commerce (Lyon), des ports importants (Narbonne), c'est par surcroît et en dehors de l'idée primitive qui a présidé à leur création. Mais par eux, et ce sera là maintenant le grand bienfait de la domination romaine, la paix est assurée. Rome a réprimé les guerres civiles entre peuples de même race, les luttes entre peuples voisins ; elle retiendra sur les frontières pendant plusieurs siècles les Barbares qui partout feront effort pour les franchir ; elle a rendu, un peu tardivement, les routes de mer sûres par la répression de la piraterie, l'établissement de stations navales, et l'accès des ports moins dangereux par un système de phares. Quant au commerce de terre, il profite de ces magnifiques voies qui parcourent tout le monde romain et qui, créées surtout pour les besoins des armées, sont et resteront longtemps les grandes routes du commerce.

Du milliaire d'Agrippa au milieu du Champ de Mars, ces voies construites avec un art merveilleux s'étendirent jusqu'aux extrémités de l'empire (commencement de la voie Appia, 312 avant J.-C.). Elles avaient été une des plus utiles créations de la République, Auguste les développa et, à l'époque d'Antonin, l'empire en aura 52,000 kilomètres. Aux grands chemins partant de Rome s'ajoutent ceux qui, d'une colonie pour centre, rayonnent dans toutes les directions. Ainsi Narbonne, traversée par la voie Domitia qui réunissait Gadès à Rome, était le point de départ d'une autre route vers Toulouse. Cassel et Bavai dans le Nord étaient des têtes de ligne d'où sept voies conduisaient vers les villes voisines. Elles comportaient souvent de remarquables travaux d'art. Les gouverneurs les réparaient et entretenaient avec le plus grand soin au moyen de droits levés sur les marchandises qui les empruntaient et de taxes sur les habitants, quelquefois même à leurs frais. La poste établie sur ces routes sur le modèle de la Perse ne desservait que les besoins de l'État, mais son exemple excita l'émulation privée et de nombreuses entreprises particulières s'y rattachèrent, surtout dans le voisinage des grandes villes. C'est grâce à elles que le trajet de l'embouchure de la Seine à Marseille (1,000 kilomètres) pouvait s'effectuer en 30 jours.

Le siècle qui s'étend de la bataille d'Actium à l'avènement de Vespasien (31 avant J.-C. — 69 après J.-C.) est celui qui vit la plus grande floraison du luxe à Rome. Ce fut, à la suite des sombres périodes qui avaient précédé, comme une éclosion de besoins nouveaux, d'aspirations longtemps contenues, une débauche d'activité, une fièvre de jouissances.

« Grâce à l'heureuse paix dont nous jouissons, écrit Pline l'Ancien, une foule immense de navigateurs parcourt toutes les mers, même l'Océan occidental, et trouve l'hospitalité sur tous les rivages. » Chacun se dispute le marché de Rome enfin largement ouvert et d'où partent vers tous les centres de production des appels inaccoutumés. L'industrie y est presque nulle ; elle se borne, outre la fabrication du verre dont il va se faire alors un immense usage, au travail des métaux précieux, à la ciselure, aux incrustations que font des artistes esclaves.

Les 240 ingénieurs avec lesquels Agrippa entreprend l'embellissement et l'assainissement de la ville sont aussi des esclaves. Rome absorbant beaucoup et produisant peu, les métaux précieux qui y sont venus sous forme de tributs, d'impôts, de bénéfices commerciaux, retournent dans les provinces pour y solder ce qu'elle consomme : les blés de l'Égypte et de la Numidie ; les marbres, pour le déchargement desquels on construira sur les bords du Tibre des entrepôts spéciaux, avec lesquels Auguste renouvelle la face de Rome et dont les espèces les plus rares sont employées à profusion, dans la période Antonine, pour les constructions privées ; les bois précieux de l'Atlas, les perles du golfe Persique, les émeraudes de la Scythie (Altaï et Oural) et autres pierres précieuses ; la pourpre de Phénicie, les étoffes d'Attale, tissues d'or, celles de Cos et de Milet ; l'ivoire de l'Éthiopie, le cristal de l'Inde ; tous les oiseaux, poissons, fruits et vins qu'elle sert sur ses tables ; les aromates dont les marchands, au temps d'Horace, forment tout un quartier ; les esclaves dont elle regorge et les bêtes féroces pour les jeux sanglants du cirque. Lollia Paulina, femme de Caligula, portait sur ses vêtements pour 40 millions de sesterces (environ 9 millions de francs) de perles et d'émeraudes ; les brodequins de Caligula étaient couverts de perles et Néron en garnissait le sceptre et le masque des histrions, dont il enviait la gloire. Le luxe éclate moins cependant dans les vêtements que dans le service de la table, où la profusion des ornements et des fleurs, la richesse des cadeaux offerts aux convives le disputent à la recherche et à la variété des mets et des vins. Devenue tributaire de l'étranger, Rome essaie de se soustraire à cette servitude par l'acclimatation des végétaux et des animaux dont elle s'est imposé l'usage. L'Italie, dont les fruits étaient peu variés à l'origine, s'enrichit d'espèces nouvelles apportées surtout de l'Orient ; à côté de l'olivier et du figuier venus eux-mêmes de Grèce, l'on plante le grenadier, le cerisier, le noyer, l'amandier, le châtaignier, l'abricotier, le pêcher, le citronnier, le cédrat. On acclimate des espèces nouvelles de poissons et de volailles, on crée des parcs d'huîtres du Lucrin.

Le commerce de détail profite du développement des besoins. Des échoppes s'établissent partout. Les rues de la vieille Rome, grimpantes, tortueuses, bordées de hautes maisons mal construites s'encombrent d'ateliers et de boutiques dont les étalages rendent la circulation difficile. Les luxueuses constructions des derniers temps de la République et d'Auguste ne modifient pas la tristesse de son aspect. Jusqu'à l'incendie de Néron, Rome est une ville de ruelles, mal construite, malsaine, que fuient ceux qui peuvent faire édifier des villas au milieu de l'air salubre des montagnes ou sur les bords de la mer. Puteoli (Pouzzoles) est à ce moment le grand port de Rome, mais l'activité règne sur tous les rivages. A l'Occident, Gadès, à l'entrée de la plus riche contrée de l'Espagne, Narbonne, à l'embouchure de l'Aude, Marseille ont leurs ports encombrés de navires ; à l'Orient, Corinthe, par sa situation privilégiée, est redevenue, comme Carthage en Afrique, une ville florissante ; Néron, reprenant le projet de Démétrius Poliorcète, a entrepris l'ouverture de l'isthme de Corinthe et donné le premier coup de pioche à un canal dont les travaux sont interrompus par sa mort ; Éphèse et Smyrne prospèrent en Asie-Mineure ; Antioche, où aboutit le commerce par terre avec la Bactriane et la Chine, déborde de vie luxueuse et facile ; Alexandrie revoit les beaux jours des premiers Ptolémées. Les produits de l'Inde et de l'Arabie, sous l'impulsion des demandes croissantes de Rome, y arrivent plus abondants que jamais. L'Indo-Chine elle-même est entrée dans sa sphère de relations ; l'empereur Marc-Aurèle a envoyé en Orient une ambassade qui s'est avancée jusqu'aux bouches du Si-Kiang, à Cattigara (Canton). En Afrique, les centurions de Néron ont pénétré jusqu'aux marais qui sont au confluent du Bahr-el-Gazal et du Nil, pendant que vers le centre Julius Maternus a visité les régions voisines du Tchad et à l'ouest Suetonius Paulinus l'oasis du Touat.

En même temps que son amour pour la richesse, Rome a fait pénétrer partout le goût du travail, du bien-être, du luxe et des arts. « Le monde, dit Tertullien, devient chaque jour mieux cultivé et plus riche ; partout des routes, partout le commerce ; les déserts d'autrefois sont transformés en riants domaines ; on laboure où il n'y avait que des forêts, on sème où il y avait des sables, on dessèche les marais ; il y a aujourd'hui plus de villes qu'il n'y avait autrefois de maisons. »

Les négociants ne sont pas les seuls à courir l'empire. La jeunesse romaine continue à venir, comme elle le faisait déjà dans les siècles précédents, étudier dans les écoles de la Grèce ; les monuments d'Athènes et de l'Orient attirent les amateurs des beaux-arts ; les malades vont chercher sous les climats privilégiés la santé qui leur échappe, et une multitude d'oisifs promènent à travers le monde leur satiété de plaisir et leur ennui. La traversée de Pouzzoles à Alexandrie ne demande que douze jours en moyenne. Le voyage de Brindes à Dyrrachium s'effectue en un jour. Les voyages par terre sont plus longs et plus difficiles. Certaines parties du trajet sont toujours dangereuses ; les auberges ne sont pas toujours bien pourvues et la douane est toujours gênante.

Les douanes sont en effet une des grandes ressources de l'empire. Elles n'existent pas seulement à la frontière commune de l'empire, mais à l'entrée de chaque province. L'annexion de chacune d'elles s'est opérée sans rien modifier sous ce rapport à l'organisation antérieure ; la province nouvelle est un tout qui vient s'adjoindre aux anciennes provinces. Elle conserve sa vie propre, telle que le lui concède l'acte de réunion et chacune d'elles diffère de sa voisine pour le régime et les charges comme les villes diffèrent entre elles de titre, de condition et de droits. Quelquefois plusieurs provinces sont réunies en une seule ferme ; ainsi tous les pays qui composaient l'ancienne Illyrie (Médie, Pannonie, Dalmatie, Norique) [portorium illyricum], ainsi toutes les provinces de la Gaule à l'exception de la Narbonnaise et des deux Germanies. La conquête avait ainsi réduit plutôt qu'augmenté le nombre des péages. L'adjudicataire ou conductor avait sous ses ordres des telonarii, le plus souvent des affranchis, chargés de percevoir dans tous les ports ou bureaux-frontières les redevances ou telonea. Les deux principales taxes étaient celles du 8e et du 40e, la première portant sur les objets de luxe importés de l'étranger : épices, parfums, pierres précieuses, perles, pelleteries, ivoire, soieries, étoffes rares, pourpre, bêtes féroces, etc., était perçue exclusivement, ce semble, à la frontière de l'empire ; la seconde acquittée à leur entrée sur le territoire romain par les objets de première nécessité était exigée en outre de toutes les marchandises romaines circulant de province en province.

La sortie de certaines marchandises était expressément prohibée : fer brut ou travaillé, armes, sel, blé et huile ; les autres étaient soumises à des droits d'exportation.

Si le droit de visite, même exercé avec modération et réserve au nom de l'État, est aujourd'hui encore si mal accueilli par les voyageurs, à plus forte raison devait-il être une source de vexations intolérables lorsqu'il était remis à des fermiers personnellement et directement intéressés à lui faire produire le plus possible. A l'exception de ce qui était nécessaire à la route, tout était soumis à l'impôt. Dans les ports, les navires avaient à payer le droit d'ancrage et le droit de stationnement, les marchandises une taxe d'entrepôt. Sur terre, il fallait payer pour les villes au passage des ponts et des rivières.

L'État ne demandait à ces divers impôts, en principe, que les sommes nécessaires à la bonne administration et à la défense de l'empire. A part quelques mesures pour la protection des produits agricoles de l'Italie, huile et vin, et des précau-

tions de toutes sortes pour assurer l'approvisionnement en
blé de Rome, il ne songea jamais à défendre contre la concurrence du dehors l'industrie nationale, ni à protéger celle
d'une province contre la concurrence d'une autre. L'échange
était libre d'une extrémité à l'autre du territoire et cette fusion d'intérêts contribua autant que la préoccupation de la
défense commune contre les Barbares à créer cette nationalité romaine qui s'affirme à la fin de l'empire, « faisant une
seule ville de tout l'univers ».

Ni l'industrie, ni le commerce n'arrivèrent jamais à jouir
d'une grande faveur. « Au temps de la République, le citoyen
qui s'était livré au travail manuel avait été à peu près privé
des droits politiques. Le petit commerce était aussi dédaigné
que l'industrie ; le grand commerce lui-même paraissait in-
digne des classes aisées, aussi l'interdisait-on aux sénateurs.
Les chiffres du cens, sur lesquels se réglaient les rangs, la
considération et les droits, ne comprenaient ordinairement
que des biens fonciers. Le sol fut toujours, dans cette société
romaine, la source principale et surtout la mesure unique de
la richesse... Ce trait des mœurs romaines se continua sous
l'empire ; les empereurs même veillèrent à ce qu'il ne s'ef-
façât pas... Il y eut des banquiers, des négociants, des industriels ; mais ces hommes ne formèrent jamais une aristocratie. Ils ne constituèrent jamais un groupe d'intérêts
considérables et un faisceau de valeurs avec lequel l'État dût
compter... L'empire romain, après trois siècles de paix et
de travail, n'avait pas plus de capitaux qu'au premier jour.
La richesse mobilière, qui double et triple aujourd'hui la
puissance des nations, n'existait pas[1]. »

---

1. Fustel de Coulanges, *Histoire des institutions politiques de l'ancienne
France,* I, p. 259 et suiv.

Ainsi l'organisation des artisans en corporations ou collèges, dont on faisait remonter l'origine à Numa, ne suffit pas, malgré la force que les artisans puisaient dans leur union, à élever l'industrie au niveau de la propriété foncière. On voyait cependant de hauts personnages accepter de ces corporations le titre de patron, et les inscriptions témoignent de dons souvent considérables faits par eux à ces collèges en souvenir de l'honneur qu'ils leur avaient conféré. Tous les corps de métiers étaient organisés sur le même modèle, tous ayant leur *arca* ou trésor, leurs fêtes, leurs bannières, leurs préfets, leurs patrons. Lorsque l'État se fut fait lui-même industriel, et eut ses fabriques d'armes, ses ateliers de monnaie, de tissage et de lissage, ses teintureries, etc., les ouvriers d'État se groupèrent eux aussi sous un préfet placé lui-même sous les ordres directs du légat ou proconsul.

Plusieurs de ces corporations avaient en vue le transport des marchandises, ainsi celles des Nautes parisiens, des bateliers du Rhône, etc. Certaines inscriptions mentionnent aussi des collèges de *mercuriales* qui avaient probablement une sorte de juridiction en matière commerciale, ou tout au moins, comme nos chambres de commerce, le soin de veiller sur les intérêts commerciaux de la cité. Vers la fin de l'empire, on trouve parmi les dignitaires des comtes du commerce (comites commerciorum), un en Occident, trois en Orient, dont les attributions ne sont pas bien connues mais qui, à celles d'acheter tout ce qui était nécessaire pour préparer les vêtements de l'empereur : soie, laine, lin, pourpre, peaux, etc., joignaient probablement la surveillance du commerce des matières rares et précieuses en général: vêtements de luxe, argent, pierres précieuses, sel même.

Les historiens mentionnent plusieurs grandes crises sur-

venues pendant la période romaine dans la circulation monétaire. La République eut les siennes, notamment après la
conquête de la Macédoine, comme l'empire. Le rapport entre
les deux métaux précieux varie souvent, souvent aussi la
valeur et le titre des monnaies. Sous Éliogabale, la proportion de l'alliage dans les monnaies d'argent s'éleva tellement,
vu la rareté relative de ce métal, que les caisses publiques
n'admirent plus que les paiements en or ; sous Claude II, le
denier d'argent, qui ne contenait plus que 5 p. 100 d'argent,
devint une monnaie de billon.

La monnaie de cuivre n'avait pas plus de stabilité. La perturbation qui en résultait pour le commerce et les salaires
fut si grande que Dioclétien voulut y remédier par l'établissement d'une sorte de fixité dans leur valeur. Par un édit
fameux de 301, il décréta un maximum pour les salaires et
les principales marchandises, pénétrant dans les plus grands
détails et envisageant toutes les variétés de produits naturels
et fabriqués. Comme cela se produit d'ordinaire, les prescriptions de la loi furent éludées et les prix imposés par les
circonstances restèrent en vigueur. Mais les prix fixés par
l'édit donnent une idée de la cherté qu'avaient atteinte certains objets de consommation courante, viande, volailles,
vin, poissons, légumes même. Il fallut, sous Constantin,
procéder à une refonte des monnaies. L'aureus, qui avait
souvent varié de poids et de valeur, fut remplacé par le soli-
dus (sou) d'or, valant à peu près 15 fr. 85.

Les lois somptuaires édictées à plusieurs reprises sous la
république et sous l'empire n'avaient pas eu d'effets plus
durables ; Tibère avait défendu l'usage de la vaisselle d'or
sur la table des particuliers. Néron leur défendit de porter
la pourpre, interdiction que renouvela Gratien, cette fois

sous peine de mort, ce qui prouve combien étaient peu observées ces défenses dont le seul résultat était de gêner le
commerce qui trouvait dans la circulation de ces objets de
luxe un de ses principaux aliments.

Plus le désordre augmenta au-dedans, plus le danger
grandit sur les frontières, plus il fallut accroître les charges
et comme le commerce, pour les mêmes causes, voyait chaque
jour diminuer son activité, leur poids en devint plus lourd.
Alexandre Sévère établit le chrysargyre ou impôt des pa-
tentes, dû par toute personne qui exerçait un métier ou
une profession. Variant du 15ᵉ au 50ᵉ, il était exigé tous les
cinq ans pour une période de même durée, ce qui, en forçant
à verser d'un seul coup au fisc une somme assez forte, rendit
cet impôt plus impopulaire encore. Les propriétaires et les
agriculteurs y étaient soumis comme les marchands ; les
animaux, chevaux, bœufs, mulets, chiens et ânes, devaient
une taxe comme les produits du sol et les produits fabriqués,
et la vente en était encore grevée de l'impôt du 100ᵉ. Il n'est
pas jusqu'aux progrès du christianisme qui n'aient encore
accru les charges du commerce en faisant tomber en désué-
tude les fêtes en l'honneur des anciens dieux ou des Césars
divinisés, qui étaient pour les métropoles de ces cultes des
cérémonies lucratives, et en ajoutant les ministres de la nouvelle religion à la catégorie des privilégiés qui jouissaient
de l'exemption d'impôts.

Ni l'unité de domination, ni les relations commerciales,
ni les échanges intellectuels n'avaient pu effacer la distinction profonde qui existait entre les deux parties du monde
romain. La fondation par Constantin d'une nouvelle capitale
ne fit que donner à leur opposition l'occasion de se manifester ouvertement. Le fractionnement de l'empire était

devenu fatal. Ce n'était pas de l'empire romain, mais de l'empire byzantin que Constantinople devait être la tête. Le monde grec et le monde latin devinrent naturellement l'un, l'empire d'Orient, l'autre l'empire d'Occident. L'Orient hellénique, bien qu'ayant mieux gardé la vie intellectuelle et commerciale de la Grèce que ses vertus militaires, allait mettre des siècles à disparaître sous les coups de ses ennemis. Rome, sur laquelle pesait l'animadversion des Barbares, n'avait plus, victime de son prestige même, que moins de cent ans à attendre leur entrée dans ses murs. Les peuples de l'Occident, moins anciennement conquis, avaient rapidement pris la langue et les mœurs romaines. Leur assimilation s'était faite dans d'autres conditions que celle des peuples de l'Orient. Chez ces derniers, la vie hellénique persistait sous un extérieur romain. Elle s'était infiltrée, comme nous l'avons vu, par sa propre force d'expansion, remplaçant des cultures plus anciennes, se fondant avec elles, se transformant incessamment sous les influences les plus diverses, jusqu'à perdre dans sa dernière incarnation toute orientale, quelques-unes de ses plus solides qualités. En Occident, l'esprit romain assoupli par le génie grec, rendu par lui acceptable à des peuples de culture peu avancée, les avait façonnés à une obéissance résignée et passive.

L'administration romaine, à laquelle les réformes de Constantin donnèrent plus de force encore, les avait saisis ; c'était à elle qu'ils appartenaient. Qu'importait le nom, l'origine, la personne de l'empereur ! Le maître avait si souvent changé au gré des caprices de la soldatesque, sans que les collecteurs eussent cessé de lever l'impôt ! Des Barbares n'avaient-ils pas souvent occupé le trône des Césars et n'était-ce pas parmi les Barbares que l'empire expirant trouvait encore ses plus intrépides défenseurs ! Ne voyait-on pas, au surplus, surnager au-dessus des ruines accumulées dans l'Occident une ombre d'autorité impériale de laquelle les rois et chefs barbares sollicitaient toujours des titres? Ces peuples acceptèrent donc la destinée. Au fond l'extérieur seul était changé. Pour eux, au milieu de toutes les vicissitudes et en dépit des apparences, ils demeurèrent profondément romains sous des dehors germaniques, romains par l'esprit, par les mœurs, par la religion, par la discipline de l'Église et, après une éclipse momentanée, l'on verra presque partout reparaître triomphants dans l'organisation monarchique et les institutions, les principes de l'empire et de la législation romaine.

La Gaule nous fournit le plus frappant modèle d'un pays ainsi complètement transformé par l'influence de Rome.

Au moment de sa conquête, Rome avait achevé le développement de son génie ; elle était en pleine possession de cet esprit romain juriste, pratique, organisateur, qu'elle nous a transmis dans ses codes. La Gaule, d'un autre côté, épuisée par une longue lutte, décimée par la guerre, n'ayant jamais eu d'unité nationale, ne pouvait opposer aucune résistance à l'influence de ses nouveaux maîtres. Les éléments épars, affaiblis, dont elle se composait, comprenant, surtout après le dernier effort, l'irrévocabilité de la sentence prononcée sur les champs de bataille, se résignèrent docilement à l'obéissance. Il y eut tout d'abord une double transformation. Le sol fut défriché, les campagnes furent mises en culture, les villes se déplacèrent. Le changement de noms des grandes villes de la Gaule n'est pas seulement un hommage rendu au vainqueur, il correspond au déplacement de l'ancien oppidum. Augustodunum (Autun) n'est pas sur l'emplacement de l'ancienne Bibracte, Augustonemetum (Clermont) sur celui de

l'ancienne Gergovia. Les villes sont descendues des hauteurs
dans la plaine. Aux places de guerre succèdent des villes de
commerce. A l'ancienne cité Éduenne succède une cité toute
romaine. Autun va devenir le centre intellectuel de la Gaule.
« La Gaule adopta les usages, le mode d'existence et jusqu'aux goûts des Romains. Ses villes prirent la physionomie
des villes de l'Italie et de la Grèce ; elles eurent des temples,
des basiliques, des forums, des théâtres, des cirques, des
thermes, des aqueducs. Tous ces monuments furent élevés,
non par des hommes de race romaine, mais par les Gaulois
eux-mêmes, à leurs frais, d'après les décrets de leurs villes,
par un effet de leur pure volonté....

« Les populations de la Gaule devinrent ainsi romaines,
non par le sang, mais par les institutions, par les coutumes,
par les arts, par les croyances, par toutes les habitudes de
l'esprit. » (Fustel de Coulanges.)

Les préjugés de Rome relativement au commerce s'y étaient
par suite infiltrés. Si, au IIe siècle, la Gaule avait eu sa
part de la prospérité et de l'activité générales, si quelques-
unes de ses villes, Lyon, Nîmes, Arles, Bordeaux, etc.,
avaient eu leurs jours d'éclat, les luttes engagées au IIIe siècle
entre les compétiteurs à l'empire avaient interrompu tout
travail industriel. Les routes étaient moins sûres, le commerce était limité, le développement de la richesse mobilière
entravé. La vie n'existait plus que dans les *villæ*, autour des
grands propriétaires fonciers, seuls capitalistes, entretenant
autour d'eux tout un personnel de serfs et d'esclaves : laboureurs, bergers, vignerons, boulangers, charpentiers, maçons,
femmes pour tisser et coudre les vêtements. Les villes ne
conservent plus guère que les ateliers impériaux.

En revanche, au IVe siècle, la vie intellectuelle s'y éveille.

A l'Italie, à l'Espagne, à l'Afrique épuisées, la Gaule succède pour fournir à l'empire ses soldats, ses magistrats, ses avocats, ses poètes. « Le rempart de l'empire, aux ive et ve siècles, a été la Gaule. Les vraies capitales de la latinité, de la *Romania,* sont alors Arles et Trèves, par leurs résidences impériales, Bordeaux par ses écoles. Et c'est pour cela que la Gaule, la dernière des provinces qu'ait dominé le monde romain, en a le mieux perpétué, à travers le moyen âge, les lettres et l'esprit[1]. »

---

1. Jullian, *Les premières universités françaises,* ap. *Revue internationale de l'enseignement,* janvier 1893.

MOYEN AGE

CHAPITRE VI

L'Europe occidentale jusqu'à l'époque des croisades.

Les invasions germaniques ne semblent donc pas avoir produit dans l'empire une commotion trop violente. On s'était
familiarisé avec ces incursions de Barbares comme avec la
guerre civile. C'était une tempête que l'on laissait passer et
après laquelle on réparait les dégâts et se remettait à l'ouvrage.

Depuis quatre siècles la Germanie était en crise. A la suite
de violents déchirements les peuples puissants au temps de
César et de Tacite avaient disparu ; des bandes les avaient
remplacés, sans attache avec le sol, sans autre lien que l'o-
béissance à un chef et, tandis que de nouveaux venus du nord
et de l'est prenaient possession des terres devenues vacantes,
une émigration moitié pacifique, moitié guerrière, avait, depuis deux cents ans, incessamment vidé son territoire. La
Gaule à laquelle ils confinaient par le Rhin avait reçu volontiers ces Germains à titre de lètes ou colons, car les bras y
manquaient par suite de la mise en valeur d'une plus grande
quantité de terres ; des tribus entières avaient été établies sur
son sol par les empereurs pour le défendre contre les invasions ; ils figuraient en grand nombre dans les légions comme
d'autres dans les bandes qui allaient les combattre. En sorte

qu'au vᵉ siècle la Germanie avait, à vrai dire, cessé d'exister
et que ce qui subsistait de l'esprit germanique parmi ces débris des anciens peuples n'était plus assez vivace pour étouf-
fer et anéantir l'esprit romain.

Encore ce souvenir des coutumes et du genre de vie des
ancêtres était-il tempéré chez la plupart d'entre eux par la
connaissance et la pratique des mœurs et des habitudes romaines. Ce n'était que par nécessité que ces bandes avaient
renoncé à la vie sédentaire ; les anciens Germains étaient essentiellement agriculteurs ; la Halla ou Sala, la maison d'ha-
bitation en bois, située au milieu des petites maisons de la
ferme, tenait une grande place dans leur organisation familiale. Cette ferme ou village, close par une palissade en plan-
ches et gardée par des chiens, renfermait toutes les constructions : la halla, la maison de famille, l'atelier des femmes,
les greniers, l'étable ou écurie pour le gros bétail, un toit
pour les moutons, des bauges pour les porcs. L'élevage tenait dans leur économie rurale une place plus grande que la
culture ; le porc était l'animal le plus répandu, le bœuf ne
venait qu'en dernier lieu, après le cheval ; les volailles étaient
peu nombreuses ; les ruches fréquentes. Les terres les plus
rapprochées de la ferme étaient généralement les terres
arables, pour lesquelles la culture alternait régulièrement
avec les jachères, puis venaient les pâturages, enfin les forêts où les porcs allaient à la glandée. L'industrie était très
primitive, les instruments assez grossiers, le fer était rare ;
aussi, bien que cette organisation économique se prêtât peu
à un commerce étendu, des échanges s'étaient-ils de bonne
heure établis entre les Germains et les populations romaines,
lorsque celles-ci avaient un instant débordé au delà du Rhin,
et ils ne s'étaient pas ralentis. Les armes surtout étaient très

recherchées par les chefs et les soldats francs et si les relations commerciales avaient cessé avec les peuples d'outre-
Rhin, elles avaient persisté avec ceux qui étaient fixés sur le
territoire de l'empire et contribué à la transformation du
Germain primitif. Chez les chefs même, le plaisir de commander était gâté par l'habitude et le besoin d'obéir ; lors
de l'invasion, ces rois, comme effrayés de leur puissance, se
réclament de l'empereur ; ces conquérants sont friands de
titres romains, d'ornements romains. Ils ne se sentent plus
assez soutenus par le prestige éteint des anciennes institutions germaniques ; ils éprouvent le besoin d'étayer leur
titre sur d'autres bases. Aussi le pouvoir nouveau qui grandit,
l'Église, les englobe facilement. Ils se font chrétiens par
intérêt, ariens ou orthodoxes suivant le cas, et l'Église se
sert d'eux à son tour comme instruments de propagande et
d'expansion. Clovis, le premier de ces rois barbares qui soit
entré dans le catholicisme, invoque déjà contre les Wisi-
goths le crime d'hérésie. Mais l'Église perd à leur contact ;
les mœurs barbares altèrent le christianisme comme les coutumes germaniques les institutions romaines. Néanmoins, au
milieu de ce conflit entre deux organisations sociales, de ces
compétitions politiques, de ces rivalités religieuses, au milieu de ce va-et-vient de bandes et d'armées, de cette succession de peuples qui se disputent l'empire, les deux grandes
forces sur lesquelles s'appuyait la domination romaine ex-
pirante, l'administration et l'Église restaient debout et par
elles l'anarchie fut arrêtée, la vie maintenue dans ce grand
corps. Le fractionnement du territoire, conséquence fatale de
l'invasion, fut corrigé par une communauté d'institutions et
de croyances entre les royaumes barbares. La séparation fut
par suite moins complète entre eux.

Malgré tous leurs efforts pour maintenir à leur profit l'organisation et la hiérarchie romaines, ces rois du premier ban de Barbares ne purent triompher des obstacles que les tendances à l'insubordination de leur entourage, l'influence naturelle des traditions germaniques assez fortes pour ébranler leur autorité sinon pour la défendre, et aussi les circonstances particulièrement troublées que l'on traversait opposèrent à leurs desseins. Les bandes qui leur succédèrent, plus longtemps germaines, n'ayant plus en face d'elles qu'une machine dont presque tous les rouages avaient cessé de fonctionner, accentuèrent l'influence germanique. En vain le plus célèbre de tous ces rois, Charlemagne, essaya d'une restauration de l'empire en fondant tous ces éléments disparates dans une organisation nouvelle, son œuvre ne lui survécut pas et les siècles qui suivirent sa tentative sont, en même temps que les plus obscurs du moyen âge, ceux dans lesquels l'isolement et le désordre furent les plus grands dans l'Europe occidentale.

L'histoire du commerce au milieu de tous ces bouleversements est pleine d'obscurité. Si la conquête, ici plus douce, là plus violente, présenta autant d'aspects différents qu'il y eut de peuples envahisseurs, un certain nombre de résultats identiques en sont pourtant découlés. Tout d'abord, l'insécurité des routes, l'incertitude du lendemain, les destructions produites par les bandes ou les armées en marche avaient amené un énorme rétrécissement des affaires. La propriété privée du sol reçut peu d'atteintes et fut en général respectée par les Barbares, mais elle souffrit des maux généraux, de la destruction des récoltes par faits de guerre, des pillages, des incendies, de la ruine des villas et des fermes ; l'industrie, du manque de bras et de débouchés, le commerce des préoccupations trop sérieuses que causait la gravité de la situation. Il semble cependant que, dans la première moitié au moins du ve siècle, jusqu'à l'époque où, après la prise de Carthage, les Vandales lancèrent une flotte sur la Méditerranée, les communications aient continué librement entre les ports de la Méditerranée occidentale, Marseille et Narbonne entre autres, et ceux de l'Orient, Constantinople, Salonique, Alexandrie.

Rien d'étonnant à ce que le commerce maritime, bien que quelquefois gêné par les Barbares, se soit maintenu plus longtemps prospère que le commerce par terre. Celui-ci devait nécessairement ressentir plus vivement les effets d'une révolution qui brisait, en même temps que l'unité politique, la solidarité commerciale des diverses parties de l'empire. Quelques-uns des chefs barbares firent cependant de louables efforts pour soutenir ou ranimer la vie économique de leurs États : le roi des Ostrogoths, Théodoric, la reine Brunehaut, Dagobert, Ebroïn et surtout Charlemagne.

Théodoric tenta en Italie un partage équitable d'influence et de pouvoir entre les deux éléments de la population, les Ostrogoths auxquels il réservait le soin de porter les armes et d'assurer l'ordre et la paix, les populations italiennes auxquelles il abandonnait l'agriculture, l'industrie et le commerce. Plusieurs mesures de ce prince témoignent de son ardent désir de les favoriser. Rome et Ravenne, la dernière capitale de l'empire prise aussi par lui comme siège de son gouvernement, furent l'objet de tous ses soins. Les travaux publics furent pour tous le moyen le plus ostensible et le plus à leur portée de manifester leurs tendances pacifiques et civilisatrices. On améliorait les ports, réparait les routes, creusait des canaux, restaurait des monuments, en élevait de

nouveaux. Lorsque, comme sous Théodoric, la libre circulation était assurée sur les routes par la répression du brigandage, une véritable renaissance économique se manifestait
sur-le-champ. Ce sont aussi ces travaux publics, les chaussées Brunehaut, si nombreuses dans le nord de la France,
c'est-à-dire la réfection et l'entretien des anciennes voies or-
données par cette reine, éprise elle aussi des grandeurs romaines, qui lui ont valu sa notoriété et une sorte de faveur.
Ainsi de Dagobert, le fondateur de la foire du Lendit ou de
Saint-Denis (629) dont le ministre, l'orfèvre saint Éloi, est
resté populaire. En fait, la vie sociale ne fut jamais entièrement suspendue. Sous ce rapport aussi, la société nouvelle
ne fit que se superposer à l'ancienne. Comme au temps du
paganisme, les foires et marchés coïncidèrent souvent avec
de grandes fêtes religieuses, se tenant auprès des monastères
et sous l'invocation d'un saint. Le grand commerce même se
continua, tant étaient impérieux les habitudes et les besoins
des peuples. L'usage des épices était tellement enraciné que
leur importation ne cessa pas un seul instant. Des redevances en épices sont fréquemment inscrites dans les for-
mules de Marculf et cette persistance des relations avec l'O-
rient explique cette prospérité presque ininterrompue de
Narbonne qui, vantée au ve siècle, en pleine période d'invasions, par Sidoine Apollinaire, arrache encore à Théodulf,
au temps de Charlemagne, malgré sa prise et son pillage par
les Arabes, des éloges enthousiastes.

Mais cette prospérité a une autre cause, la présence à Narbonne d'une de ces colonies israélites qui surent presque
seules, au milieu de ces temps troublés, maintenir un peu de
vie commerciale. Celle-ci sut acquérir dans cette ville, par
ses services, non seulement une situation prépondérante,

mais, ce qui est beaucoup plus rare, la reconnaissance légale de son existence. Elle s'y était si bien implantée que, malgré les persécutions religieuses qui sévirent à Narbonne comme partout ailleurs, elle conserva plusieurs siècles ses privilèges et échappa à toutes les rigueurs. Non seulement les juifs y pratiquaient, en vertu d'une autorisation régulière, le rôle de courtiers, mais ils y exerçaient des fonctions publiques, avaient des propriétés en dehors même de leur quartier spécial, et, dans ce quartier, des hôpitaux, des maisons de bains, des asiles. On les retrouve au reste sur beaucoup de points de la Gaule, à Orléans notamment, où Grégoire de Tours en signale une colonie nombreuse.

Ils étaient aussi nombreux, mais moins bien traités en Espagne, où, transportés au temps d'Adrien, ils avaient également conquis par le commerce et le maniement de l'argent influence et richesses. Un roi wisigoth força, dit-on, 90,000 d'entre eux à recevoir le baptême et beaucoup s'y refusèrent. Convertis ou restés juifs, ils n'en continuèrent pas moins à s'enrichir comme l'indiquent les confiscations prononcées si souvent contre eux. Les relations conservées par ces juifs d'Occident avec leurs coreligionnaires d'Orient expliquent la persistance des relations commerciales avec l'Égypte.

Mais la tentative de restauration de l'empire par Justinien, la reprise de l'Afrique, de l'Italie et d'une partie de l'Espagne avaient eu aussi leur part dans cette perpétuité des relations. Les Italiens surtout et principalement Amalfi les maintinrent à leur profit. L'Europe occidentale n'était plus pour l'Orient qu'un client bien modeste, car les échanges s'y étaient rétrécis comme les limites des États et la perturbation économique avait été peut-être la plus profonde de toutes celles qu'avaient produites les invasions.

Ce ne fut guère qu'au VII° siècle que la Germanie entra définitivement dans le cercle d'attraction de l'ancien monde romain. La prépondérance de l'Austrasie sous les Pippinides, leurs attaches en Germanie, les missions religieuses qu'ils y envoyèrent d'accord avec la papauté, marchant de front avec la conquête économique, en préparèrent la conquête politique, opérée par Charlemagne. Willibrod et saint Boniface, les apôtres de la Germanie, en furent les véritables auteurs ; c'est par une conquête analogue que la Grande-Bretagne était entrée dans le monde civilisé. Les abbayes et les évêchés fondés par eux deviennent les centres intellectuels de l'Allemagne. Quelques-uns d'entre eux seront plus tard des villes importantes, des stations de commerce entre l'Orient et l'Occident.

Là, comme du côté de l'Asie, des postes, des comptoirs se formèrent sur la lisière des différents États, au point où se faisaient les échanges. Rarement, en effet, les produits étaient suivis jusqu'à destination par les habitants de leur pays d'origine ; ils changeaient de mains quand ils changeaient de territoire ; les marchandises étaient plus en sûreté entre les mains des nationaux qu'entre les mains d'étrangers. Le bénéfice légitime que procurait ce transport dispensait ceux qui le percevaient de chercher leur gain dans le pillage. Les échanges se faisaient aussi avec plus de rapidité, toutes les caravanes se chargeant de fret de retour.

Sous Charlemagne, l'organisation commerciale de la Germanie fut complète. Mayence, métropole ecclésiastique, si bien située au confluent du Rhin et du Main, fut la grande cité commerçante du Rhin, le fleuve d'union entre la Germanie et la Gaule. Magdebourg, Erfurth, Ratisbonne étaient ses avant-postes pour les échanges avec les pays de l'Est,

Rorschach et Constance, sur le lac de ce nom, ses points de rapport avec l'Italie d'où les marchandises apportées de l'Orient lui arrivaient en suivant l'ancienne voie du Septimer. Les relations qu'entretenait Charlemagne avec les khalifes de Bagdad et de l'Afrique comme avec les souverains de Constantinople et de la Grande-Bretagne favorisaient singulièrement ces échanges.

La situation du commerce à cette époque résultait bien plus de la force des choses que de systèmes préconçus. Dès le début des invasions, les impôts directs avaient cessé d'être payés, le chrysargyre lui-même avait disparu et les fonctionnaires romains passés au service des rois barbares n'avaient plus perçu que les droits qui, dans les moments de crise, constituent la plus sûre des ressources sur laquelle il soit permis de compter, les impôts indirects : douanes et péages sur les ponts, routes, rivières, etc. Là où un pouvoir local se substituait au pouvoir central, il les percevait à son profit comme indemnité légitime des charges d'entretien. Le morcellement progressif allait amener la multiplication de ces péages, peu onéreux pris à part, mais coûteux et gênants par leur multiplicité. La dîme rendue obligatoire pour l'Église sous Charlemagne ajoutait à ces charges. Malgré ces péages, l'entretien des routes fut négligé ; les rivières devinrent donc les grandes voies du commerce, les ports fluviaux, ses grands entrepôts : Mayence et Cologne sur le Rhin, Liège sur la Meuse, Tournai sur l'Escaut, Pavie sur le Tessin, etc. Les aliments du commerce furent ceux que nécessitaient les mœurs et l'organisation du temps. L'Église, qui avait dans la pompe de ses cérémonies un de ses grands moyens d'action sur ces peuples encore barbares et grossiers, fit toujours venir de l'Orient les riches étoffes, les ornements et l'encens

pour ses fêtes; les écoles demandèrent le papyrus d'Égypte,
la laine du nord et les fourrures furent utilisées pour les
vêtements, mais l'industrie indigène qui avait progressivement décliné depuis les invasions ne se releva pas et ne
fournit au trafic que de rares produits. Elle redevint sans
grands efforts ce qu'elle n'avait jamais entièrement cessé
d'être, familiale et domestique. Les serfs remplacent les
esclaves de l'antiquité païenne. Charlemagne, dans son fameux capitulaire *de villis,* énumère tous les genres d'ouvriers
que doivent posséder ses fermes : « Tout intendant doit avoir
à son service de bons artisans, comme forgerons, orfèvres,
cordonniers, tourneurs, charpentiers, peintres d'enseignes,
pêcheurs, oiseleurs, savonniers, brasseurs de malt, boulangers et fabricants de filets. » C'est la garniture du fonds
(*instrumentum fundi*) prescrite par Ulpien, inscrite encore au
Digeste. Les outils doivent s'y fabriquer comme les vêtements; chaque domaine doit se suffire à lui-même. Les grands
seigneurs et les couvents avaient adopté les mêmes règles.
Dans les comptes rendus d'inspections de domaines appartenant à l'empereur, on constate qu'il ne s'y trouvait en fait
de linge que deux draps de lit, une serviette et une nappe
de table. Et cependant des lois somptuaires, des édits fixant
le prix des marchandises, d'autres interdisant l'exportation
du blé, viennent entraver encore les échanges. Qu'aurait pu,
dans ces circonstances, en faveur du commerce, ce canal du
Danube au Rhin, qu'aurait, dit-on, rêvé Charlemagne ?

La rareté de numéraire et les changements de valeur des
monnaies étaient une autre cause de gêne pour les transactions. Pépin et Charlemagne essayèrent d'y porter remède,
d'établir un juste rapport entre l'or et l'argent (un 15ᵉ), de
régler le droit de frappe pour prévenir les fraudes. La fin du

règne de Charles fut marquée par une crise monétaire provenant de l'afflux de l'or grec et arabe et du pillage du trésor des Avares.

Ces habitudes agricoles, cette organisation industrielle,
cette restriction législative et voulue du commerce prépa-
raient matériellement et moralement les populations à l'isolement de la vie sociale dans les siècles suivants. Il était, on
le voit, dans leurs tendances et trouva dans le morcellement
et la dislocation politique de l'empire carlovingien et, plus
tard, dans l'émiettement féodal son expression plutôt que sa
cause. Le peu de négoce qu'alimentait le luxe du clergé et
des grands disparut dès le IXe siècle devant les guerres
civiles, les invasions normandes au nord et à l'ouest, les
courses des Sarrasins sur la Méditerranée et dans le midi de
la France, et bientôt celle des Hongrois qui s'avancèrent à
travers l'Allemagne jusque dans la Bourgogne. Les routes
maritimes et terrestres du commerce avec l'Orient se trouvaient coupées ; les cours d'eau servaient de route aux pirates, les villes où se faisaient les échanges étaient pillées ;
chaque groupe était réduit à ses propres ressources et si son
territoire était parcouru par les bandes, ses récoltes et les
habitations brûlées, le bétail et quelquefois les hommes enlevés ; si, comme cela se produisit trop souvent, les intem-
péries de la nature, gelées, grêles, inondations, si la peste
provenant de la misère ou des guerres venaient se joindre à
ces fléaux ; si le seigneur, chasseur et pillard, avait substitué
ou ajouté ses dévastations à celles des pirates, nul recours
n'était possible contre la famine. Aussi les famines sont-elles
fréquentes. De 970 à 1040, sur 70 ans, on en compte 48 de
famine ou d'épidémie. Les peintures que nous en ont laissées
les contemporains sont terribles. Un voyage au Xe siècle,

même lorsqu'il s'agissait d'un petit parcours, était une dangereuse aventure. On voyait les gens affamés attaquer les voyageurs non plus seulement pour les piller, mais pour les manger ; on vivait non seulement d'herbes et de racines, mais de cadavres d'animaux et d'hommes. « Des malheureux, fuyant leur pays et croyant fuir la famine, recevaient l'hospitalité sur les chemins, et leurs hôtes les égorgeaient la nuit pour en faire leur nourriture. Quelques-uns présentaient à des enfants un œuf ou une pomme pour les attirer à l'écart et les immolaient à leur faim. » Et que de charges à acquitter en dehors même de ces risques ! Sur les rivières comme sur terre, les péages s'étaient multipliés : on en comptait 10 sur la Garonne, 60 sur la Saône et le Rhône, 74 sur la Loire entre Roanne et Nantes ; à l'entrée de chaque fief, au passage de chaque pont, il fallait payer. Malheur aussi à l'étranger qui demeurait trop longtemps sur un même domaine ! En vertu du droit d'aubaine, au bout d'un an et un jour, il perdait sa liberté et devenait serf du seigneur. On voit quelle pouvait être dans ces tristes années la situation du commerce.

Ajoutez que le clergé supportait avec peine les importations du dehors derrière lesquelles il voyait toujours poindre quelque vice ou quelque invitation au péché. C'était lui pourtant qui avait le mieux conservé, dans ses couvents surtout, les éléments d'une restauration économique. La prospérité des monastères excita même quelquefois la jalousie du clergé séculier, souvent plus laïque que religieux, plus guerrier qu'évangélisateur. De véritables villes industrielles s'étaient élevées sur quelques points autour des abbayes : Saint-Riquier dans la Picardie, Saint-Florent dans l'Anjou. Leurs produits étaient-ils trop abondants pour être consommés dans le monastère, le plus souvent l'abbaye obtenait pour ceux qu'elle portait au marché l'exemption de tous les péages et les offrait à des conditions meilleures que les particuliers. La protection dont elles couvraient leurs sujets attiraient chez elles les émigrants et leur puissance s'affirmait par des constructions nombreuses auxquelles elles employaient ces bras. Dans un temps où chacun était son propre maçon, les moines édifiaient ou réparaient abbayes, cloîtres, églises, etc. Un grand nombre d'édifices religieux datent de ces temps si troublés. Il y avait en France 1,108 monastères, en l'an mil ; 326 sont fondés au xie siècle, 702 au xiie. Leurs fondateurs ne reculaient devant aucune difficulté ni aucune dépense pour embellir ces constructions religieuses. Saint Gérard faisait transporter des pierres tirées d'Italie à dos de mulet, à travers les Alpes, pour les conduire en Belgique. Les écoles fondées par ces monastères attiraient toujours les étudiants, et les sanctuaires vénérés, des pèlerins. En dépit de tous les obstacles, la vie se manifestait et l'on allait voir les Normands eux-mêmes, ces grands agents de destruction, aussi aptes au commerce qu'aux grandes courses maritimes, devenir des instruments de la renaissance.

Cette puissance de l'Église se manifeste au xie siècle par quelques institutions utiles comme la paix de Dieu et la trêve de Dieu. Le commerce pouvait en retirer quelques avantages, et le xie siècle atteste sous ce rapport quelques progrès, mais les conditions économiques générales portaient toujours entrave à son développement. « En général, on n'achetait que dans les cas extrêmes, à l'exception de quelques monastères » (Lamprecht) et encore ceux-ci préféraient-ils le plus souvent s'en tenir aux trois seuls modes d'acquisition que reconnaisse un cartulaire : concession des pontifes, libéralité des princes ou offrande des fidèles. Les marchés commençaient pourtant à se régulariser, soit hebdomadaires, soit, et alors ils prenaient le nom de foires (*feriæ*), à des intervalles plus éloignés et à date tantôt fixe, quand ils coïncidaient avec la fête d'un saint, tantôt à la détermination du seigneur sur les terres duquel ils se tenaient, et d'une durée variable. Les produits du sol, blé, vin, bétail, ceux de la pêche, principalement de celle des étangs, ceux de l'industrie restreinte du temps, outils, étoffes et quelques objets de luxe alimentaient seuls les échanges. C'était là les seuls articles qu'en l'état de l'agriculture et de l'industrie le marché pût offrir. Les défrichements avaient continué ; nombre de villages s'étaient formés au milieu des forêts ; mais l'habitude de l'assolement triennal laissait chaque année un tiers des terres en jachère, les légumes étaient tirés des jardins de chaque exploitation. L'élevage du bétail était encore peu développé ; la culture se limitait à la satisfaction des besoins locaux et quand la récolte était mauvaise, c'était la famine. Le transport des marchandises au marché était gêné par les douanes, les transactions par les taxes, et enfin si les colporteurs étaient sollicités à se rendre au marché par la sécurité qui leur y était assurée, les acheteurs par les précautions prises pour garantir la sincérité des ventes, la clientèle était raréfiée par les émigrations et les pèlerinages, les vendeurs découragés par la défiance dont ils étaient l'objet et les limites posées à leur gain. Le bénéfice commercial était à peine toléré par l'Église qui l'assimilait à une prise d'intérêt. En outre le capital faisait défaut. Les seules richesses accumulées étaient celles des monastères. L'industrie domestique était seule en vigueur. Le nombre des artisans libres était peu nombreux, leurs professions peu variées et ne visant qu'à la satisfaction des besoins les plus immédiats. Enfin la monnaie était rare ; les comptes se faisaient aussi bien en objets de troc, moutons, bœufs, mulets, chevaux, qu'en métaux précieux. Malgré toutes ces difficultés cependant, du besoin même des ressources qui a fait créer tous les droits de passage, de circulation, de vente, de nouvelles conditions vont naître pour le commerce. Son nom était à peine connu jusque-là ; la rupture avec les règles étroites et les préjugés de l'époque qui s'achève va favoriser son avènement et il préparera à son tour l'accès à la vie politique du Tiers État.

CHAPITRE VII

Les Perses. — Les Byzantins. — Les Arabes.

Malgré le retour offensif de l'empire d'Orient sur l'Occident, sous le règne de Justinien, la scission était définitive entre les deux parties du monde romain. L'Orient eut lui aussi à subir bien des invasions. Plusieurs des peuples germains et scythiques qui se ruèrent sur l'Occident l'assaillirent et le dévastèrent, mais sans se fixer d'une manière durable sur son territoire ; ses ennemis principaux lui vinrent du nord et de l'est et au premier rang, dès les IVe et Ve siècles, les Slaves et les Perses.

Les Slaves jouèrent tout d'abord un rôle important par leurs fréquentes incursions, leurs pirateries, leurs brigandages, interceptant partout les communications et s'unissant à tous les ennemis, quels qu'ils fussent, qui menaçaient l'empire, mais leur rôle fut tout négatif. Ils n'ont apporté dans ces premiers siècles du moyen âge aucun élément nouveau à la civilisation ni au commerce, mais il n'en fut pas de même des Perses.

Héritiers des Parthes et occupant comme eux ces pays orientaux où les Grecs avaient laissé de si durables souvenirs, ils avaient continué et accru les relations d'échange qui, depuis les Séleucides, s'étaient régulièrement suivies entre l'Inde et les riverains de l'Euphrate. Pendant quatre siècles « la Perse fut en même temps le point d'échange de l'esprit humain et l'intermédiaire du commerce entre les trois grands empires auxquels elle touchait, Byzance, l'Inde

et la Chine ». Ctésiphon, sa capitale, regorgeait de richesses ;
une partie des troupes des Sassanides était armée de piques
d'or. Lorsqu'elle succomba sous les coups des Arabes, l'or,
l'argent et les meubles précieux qu'on y trouva surpassèrent,
dit un écrivain arabe, tous les calculs de l'imagination. Un
tapis de soie de soixante coudées de longueur et de largeur
décorait un des appartements du palais ; on y voyait représentés des fleurs, des fruits et des arbrisseaux brodés en or
ou figurés par des pierres précieuses. Ces tapis et ces étoffes
de soie ou de laine pouvaient provenir de l'industrie indigène, mais il y avait aussi des épices, de l'aloès, du musc,
du bois de santal, du camphre dont la présence témoigne de
rapports continus avec les Indes, la Chine et les îles de la
Sonde. Les champs de cailloux et les mers de sable qu'avaient
à traverser les caravanes étaient cependant redoutés à cause
des génies et des dragons qui en défendaient les approches !
En fait, les ossements seuls indiquaient la piste à suivre et,
pour qu'ils puissent marcher sur les pierres glissantes, il
fallait mettre aux chevaux des chaussures de bois et enve-
lopper dans une peau de bœuf les pieds des chameaux.

Les relations de la Perse avec la Chine étaient devenues
si étroites que l'empereur de Chine secourut le dernier des
Sassanides dans sa lutte suprême contre les Arabes. Les
Byzantins durent accepter l'entremise des Perses pour leurs
échanges avec la Chine et ce fut pour s'en affranchir que
l'on introduisit, sous Justinien, l'élevage du ver à soie qui
donna bientôt lieu dans tout l'empire à une industrie prospère.

Cependant la route de mer vers les Indes par Alexandrie était
restée ouverte. La marine grecque continuait à dominer sur
la Méditerranée ; elle alimentait l'Occident de ces épices qui

tiennent, même au milieu des invasions, une si grande place
dans les échanges, et si elle était privée d'une partie de ses
débouchés de ce côté, elle se dédommageait dans l'approvisionnement de Constantinople, devenue rapidement, comme
capitale de l'empire et résidence de la cour, une cité popu-
leuse et prospère. Comme Rome autrefois, Constantinople
recevait du dehors plus qu'elle ne lui rendait; comme Rome
en ses beaux jours, elle se couvrait de monuments splendides ;
un art nouveau, l'art byzantin, qui constitue la grande originalité de l'empire grec, y prenait naissance.

Elle avait hérité de Rome certaines coutumes dangereuses
pour la bonne administration de l'État et la tranquillité publique. Le blé de l'Égypte y était, comme jadis sur les bords
du Tibre, distribué au peuple qui recevait aussi, à certains
jours, de la viande, de l'huile, du vin et des jeux. Le blé
était devenu un monopole. Le gouvernement se faisait
acquitter en blé le tribut de certaines provinces, l'achetait
partout ailleurs et le revendait à des prix qu'il fixait arbi-
trairement.

Que la distribution vînt à manquer et les désordres les
plus graves étaient à craindre. Tout était prétexte à agitation
pour sa population si mélangée : jeux du cirque, discussions
théologiques, querelles de palais ; l'édifice impérial semblait
à chaque instant sur le point de crouler et cependant Constantinople, en dépit non seulement de ces crises intérieures,
mais des guerres continuelles avec les peuples qui envahis-
sent son territoire et menacent même quelquefois ses murailles, reste, par la force des choses, un grand centre d'activité commerciale. « Sa situation comme capitale est unique...
Elle n'appartient ni à l'Asie, ni à l'Europe. Byzance, sur la
côte d'Europe, Scutari, sur la côte d'Asie, c'est une seule et

même ville. Ce n'est pas une cité ordinaire, mais une immense capitale, supérieure en population à la vieille Rome, d'une force d'attraction énorme. » (Rambaud.) Les étrangers y affluent de tous côtés et ce mouvement de peuples des races les plus diverses, ce conflit d'influences, cette variété d'aptitudes, de mœurs, de tendances qui s'y heurtent entre elles dans un milieu intellectuel et moral assez consistant pour les pénétrer de son empreinte et les façonner à son image, donnent naissance à cette civilisation byzantine qui s'épanouira du viiie au xe siècle.

Avec le grec comme langue, l'*orthodoxie* comme religion et comme signe caractéristique, une incroyable subtilité d'esprit et une activité dévorante au service des intrigues les plus futiles et des passions les plus affinées comme les plus grossières, elle est romaine par ses traditions administratives, orientale par son amour du cérémonial et de la pompe, mais elle reste encore grecque par son esprit. Le grand travail législatif de Justinien, qui demeure si longtemps en honneur dans l'Occident, n'y eut qu'une médiocre fortune et fit bientôt place à des codes mieux appropriés à ses goûts (*Écloga* de Léon III, 740 ; *Basiliques* de Léon VI). Le schisme religieux de Photius accentua la rupture avec Rome et cependant le plus pur esprit romain domine dans ses règlements industriels. Le « Livre du préfet », récemment mis au jour, nous montre les corporations soumises à la surveillance la plus étroite ; le travail de l'ouvrier, le bénéfice des patrons tarifés ; les prix, le jour et le lieu de la vente des produits imposés ; les approvisionnements réglementés ; l'achat direct des matières premières interdit à l'industriel qui doit les recevoir de sa corporation ; les étrangers traités en suspect.

Les marchands qui arrivent soit par terre, soit par mer,

acquittent un droit ; on paye pour avoir le droit de tenir
boutique, de vendre sur le marché ; les hôtelleries sont soumises à une taxe et à une surveillance rigoureuse ; certains
marchands, ceux de Russie par exemple, ne sont autorisés à
séjourner que l'été et dans un quartier déterminé. Et pourtant, alors, comme aujourd'hui encore sous les Turcs, le
commerce y est en grande partie entre les mains des étrangers ; les Vénitiens sont même investis, comme fidèles et
intéressés vassaux de l'empire, d'énormes privilèges qui les
mettent au-dessus de leurs concurrents.

L'exportation de certaines marchandises est frappée d'un
droit de 10 p. 100, celle de quelques produits, des étoffes
sorties des manufactures impériales entre autres, prohibée ;
des clauses insérées dans des traités témoignent de préoccupations commerciales ; l'ensemble des dispositions légis-
latives est manifestement protectionniste, mais par système
de gouvernement, par mesures fiscales, par préoccupations
policières plus qu'en vertu d'idées et de vues économiques
arrêtées.

Les produits les plus divers affluent sur les marchés ; le
luxe des vêtements est extraordinaire ; les trésors des églises
comme les palais impériaux et certaines demeures de particuliers renferment des amas d'objets en métaux richement
sculptés et incrustés de pierreries, d'habits de soie, de pourpre
et d'or. Les croisés seront stupéfiés de ses richesses comme
les Byzantins de leur barbarie.

Thessalonique et Trébizonde étaient, après Constantinople,
les cités les plus commerçantes de l'empire. Villehardouin
saluait dans Thessalonique « une des plus fors et des plus
riches villes de la crestienté ». — « Puissance militaire,
industrie, commerce, art, religion, toutes les forces du génie

grec s'y manifestaient avec un prodigieux éclat. » (Rambaud.)
« Trébizonde, dit un géographe arabe, est la ville frontière
des Grecs ; nos marchands y vont tous : toutes les étoffes de
fabrication grecque, tous les brocarts qui sont importés chez
nous passent par Trébizonde. » Les pays musulmans faisaient
donc des échanges avec elle comme les pays chrétiens, et à
la faveur de ces relations, l'influence arabe s'infiltrait dans
le monde byzantin, mais sans que son rôle puisse se comparer à l'action si considérable qu'a exercée l'hellénisme sur
l'éclosion et le développement de la civilisation arabe.

Les principaux articles que fournissait l'empire au commerce étaient les étoffes de soie, les brocarts d'or et d'argent,
les vins, les ivoires sculptés, les vases ciselés et émaillés,
merveilles de l'art byzantin, les dalmatiques et tous les objets destinés au culte. Les manufactures de soieries et autres
tissus prospéraient notamment à Salonique, à Thèbes, à Corinthe, à Patras. Après la prise d'Alexandrie par les musulmans, Damas, Alep et Antioche devinrent les principaux
intermédiaires de l'empire grec avec l'Orient.

Du côté du nord, le commerce prit, après la soumission
des Slaves du sud et la pacification des rives du Danube,
une importance qu'il n'avait jamais eue. Les Russes appor-
tèrent à Constantinople des fourrures, de la laine, du miel,
de la cire, des esclaves ; une route passant par Kiew et
Novgorod relia le Bosphore à la Baltique par le Dniéper, et
elle servit aussi aux produits que les Scandinaves amenaient
de leur maigre pays à Novgorod, d'où les Russes pouvaient
faire pénétrer chez les Slaves occidentaux par Jumné, à l'embouchure de l'Oder, les produits du monde grec. Ceux de
l'Allemagne étaient importés par les Vénitiens, les Slaves et
les Bulgares ; un empire dont le budget s'élevait, dit-on, à

trois milliards de nos jours, était assez riche pour alimenter un commerce actif.

Les Arabes avaient cependant enlevé à l'empire d'Orient la Syrie et le nord de l'Afrique. Depuis le viie siècle, la religion de Mahomet (hégire, 622) se dressait en face de celle du Christ, occupant la plus grande partie de l'Asie antérieure jusqu'au Pamir (Arabie, Syrie, Perse, Arménie, Khorassan, Pendjab), tout le nord de l'Afrique et, au commencement du viiie siècle, l'Espagne, quelque temps même une partie de la Gaule. Bagdad, le Caire, Cordoue, fondées ou agrandies par les conquérants, étaient rapidement devenues des villes prospères, des têtes d'empire. Barbares encore au temps de Mahomet, les Arabes avaient été, comme les Germains, promptement séduits par la civilisation romaine ; elle eut vite fait de triompher de l'austérité qui dominait encore au temps du farouche Omar et l'amalgame des peuples que le Croissant réunit sous ses drapeaux, transformé et vivifié par elle, fit surgir comme par enchantement de la fusion de tant d'éléments divers, cette civilisation nouvelle que l'on a appelée arabe en l'honneur du Prophète. Le fanatisme religieux, qui les conduisit jusque sur le champ de bataille de Poitiers, ne les laissa pas insensibles aux séductions du luxe. De Suse à Séleucie, de Séleucie à Ctésiphon, de Ctésiphon à Bagdad, le même caractère se retrouve, modifié de plus en plus par l'influence de l'hellénisme, mais toujours très oriental. Les recherches du luxe sont poussées par les khalifes plus loin encore que par les plus raffinés des empereurs de Rome ou de Byzance. Les palais et les jardins des souverains de Bagdad et de Cordoue écrasent, par leur magnificence, l'amoncellement des richesses, l'accumulation de tout ce qui peut flatter les sens et étonner l'esprit, les églises et les pa-

lais des bords du Bosphore. Là encore on se demande avec
stupeur comment les peuples conquis ont pu suffire à la satisfaction de ces fantaisies, comment la circulation métallique
pouvait être suffisante alors que tant de métaux précieux
étaient immobilisés dans tous ces objets d'art.

Le Coran, portant la trace des origines marchandes de
Mahomet, loin de proscrire le commerce comme le feront les
conciles chrétiens, le dit agréable à Dieu. Les Arabes sont
donc commerçants et il s'établit dès le début un grand courant
d'échanges dans le monde musulman. Les pèlerinages à la
Mecque sont, par les courses qu'ils imposent à travers tant
de contrées et de peuples divers et l'affluence de fidèles qu'ils
attirent autour des lieux saints, un puissant élément de rapprochement et de fusion ; les convois de pèlerins sont en même
temps des caravanes de marchands que la religion rend plus
fréquentes et plus nombreuses et, comme partout, aux jours
consacrés, des foires se tiennent près des mosquées vénérées.
Quand cet empire trop étendu, trop bigarré pour subsister
sous un même prince, s'est brisé, la rivalité des États nés
de son démembrement fractionne le commerce, modifie ses
itinéraires, déplace et multiplie ses centres, mais partout où
subsiste le lien religieux, l'unité morale maintient une certaine unité matérielle et assure la persistance des liens commerciaux.

La capitale des Ommiades, Damas, déjà une des plus
grandes et des plus importantes villes de la Syrie avant que
cette fortune lui fût échue, était réputée dans tout l'Orient
par ses fabriques de riches tissus, d'étoffes brochées, de tapis,
de rideaux pour les tentes, auxquelles elle ajouta des soieries
et des armes renommées. Point de réunion de plusieurs routes
de caravanes, elle était le grand marché de la Syrie du centre

comme Alep de la Syrie du nord. Rakka, sur l'Euphrate, lui envoyait les produits venus du nord-est par Ninive et Mossoul, du sud par l'Euphrate et ils y rencontraient ceux que les caravanes lui apportaient de l'Égypte et les pèlerins de la Mecque. La réputation de ses artisans était universelle.

L'éclat de Bagdad, qui la remplaça comme capitale sous les Abbassides, coïncide avec la période de la plus grande splendeur de la civilisation arabe, du VIIIe au Xe siècle. Mieux située que Damas, baignée par un grand fleuve, tournée vers l'Asie orientale dont les produits étaient si recherchés, à portée de l'Inde par Bassora, de la Chine dont la domination franchit alors un instant le Pamir, de l'Euphrate par des canaux et de l'Arménie par le Tigre, elle compta bientôt un million d'habitants. De prodigieuses richesses en tapis, objets d'or incrustés de pierreries, étoffes brodées d'or et de pierres précieuses, soieries, vases, bijoux de toutes sortes, du travail le plus merveilleux, s'entassaient dans ses nombreux et féeriques palais; un trésor de 700 millions de métaux précieux s'enfouissait dans ses réserves; des écoles s'y ouvraient de toutes parts, les savants y accouraient, les sciences y florissaient; les routes de terre et de mer étaient couvertes de chariots, de caravanes et de barques qui y apportaient les tributs de l'empire et les produits du dehors. Sa prospérité était soutenue par celle des villes voisines, Mossoul où se fabriquaient de fins tissus de lin et des objets en maroquin; Débil, en Arménie, dont les tapis de pourpre étaient réputés; Balk, Kaboul, Ghazna, Boukhara, Samarcande, alors animées et centres de transactions importantes; Chiraz, dont les eaux de rose se répandaient partout; Mascate, dans le voisinage de laquelle se pêchaient des perles, Bassora surtout, fondée sur le Chat-el-Arab, près du golfe Persique, et où aboutissaient maintenant, de préférence à Alexandrie, les marchandises de l'Inde. Les premières monnaies arabes avaient été frappées en 695 ; le dinar d'or (d'une valeur moyenne de 12 à 13 fr.), les dirams (drachmes) d'argent valant 1 fr. environ, remplaçaient dans la circulation les pièces d'or et d'argent de Constantinople et de Ctésiphon.

Après le premier enthousiasme de la guerre sainte, le fanatisme s'était tu devant les intérêts du commerce et les appétits du luxe. Haroun al Raschid avait envoyé la même année des ambassadeurs à Charlemagne et à l'empereur de Chine ; des relations régulières s'établirent par mer entre ces deux pays et Canton devint un marché où des Arabes fixés à demeure vendirent les produits de leur empire, ainsi que de toutes les contrées avec lesquelles ils étaient en rapports et de celles que leurs navires visitaient au passage. Les conditions du commerce étaient dures, il est vrai ; il fallait acquitter jusqu'à 30 p. 100 de droits d'importation ; une seule vente générale annuelle était autorisée et les prix étaient quelquefois imposés par l'autorité chinoise, mais c'était beaucoup d'avoir fait tomber ces barrières que la Chine a toujours si soigneusement élevées sur ses frontières. Les Arabes y achetaient en retour les soieries, les porcelaines, les objets sculptés en ivoire ou en bois, le papier, les nankins que des barques chinoises amenaient de leur côté jusqu'à Aden et Bassora avec le camphre et le bois de sandal des îles de la Sonde, comme les barques indoues y apportaient les perles, les muscades et la cannelle de Ceylan.

Alexandrie resta sous tous les maîtres de l'Égypte le principal marché où s'approvisionnaient les chrétiens d'Occident de ces produits de l'Orient, mais les relations furent très rares dans les premiers siècles de la conquête musulmane. Frappée aussi dans ses intérêts par la rivalité de Bassora, elle trouva une compensation à ces pertes dans le développement de son commerce avec la vallée du haut Nil, la côte orientale et l'intérieur de l'Afrique.

Des comptoirs fondés à Mélinde, Mombaza, Quiloa, Sofala, Mozambique, elle rapporta la poudre d'or du Manica, l'ivoire, les écailles, les esclaves noirs. Elle reçut cependant encore un coup sensible quand le fatimite Moez transporta dans l'intérieur, à l'exemple des Aglabites, fondateurs de Kairouan, et des Édrissites qui adoptèrent Fez, la résidence du khalifat. Le Caire, « la victorieuse », lutta de splendeur et de magnificence avec Bagdad. Là aussi les pierres précieuses se mesuraient au boisseau, les objets d'art en or incrusté ou massif se comptaient par milliers. Des caravanes y arrivaient de tous les points comme au lieu de rencontre de l'Asie et de l'Afrique. Des affaires considérables se traitaient à son bazar et 12,000 étudiants fréquentaient son université. L'agriculture et l'industrie prospéraient comme le commerce ; le vieux canal des Ptolémées avait été rouvert à la circulation ; l'Égypte approvisionnait La Mecque de blé, fabriquait et exportait des tissus, des broderies, de la sellerie, des harnais, des manteaux, des poils de chèvre et des convois d'esclaves noirs, amenés du Soudan, étaient dirigés vers la Syrie et les bords de l'Euphrate.

Kairouan remplaçait mal Carthage ; Sousse et Méhadia lui servaient bien de ports, mais c'était néanmoins une ville toute africaine dont l'influence en retour pénétra beaucoup plus loin dans l'intérieur de l'Afrique que ne l'avait fait celle de Carthage. La conquête de la Sicile lui ouvrait cependant un débouché vers la mer ; les ports de l'Afrique eurent avec elle et l'Espagne des rapports fréquents et intimes, et la domination musulmane ne fut pas l'époque la moins prospère de cette île où elle a laissé tant de traces ; mais la Méditerranée devait marquer longtemps la limite entre le monde chrétien et celui de l'Islam. Quand sera venue la période de décadence, Tripoli, Tunis, Alger, maintenant prospères avec des campagnes bien cultivées, des plantations en plein rapport de coton et de sucre, un commerce actif avec le pays des dattes et le Soudan, et une industrie qui travaille d'une manière remarquable la soie (Gabès), la laine et les cuirs, deviendront de dangereux repaires de pirates qui épouvanteront pendant de longs siècles les flottes et le littoral de l'Europe chrétienne.

Tanger, à l'extrémité occidentale de l'Afrique, dont devait sortir encore au xive siècle un des plus fameux voyageurs et géographes arabes, Ibn-Batouta, était détrônée par Fez. Des émigrants européens y avaient introduit l'art qui s'y perfectionna de travailler et teindre les peaux (maroquin) et la laine (fez), d'ouvrer le cuivre, de fabriquer les savons et les essen-ces. Elle eut jusqu'à 500,000 habitants et 600 mosquées. Le commerce s'y étendait par le Touat jusqu'aux rives du Niger où Oualata précédait Tombouctou fondée au xie siècle. Mais le khalifat de Cordoue éclipsait ceux d'Afrique. C'est par les Arabes d'Espagne surtout, dont les monuments ont mieux échappé que ceux de l'Orient à la destruction et sont plus facilement accessibles, que nous pouvons comprendre jusqu'où ils ont poussé certains arts, jusqu'à quelles incroyables limites ils ont reculé la fantaisie et l'imagination, jusqu'où le besoin de se procurer la satisfaction d'un appétit si effréné de jouissances matérielles a pu conduire leurs voyageurs et leurs marchands. Tout a été dit sur l'art et l'industrie des musulmans d'Espagne tels que nous les révèlent Cordoue, Séville, Grenade et les travaux qui ont transformé sur tant de points la campagne espagnole. L'Espagne chrétienne n'a plus revu les jours florissants du khalifat. Les cuirs de Cordoue, les armes de Tolède, les draps de Murcie et de Cuença, les soieries de Grenade et de Jaen étaient recherchés de l'Europe chrétienne aussi bien que des pays musulmans. La prospérité des huertas, la fécondité des plaines et des plateaux irrigués, l'activité d'exploitation des mines, les richesses que procuraient les nouvelles plantations de canne à sucre, de riz, de coton, de mûrier, de palmiers, de fleurs (camélias), de légumes (asperges) introduites par les Maures, l'éblouissant éclat de la cour des khalifes faisaient un contraste souvent remarqué avec l'état si généralement malheureux alors de l'Europe chrétienne. Alméria, Malaga, Cadix, Séville recevaient dans leurs ports les produits des pays les plus lointains. Les droits d'entrée et de sortie (*kharadj*) établis sur toutes les marchandises, la taxe sur les marchands en détail (*taadil*) comptaient dans tous les États musulmans parmi les sources les plus fructueuses du revenu public, mais le commerce n'eût jamais atteint une telle ampleur s'il eût été gêné par des règlements vexatoires.

Le rôle des Arabes dans l'histoire du commerce est grand par l'activité qu'ils ont donnée à la circulation, le développement de leurs relations, les cultures nouvelles qu'ils ont introduites dans certains pays, les richesses qu'ils ont préparées par leur système d'irrigation, les industries qu'ils ont créées, les connaissances scientifiques et géographiques qu'ils ont répandues.

Que la boussole, la poudre à canon, le papier de linge et les chiffres arabes aient été non pas inventés, mais seulement

propagés par eux, la révolution que leur usage a produite
n'en a pas moins eu un contre-coup considérable sur le commerce. La boussole allait permettre les grandes navigations ;
la poudre à canon, par la ruine des souverainetés féodales,
la formation des grands États et, par la concentration des
intérêts, le développement des échanges ; le papier de linge,
la diffusion des connaissances dont celui-ci devait profiter ;
les chiffres arabes, faciliter les comptes. Ce sont les Arabes
qui ont ajouté à ces signes le 0, réglé sa valeur et son emploi
dans la numération écrite. Par les progrès qu'ils ont fait faire
aux sciences, les travaux utiles qu'ils ont exécutés, par les
facilités que ces travaux, l'entretien des ports et des routes,
la construction de ponts, le creusement de puits sur les
routes des caravanes, l'établissement d'hôtelleries ou caravansérails pour les voyageurs et les pèlerins, ont procurées
au commerce, ils ont laissé de leur domination un durable et
bienfaisant souvenir, et rendu à la civilisation d'inoubliables
services.

CHAPITRE VIII

L'Europe à l'époque des croisades. — Les croisades.
Leurs résultats économiques.

Les croisades marquent le point culminant de l'histoire du moyen âge. Elles sont la manifestation la plus éclatante de son esprit ; car elles nous montrent unis dans une action commune, sous l'influence de l'idée religieuse, le seul lien qui existât alors entre eux, tous les peuples de l'Europe occidentale, et s'associant pour une même œuvre tous les éléments sociaux si divisés d'ailleurs : l'Église qui inspire ces expéditions tant au point de vue religieux qu'au point de vue politique ; les seigneurs qui vont y satisfaire leur goût des aventures ; les bourgeois qui y montreront leur esprit pratique et mercantile ; les masses populaires enfin qui espèrent trouver en Asie un soulagement à leur misère en même temps que la satisfaction de leurs aspirations religieuses. Si l'état moral et religieux de l'Europe, le désir de reconquérir les lieux saints, l'espoir de ramener l'unité dans le monde chrétien en faisant cesser le schisme grec, le danger immédiat dont les musulmans menacent Constantinople et la crainte d'un nouveau retour offensif de l'islamisme en Occident (invasion des Almoravides en Espagne, bataille de Zalacca 1087), en sont les principaux inspirateurs, l'état économique de l'Europe eut aussi quelque part au mouvement qui les produisit-

L'Europe était comme surpeuplée à la fin du xɪᵉ siècle. Les campagnes désertées étaient, comme nous l'avons vu, mal cultivées ; la population lasse et découragée, succombant de misère, refluait vers les villes, les châteaux et les monastères ; elle y trouvait des bourgeois avides d'activité industrielle et commerciale, mais condamnés à l'impuissance, mécontents, remuants, prêts à se soulever contre leurs seigneurs, et qu'effrayait, vu l'exiguïté de leurs ressources, cet afflux de bouches à nourrir ; des seigneurs impatients de guerroyer et supportant mal le frein qui leur est imposé par l'Église et par le roi ; des moines frémissant sous la règle ; une sorte de malaise et de fièvre régnait partout. Quelque chose de l'ardeur qui entraînait les Normands en Angleterre et dans les deux Siciles avait gagné les masses. C'était l'époque où, malgré le schisme définitif de l'Église grecque (1057), la papauté acquérait sa plus grande puissance. Les pèlerinages en terre sainte devenaient de jour en jour plus nombreux. En même temps que les récits des dangers courus par les pèlerins émouvaient les cœurs, le tableau que l'on faisait des merveilles de l'Orient et des richesses de la terre sainte, le désir d'y acquérir la gloire par la guerre contre les infidèles ou la fortune par le commerce, d'y obtenir, pour soi-même et sa famille, des terres fertiles, l'exaltation religieuse, les passions les plus diverses remuaient toute cette société ; « une tendance inconsciente poussait le monde vers l'Orient » (Sybel) et lorsque Urbain II les eut invités à Clermont à prendre la route du Saint-Sépulcre, « princes et vilains, nobles et chevaliers » se levèrent. Aucune voix discordante n'arrêta cet élan.

De grands événements venaient en effet de modifier la situation en Orient. Les musulmans, une fois passée la première ardeur de la conquête, avaient adopté de véritables principes de tolérance envers les chrétiens. L'accès des lieux

saints leur avait été ouvert; l'église du Saint-Sépulcre avait
pu être restaurée à Jérusalem au commencement du xi⁰ siècle.

Plusieurs villes d'Italie, Bari, Amalfi, Pise, Gênes, Venise, entretenaient des relations avec les mahométans d'Espagne, de l'Afrique du Nord et de la Syrie. Constantinople,
de son côté, leur avait permis d'élever en 1049 une mosquée
dans ses murs. Aussi vit-on dès la seconde moitié du x⁰ siècle, et malgré la guerre que se faisaient entre elles les marines chrétiennes, de nombreux pèlerins s'embarquer dans
les ports de la Méditerranée, à Barcelone, à Narbonne, à
Marseille, comme dans les villes d'Italie.

Pour se préserver des pirates, on formait de véritables
convois, que protégeaient des navires armés; un capitaine
commun était à la tête de l'expédition et un consul de la mer
(Montpellier, Marseille) servait pendant toute la durée du
voyage de juge ou d'arbitre pour les contestations qui pouvaient s'élever. En Orient, ces pèlerins trouvaient hospitalité dans les fondouks (*fundaci*) ou comptoirs établis par les
villes italiennes et de là partaient pour Jérusalem.

Après la conversion des Hongrois, beaucoup de pèlerins
prirent la route de terre, s'entourant, contre des dangers
analogues, de précautions semblables; on se groupait par
bandes de centaines, de milliers de pèlerins sous la conduite
d'un chef. Il est vrai que les habitants des pays traversés
avaient eux aussi à se préserver du pillage de ces bandes mal
organisées, trop portées à se procurer par la force ce qui leur
était nécessaire et à faire excès de zèle religieux contre les
juifs ou les mécréants qu'elles rencontraient. Beaucoup mou-
raient avant d'avoir atteint le terme du voyage; d'autres se
fixaient dans ces riches pays, quelques-uns revenaient qui
joignaient au récit de leurs aventures et à leurs descriptions

toujours embellies, la présentation de produits qu'ils avaient rapportés de l'Orient. Le marchand s'était révélé derrière le pèlerin et le gain que procurait le trafic excitait de nouvelles convoitises.

Constantinople avait de son côté repris des relations plus suivies avec l'Occident. Elle avait toujours conservé un pied en Italie; sa domination lointaine était si douce qu'elle équivalait à l'indépendance. Elle était même une protection contre les peuples du voisinage, les prétentions des empereurs, rois de Germanie, et les cupides Normands. Du côté de l'Adriatique, Bari avait la première renoué des relations avec la capitale de l'empire grec, mais Venise l'éclipsa bientôt. Enrichie par le commerce du sel et les pêcheries, elle avait laissé ses rivales, Ancône et Comacchio, succomber sous les coups des pirates de la Narenta, puis à la fin du xe siècle avait écrasé ces pirates, conquis la Dalmatie et l'Istrie, et était devenue sans conteste la reine de l'Adriatique. Elle s'était imposée à Constantinople, y avait obtenu de grands privilèges pour son commerce (principalement en 992 et en 1082) et ses navires et ses commerçants étaient aussi bien accueillis des Byzantins, dont ils exportaient les marchandises en Occident, que des musulmans auxquels ils apportaient, en échange des leurs, des produits de l'Inde et des esclaves faits aux dépens des pays chrétiens comme des pays musulmans. Le droit de vendre et d'acheter sur tous les points de l'empire grec sans être soumis à la surveillance des agents impériaux et sans payer aucun droit les mettait hors de pair et donnait à leur activité commerciale un puissant stimulant.

Sur la Tyrrhénienne, Amalfi, restée grecque, entreprenait des voyages de commerce à Mehadia, port de Kaïrouan, sur la côte de la Tunisie, à Alexandrie, en Syrie, à Constanti-

nople. Pise et Gênes se développaient plus lentement, unies
dans des efforts communs contre les Arabes avant de devenir
rivales. Les musulmans, maîtres d'une partie de la Sicile, des
Baléares, un instant de la Sardaigne, leur interdisaient tout
espoir de développer leur commerce ; des expéditions contre
la Sardaigne, Bône, Mehadia, la Sicile ouvrirent les voies
de l'Orient à leur marine ; la conquête de la Sicile par les
Normands fut pour eux comme pour tous les peuples chrétiens de l'Occident le point de départ d'une ère nouvelle. Les
Arabes y avaient acclimaté et entreposé les fruits et les produits de l'Orient ; ils les colportèrent en Occident et s'aventurèrent même, à la faveur des relâches que leur offraient les
ports de cette île, jusqu'en Égypte. La route de l'Orient allait
s'ouvrir aussi pour les navires de Narbonne et de Marseille,
dont le commerce, limité pour les mêmes causes, devait profiter des mêmes circonstances favorables.

En somme tout présageait, malgré les différences de religion et les foudres papales interdisant le commerce avec les
infidèles, un développement régulier des relations entre l'O-
rient et l'Occident, quand les progrès des Turcs sous Seld-
jouk et Togrul-Beg et le démembrement du khalifat de Bagdad substituèrent à la domination douce et tolérante des
khalifes une tyrannie ombrageuse. Le danger de voir se fer-
mer par le progrès de ces fanatiques le marché de Constantinople comme ceux de l'Égypte et de la Syrie rendit les villes
commerçantes de la Méditerranée aussi favorables par intérêt à la première croisade que les autres chrétiens d'Occident par les motifs que nous avons indiqués.

Ces expéditions peuvent être diversement appréciées ; elles
coûtèrent à l'Europe des quantités considérables d'hommes
(500,000 trouvèrent la mort dans la première) et d'argent,

mais elles constituent le fait économique le plus important du moyen âge.

Dès le temps de la première, Gênes, Pise, Venise, Marseille, prenaient une part active à la conquête de la Syrie, faisant payer chèrement leurs services. La cession de quartiers dans les villes, de territoires dans les campagnes et l'établissement sur ces points de colonies italiennes ou marseillaises étaient les garanties exigées de l'assistance de leurs flottes pour les communications avec l'Occident et la défense des postes chrétiens. Ces quartiers étaient de véritables villes avec église, entrepôt (fundiacum, d'où fundaco, fondouk), moulins, fours, abattoirs, bains. Les maisons ou magasins étaient vendus ou loués, soit à des colons qui devaient loger chez eux les compatriotes qu'amenaient les convois de navires marchands, soit même à des Syriens ou à des juifs. Les Vénitiens, les mieux partagés, purent ainsi, grâce au concours des premiers habitants, avoir sur leurs territoires des verreries et des fabriques de soieries qu'ils transporteront plus tard dans leurs lagunes et faire dans les campagnes attenantes des essais de culture dont bénéficiera également l'Europe. Comme les colonies du Levant, celles-ci avaient déjà leurs chefs, vicomte ou consul, leurs tribunaux, avec jurés de leur nation, et, bien que forcées de défendre leurs privilèges contre les rois, elles pouvaient offrir aux marchands de leurs pays une base solide pour leurs opérations commerciales. Acre devint le principal port du royaume de Jérusalem. Les produits du centre de l'Asie, du Thibet, de l'Indo-Chine et des îles, de l'Inde, de l'Arabie, de l'Afrique : rhubarbe, musc, camphre, épices, encens, perles, ivoire y affluaient pour être de là transportés en Europe avec les pèlerins dont Acre était le principal port de débarquement et de

départ. Tyr, Beyrouth étaient aussi des ports fréquentés.
Ascalon, Jaffa avaient des bazars animés. Un mouvement
actif se faisait entre ces ports et les grandes villes musul-
manes de Damas et d'Alep, d'où les marchandises étaient
apportées soit par les Vénitiens, soit par les Orientaux: soieries d'Alep et de Damas, brocarts d'or, lames de Damas, etc.
Au nord, dans le comté de Tripoli, cette ville voyait affluer
elle aussi dans ses murs des marchands de toutes les nations
et dans ses magasins les produits les plus riches et les plus
variés. La prise de Saint-Jean-d'Acre par Saladin fit passer
son rôle à l'île de Chypre dans laquelle toutes les villes et
nations commerçantes, Marseille et Montpellier entre autres,
s'efforcèrent d'obtenir des franchises.

A Constantinople, Vénitiens, Pisans et Génois avaient
aussi leurs quartiers, tous aboutissant à la Corne d'or sur laquelle ils avaient leurs escaliers (échelles) de débarquement.
Après la 4ᵉ croisade, la prise de Constantinople dictée par les
intérêts commerciaux de Venise, laissa à cette ville une prépondérance incontestable. La part qu'elle s'attribua dans le
partage de l'empire byzantin fut choisie, dans la même préoccupation, avec l'habileté la plus grande : Durazzo, Corfou,
et les autres îles ioniennes, Patras, Modon, Naxos, Andros,
l'Eubée, Candie, Gallipoli, échelonnés sur la route de Venise à Constantinople, une fois conquis par les Vénitiens,
reçurent des colonies; les principautés indépendantes de
l'Archipel s'unirent à elle pour la suppression des corsaires,
et le commerce rendu plus sûr prit encore de l'accroissement.
Candie, dont les richesses naturelles étaient grandes en blé,
miel, cire, vins, surtout, dont on chargeait chaque année des
centaines de navires, était en outre précieuse par sa situation
sur la grande route de l'Occident en Syrie et en Égypte. De

Constantinople devenue leur véritable centre, les Vénitiens
étendirent leurs opérations commerciales dans l'Asie-Mineure
et les régions de la mer Noire. Dans l'Adriatique, Raguse,
un instant leur rivale, reconnut leur suprématie. Mais la
fortune même de Venise devait lui susciter des ennemis. La
chute de l'empire latin et le rétablissement d'une dynastie
grecque valurent à Gênes, qui en fut le principal auteur, des
privilèges et une influence qui portèrent à la puissance de
Venise un coup terrible.

La chute de l'empire latin coïncide à quelques années près
avec la dernière croisade. Les relations entre l'Occident et
l'Orient ne furent pas interrompues par l'échec des tentatives des Latins et les résultats économiques de leurs expéditions furent durables. Le pillage d'Antioche, celui de Constantinople surtout avaient mis entre les mains des croisés une
foule d'objets précieux, principalement d'objets destinés au
culte : croix, ostensoirs, vases et calices en or et en argent
ciselés et incrustés de pierreries, ivoires finement travaillés,
émaux, reliquaires, étoffes et brocarts en or et argent, etc.,
qui, distribués par les vainqueurs dans toute la chrétienté,
vinrent enrichir les trésors des églises et des monastères.
L'art de l'Occident subit par suite l'influence de l'art byzantin. Les relations intellectuelles qui se renouèrent avec le
monde grec préparèrent la renaissance des lettres antiques.
En même temps, l'Orient musulman nous initiait à ses
sciences, à sa médecine, à son industrie. L'Europe imitera
les belles étoffes de Damas, les baldaquins de Bagdad, la
mousseline de Mossoul, le satin, les verres de Tyr, les tapis
de la Syrie et de la Perse. Elle adoptera les modes et les
costumes, les armes des Orientaux, leurs habitudes et leur
hygiène. Elle acclimatera dans l'Italie méridionale et la Si-

cile la culture de la canne à sucre empruntée à la Syrie, du riz, du maïs, du sésame, du caroubier. Elle introduira dans ses vergers l'abricot, ou prune de Damas, le limon, la pistache; dans ses potagers le melon d'eau ou pastèque, l'échalote, le safran. Elle retiendra d'eux des recettes pour la teinture, si perfectionnée en Orient, le travail des peaux, le tissage de la soie. Le coton, déjà si usité en Orient et dont quelques tissus furent rapportés en Europe, eut moins de faveur et son travail n'atteindra quelque importance qu'au xviie siècle.

CHAPITRE IX

Les républiques italiennes du treizième au seizième siècle. — Venise et le commerce maritime. — Florence et le commerce des banques.

La restauration d'une dynastie grecque à Constantinople assure aux Génois, alliés des Paléologues, la prépondérance sur les rives du Bosphore et par suite dans l'Archipel et la mer Noire. C'est le moment le plus brillant de l'histoire de cette république (1261-1369). Établis à Galata, affranchis des droits de douanes écrasants pour le commerce, ils se substituèrent dans tous les pays soumis aux Paléologues à l'influence de Venise qui toutefois resta dominante dans la Grèce et les îles grecques. Mais les Vénitiens ne purent se résigner à ce partage. La différence de traitement que les empereurs affectèrent d'établir entre eux et les citoyens des autres villes italiennes ne fit qu'exaspérer leur fureur contre leurs heureux rivaux et la lutte entre les deux villes n'en fut que plus ardente et plus implacable. C'était le moment où la défaite de la Méloria (1284) et l'établissement par les Génois d'un barrage à l'embouchure de l'Arno mettaient fin à la puissance maritime de Pise. Délivrée de cette concurrence, Gênes dut néanmoins se résigner à supporter à côté d'elle, à Constantinople, d'autres colonies européennes. Les empereurs les subissaient plus qu'ils ne les aimaient. Des Ragusains, des Catalans (Barcelone), des Provençaux (Marseille, et aussi Montpellier et Narbonne) eurent, comme les marchands italiens et siciliens, l'autorisation d'y faire le commerce. Les conditions qui leur étaient accordées étaient moins avantageuses que celles faites aux Génois; ils devaient payer les uns 2 p. 100, les autres 4 p. 100 de la valeur des marchandises entrant ou sortant, mais leur présence seule suffisait à rendre moins tyrannique la protection des Génois.

Constantinople, Caffa et Chio furent pendant cette période les trois grands marchés sur lesquels s'exerça l'activité des Génois.

Par sa position même, l'importance de sa population et son rang de capitale, Constantinople était le grand entrepôt des marchandises de toutes provenances, le vrai centre d'échanges de tous les produits. Les blés de la Crimée, de la Bulgarie et de la Thrace, la cire de Grèce, les vins de la Grèce et de Candie, le mastic extrait du lentisque de Chio, l'alun de Phocée, la noix de galle de l'Asie-Mineure, les lins d'Alexandrie et de Grèce, la laine et le poil de chèvre de l'Asie-Mineure, la soie de Perse, les pelleteries du nord, les épices, les plantes aromatiques et les matières tinctoriales de l'Inde et de la Perse, venues par Trébizonde ou Tana, les bougrans d'Arménie et de Chypre s'y trouvaient avec les draps de Flandre, de France ou de Toscane, les toiles de Champagne, les fils d'or et d'argent de Lucques et de Gênes, les savons de Venise, d'Ancône, de la Pouille, de Chypre et de Rhodes, les figues d'Espagne, les noix de Naples, les vins et les huiles d'Italie[1]. L'Occident ne se contentait plus d'acheter en Orient, il y importait; son industrie et son commerce croissaient alors que les commotions de l'Orient y accumulaient les ruines.

Caffa, fondée vers 1266 sur l'emplacement de l'ancienne

---

1. Cf. Heyd, *Histoire du commerce du Levant*, I, p. 489 et suiv.

Théodosie, dut précisément à ces révolutions de l'Asie sa courte prospérité. Sa population atteignit un instant, s'il faut en croire un voyageur, celle de Constantinople. Les races, les religions et les langues y offraient la plus grande diversité. Gênes avait créé pour elle et ses autres colonies de Crimée un office spécial qui veillait à tous les détails de l'administration. Au blé, au sel, au poisson, au bois qui alimentaient son trafic, venaient se joindre sur son marché les produits de l'Inde, ces épices, dont la route vers l'Occident était soumise à tant de vicissitudes, les soieries du Ghilan et les esclaves. Tana (Azof), à l'embouchure du Don, était le point d'arrivée des caravanes venues à Astrakhan soit par la Perse, Astérabad et la Caspienne, soit par Caboul et Ourgendj. La domination génoise ne s'étendit pas au delà de la côte méridionale de la Crimée, comprenant le comptoir anciennement fréquenté de Soldaïc ou Soudak. Malheureusement, cette extension des relations avec l'Orient avait ses revers. Déjà les pèlerinages et les croisades avaient importé dans l'Europe occidentale la lèpre pour laquelle on dut fonder de nombreux hôpitaux. Ce fut de Caffa où elle avait été importée par les Tartares que vint en Europe sur les vaisseaux génois cette peste noire « dont bien la tierce partie de monde mourut », nous dit Froissart.

Chio devait toute sa richesse à la fertiilté de son sol en vins, huile et fruits, à sa soie, à son marbre, à son commerce de mastic et à l'alun de Phocée ; les revenus qu'en tirait la compagnie génoise dont elle était la propriété, étaient énormes, et c'était de plus une station navale importante sur la route de l'Orient.

Quant au continent asiatique, les progrès des Turcs le fermaient de plus en plus au commerce européen. Chypre, où régnaient les Lusignans, et Rhodes, où s'établirent les

Hospitaliers de Saint-Jean, profitèrent de cette situation. Famagouste devint un marché dont les villes italiennes se disputèrent la possession comme elles l'avaient fait de ceux de la Syrie. Rhodes fut surtout un grand marché financier. Les Chevaliers, grâce aux manoirs nombreux qu'ils possédaient, à la force dont ils disposaient pour les défendre, servirent, comme leurs frères les Templiers, de banquiers entre les mains desquels on déposait les sommes ou valeurs que l'on voulait mettre en sûreté, ainsi que d'intermédiaires pour le change et pour le règlement des transactions.

Venise, parallèlement à ses efforts pour se maintenir sur la mer Noire, en fit de plus heureux en Égypte. Elle sentit toute l'importance que la fermeture du golfe Persique et des routes de la Syrie allait rendre au golfe Arabique et à Alexandrie. Déjà les pirates établis dans l'île de Kishm avaient paralysé le commerce de Bassora et de Bagdad. Aden devint le grand entrepôt des marchandises apportées de la Chine et de l'Inde. La vieille route de Kosséir à Coptos, aboutissant maintenant à Aïdab sur le Nil, et de là à Alexandrie, se rouvrit alors. Les Mameluks, qui se recrutaient au reste avec la connivence de Gênes et de Venise, se montrèrent mieux disposés que les Turcs en faveur des chrétiens. La papauté qui avait interdit le commerce avec les infidèles, se relâcha de sa sévérité, fit des concessions à Venise ; quand de temps à autre une opposition tendit à se manifester dans le sacré collège, Venise sut l'apaiser et elle ne se gêna plus d'entretenir ouvertement ses relations si lucratives avec Alexandrie. Le commerce de l'Inde tendit à devenir un monopole entre ses mains, tant la route de la mer Rouge était plus facile et plus sûre que celles qui aboutissaient à l'Euxin.

Favorisée de ce côté par les événements, Venise ne fut

pas moins bien servie par les avantages de sa position géographique. Elle était presque au centre du monde commercial d'alors, à la tête des routes qui du fond de l'Adriatique se dirigent vers le Danube, la mer Baltique et la mer du Nord, au débouché de cette riche plaine du Pô où se pressaient les cités populeuses et industrielles. Derrière elle s'échelonnaient Trévise, Vicence, Padoue, Vérone, Bergame, Brescia, Crémone, Lodi, Milan, Côme et plus loin Novare, Tortone, Alexandrie, toutes en relations suivies avec elle. Elles lui expédiaient annuellement, au commencement du xive siècle, 2,800,000 ducats de marchandises, draps, armes, futaine, orfèvrerie, soieries et lui achetaient en échange des brocards d'or et d'argent, du poivre, de la cannelle, du gingembre et autres épices, du coton, du sucre, des bois de teinture, de l'indigo, du kermès, du sel. « Les achats que fait la Lombardie dans Venise, dit le doge Mocenigo (1411), produisent le mouvement considérable des navires ou des galères que nous expédions en Syrie, en Romanie, en Catalogne, en Flandre, en Chypre, en Sicile et dans d'autres parties du monde. Venise reçoit pour frets et commission 2, 2 $^1/_2$ et 3 p. 100; courtiers, frets de navires et de galères, peseurs, emballeurs, barques, marins, rameurs, agents intermédiaires, avec le profit des marchands qui s'entremettent, pour tout cela nous pouvons compter une somme de 600,000 ducats, qui viennent aux habitants de Venise sans aucune dépense. Ces industries font vivre largement plusieurs milliers de personnes. » Au xiiie siècle, les manufactures de laine de Milan occupaient 60,000 ouvriers, celles de soie 40,000. Abritée dans ses lagunes contre les attaques de terre et de mer, Venise profitait de tous les troubles et guerres qui désolaient la Lombardie et, à défaut d'invasions étrangères, armait les cités les unes contre les autres, multipliait les ruines et les exilés. Elle avait reçu ceux de Lucques qui lui avaient apporté les secrets de la fabrication des brocarts et du velours et donné asile à Cosme de Médicis un instant banni de sa patrie. A la fin du xvᵉ siècle, sa flotte de commerce comptait 3,000 navires montés par 36,000 marins et protégés sur les mers par 300 navires de guerre. Jusqu'en cette année même de 1421 où elle achetait aux Génois le port de Livourne, Florence elle-même était tributaire de Venise ; elle lui envoyait annuellement 16,000 pièces de drap et 350,000 sequins en espèces en échange de laines d'Espagne et de France, de blé, de soieries, de fil d'or et d'argent, de cire, de sucre et de bijouterie. En somme, ajoutait Mocenigo, le commerce de Venise met annuellement 10 millions de sequins en circulation (120,000,000 fr.). C'était donc surtout le commerce de transit et les transports qui faisaient la richesse de la République. Elle avait cependant quelques industries prospères chez elle: la fabrication du verre à Murano, le blanchissage de la cire, la fabrication des cierges qu'elle expédiait à toute la chrétienté, les armes, la bijouterie, la tréfilerie d'or et d'argent, le savon, les mosaïques et les soieries.

Pour concilier les avantages de ce commerce de transit avec la protection de son industrie, elle permettait aux produits du dehors le passage, mais non la mise en vente sur son territoire. Primitivement le commerce avec le Levant ne se faisait que contre des métaux précieux ; Venise, dans l'intérêt de ses manufactures et pour retenir ces métaux précieux, substitua d'abord le plus possible les marchandises aux métaux et finit par interdire les transactions en argent, ce que facilita le développement des opérations de banque et des lettres de change.

Dans les villes qui, comme elle, reposaient tout entières sur le commerce, l'intervention continuelle, l'étroite surveil-lance et parfois la participation directe de l'État aux entre-prises commerciales n'ont pas lieu de surprendre. Il y avait bien sur le commerce maritime certaines règles généralement adoptées. De véritables codes de marine existent à la fin du XIIIe siècle, en tête le *Consulat de la mer,* rédigé par les Véni-tiens en 1255, les *Statuts de Marseille,* à peu près contempo-rains et les *Rôles* ou *Jugements d'Oleron* (1269), mais à côté des règles générales que tous reproduisent et qui président dès lors à la circulation sur les mers, chaque nation avait ses lois et sa réglementation spéciale.

Le rêve de tous était de se créer ou se réserver un mono-pole ; les traités conclus par un État stipulent rarement pour autrui ; la situation des commerçants dans chaque ville varie suivant leur nationalité. Le droit d'acheter et de vendre, la sécurité des personnes et des biens, la soumission, dans les pays musulmans, aux magistrats et aux lois des pays d'ori-gine se retrouvent dans la plupart, mais c'est à la question des droits de douane que chaque État s'attache de préférence, car c'est de leur abaissement ou de leur suppression, des concessions obtenues en un mot que dépend l'avenir du com-merce.

La protection des transports était à Venise l'objet d'une incessante préoccupation. Les métaux précieux ne pouvaient être transportés que sur les galères de l'État. Ces galères étaient quelquefois mises au service des particuliers ; d'autres, tout en remplissant le rôle de convoyeurs, pouvaient prendre du fret. Des stations étaient établies en permanence sur di-vers points. Une réglementation étroite déterminait les épo-ques auxquelles partaient les flottilles, leur composition, le

choix de leur commandant, l'armement et le chargement des
bâtiments, le nombre d'hommes de leur équipage, la durée
du voyage, la route à suivre et les opérations à effectuer.
Mais ces règles, malgré leur apparence de rigueur, n'étaient
pas immuables. L'attention du grand conseil était constamment ouverte sur ces affaires de commerce et les conditions
étaient fréquemment modifiées suivant les circonstances et
les besoins du moment, mais, une fois arrêtées, elles devaient
être strictement observées et il était interdit de changer de
route comme de s'arrêter ailleurs qu'aux points fixés. Dès
l'arrivée à destination, une commission débattait le prix des
marchandises à acquérir et celui auquel seraient livrées celles
que l'on offrait en échange. Le monopole de certains articles
appartenait à l'État.

C'est par cette attention, cette vigilance, cette activité que
Venise était devenue à la fin du moyen âge un des principaux
États de la péninsule.

Rome n'avait ni industrie, ni commerce. Son territoire
était désert et malsain. « Les prêtres, les moines et tous les
parasites divers d'une cour ecclésiastique, formaient une
large part de la population ; le reste était entretenu, pour la
plupart, dans un état de demi-mendicité par une quantité
incalculable d'associations religieuses qu'enrichissaient les
dons ou les dépouilles de la chrétienté latine. » (Bryce.) Il n'y
avait pas de classe bourgeoise et la noblesse du territoire romain, turbulente et féroce, entretenait par ses rivalités et son
humeur ambitieuse un état de guerre presque perpétuel autour de la ville et quelquefois dans la ville même. Les pèlerins étaient exploités avec ardeur, mais en général ils étaient
pauvres et, somme toute, malgré les bonnes aubaines que
pouvaient fournir les riches prélats et les seigneurs, ils n'é-

taient pour le commerce local, s'ils l'aidaient à vivre, qu'une médiocre ressource. Lorsque cette populace vaniteuse et mécréante eut forcé les papes à s'éloigner de Rome, elle s'aperçut du vide que faisait leur absence ; leur retour coïncida avec le moment où se manifestaient les prodromes de la Renaissance et Rome, grâce à eux, eut sa part dans ce brillant épanouissement du génie italien dont les chefs-d'œuvre, en attirant artistes, savants et visiteurs, assurèrent à la péninsule son principal revenu pendant plusieurs siècles.

Au XIIIe siècle, les finances pontificales, malgré les réformes apportées depuis Grégoire VII dans la perception du cens, étaient pauvres ; le trésor apostolique, épuisé par les croisades et les affaires de Sicile, était toujours vide ; le pape était souvent poursuivi par ses créanciers. Il fallut créer de nouvelles sources de revenus et en assurer la rentrée régulière. Les commissaires apostoliques se servirent, pour faire parvenir à Rome ou à Avignon les produits du cens, de l'intermédiaire des banquiers italiens. Des maisons de Pise, de Florence, de Pistoie et de Sienne, honorées du titre de *mercatores cameræ*, reçurent les sommes levées pour le compte du Saint-Siège. Les Florentins surtout trouvèrent dans ce service de banque d'appréciables profits.

Florence ne semblait pas appelée par sa situation à une grande prospérité industrielle et commerciale. Sa campagne est peu fertile ; elle ne pouvait pas tirer de son territoire la laine nécessaire à une industrie active ; elle est loin de la mer. Le port de l'Arno, Pise, était une rivale ; une autre cité industrielle, Sienne, qui eut un instant, dit-on, 200,000 habitants, se dressait en face d'elle ; et cependant elle a tenu pendant plusieurs siècles une des premières places dans l'industrie et le commerce de l'Europe. La laine et la soie furent le fondement de sa grandeur, mais elle eut dans l'industrie lainière une place à part. Ne se contentant pas de fabriquer, elle achetait à l'étranger, à l'Italie du Nord, à la France du Midi, à la Flandre, à l'Angleterre des draps fabriqués, les transformait par la teinture et par l'apprêt, les façonnait au goût de l'Orient et les livrait à la réexportation. Cet art de Calimala (mauvaise rue) fut le point de départ de sa fortune. En 1338, il occupait 200 boutiques où 30,000 personnes fabriquaient 80,000 draps valant 1,200,000 florins d'or et, si l'on comprenait dans ce calcul les draps grossiers, il faudrait dire plus de 100,000 (Perrens, *la Civilisation florentine*). Maîtres de l'État, le constituant eux-mêmes, les « arts » n'avaient pas à redouter, comme en France, les caprices ou l'hostilité du pouvoir. Animées d'un esprit commun, solidaires entre elles, les corporations trouvaient dans cette sécurité un gage précieux pour le succès de leurs entreprises. Exclusifs et égoïstes comme tous leurs contemporains, ennemis de toute concurrence, les Florentins étaient du moins d'accord entre eux pour la conduite et la protection de leur commerce. Disséminés partout où les appelait le besoin de leurs affaires, hardis voyageurs dans un temps où le voyage de la Chine demandait trois ans et celui de Paris ou de Londres six mois, ils étaient, quel que fût leur séjour, en relations entre eux par des syndics qui visitaient leurs colonies, par leurs banques.

Le *mercato nuovo*, siège des changeurs qui formaient le quatrième des « arts majeurs », était un des points les plus animés de la ville, une véritable Bourse. C'était là que se rendaient à leur retour de voyage, pour y faire leurs rapports, les agents à l'étranger, là que se réglaient par l'intermédiaire de courtiers autorisés et de changeurs toutes les transactions de la journée. On les inscrivait sur « un livre de comptes en parchemin, en belle écriture cursive assez semblable à notre *ronde* et en chiffres romains. On n'y voyait ni points, ni virgules, ni lettres majuscules. Par la seule force de l'habitude, on se débrouillait dans ce chaos. Jusqu'au temps des Médicis, les Florentins se bornèrent à la tenue des livres en partie simple, quoiqu'ils eussent pu reconnaître, à Venise, les avantages de la tenue en partie double. Comme contrôle et garantie, ils se bornaient à renvoyer de leur grand-livre ou *libro maestro* à de nombreux livres auxiliaires, et leurs recherches y prenaient beaucoup de temps. Comme de nos jours, d'ailleurs, ces livres *maestri* faisaient foi ». (Perrens, *op. cit.*)

Non seulement le changeur se fit banquier, mais les marchands en vinrent à joindre un office de change, une maison de banque à leur maison de commerce. Le recours au changeur pour le règlement de deux opérations connexes put se faire, sans remise de numéraire, par compensation de valeurs, par un simple jeu d'écritures ; cette pratique s'étendit à des opérations faites dans deux villes différentes, d'abord entre celles où existaient des comptoirs de la même maison, puis entre celles où une de ces maisons avait un correspondant. Au lieu de circuler d'une place à l'autre sous la forme d'un numéraire encombrant, coûteux à transporter, exposé à être pillé, la somme ou différence à payer fut expédiée sous celle d'une lettre, moyennant la présentation de laquelle le change pouvait être opéré des marchandises livrées contre leur représentation en monnaie. La *lettre de change* n'était au début ni négociable, ni transmissible; son emploi était limité aux opérations entre des places où le tireur avait des représentants ou des correspondants; elle eut vite cependant obtenu faveur surtout auprès des Lombards et des juifs auxquels elle permettait de ne plus laisser à la disposition de leurs persécuteurs que du papier représentant pour le légitime possesseur une valeur réelle, mais sans valeur pour autrui.

La première maison de banque fut-elle fondée à Barcelone, à Gênes ou à Venise? Les mêmes circonstances donnèrent sans doute presque simultanément naissance dans ces trois grandes cités maritimes aux mêmes procédés commerciaux ; toutes trois avaient dans le Levant des comptoirs, toutes trois avaient des relations étendues ; l'idée d'associer les capitaux, de les faire fructifier comme une marchandise, de retirer un intérêt des sommes avancées, de retenir une commission sur les sommes touchées, de représenter les capitaux déposés par un papier, d'étendre la valeur de ce papier du pays où il était émis à un autre où la maison avait un établissement, gagna promptement en tous cas de l'une à l'autre ; on trouve une banque à Venise au milieu du xiiᵉ siècle (1157). La République était si directement engagée dans toutes les affaires commerciales de Venise que ce fut une véritable banque d'État. L'office de Saint-Georges à Gênes, définitivement constitué en 1407, nous montre une banque d'un caractère bien différent, véritable État dans l'État.

« Après que les Génois eurent fait la paix avec les Vénitiens, dit Machiavel (*Hist. de Florence,* l. VIII), à la suite de la terrible guerre qui avait duré si longtemps entre eux, la république de Gênes, ne pouvant satisfaire les citoyens qui lui avaient prêté de grandes sommes d'argent, leur concéda les droits d'entrée de la douane. Elle voulut que chacun, au prorata de sa créance en principal, participât à la jouissance de ces droits, jusqu'à ce qu'il fût entièrement satisfait par la commune. Et afin qu'ils pussent conférer sur leurs intérêts, elle leur céda le palais qui est au-dessus de la douane. Ces créanciers établirent entre eux en conséquence une sorte de gouvernement. Ils créèrent un conseil de cent des leurs pour délibérer sur les choses communes, et une magistrature de huit citoyens pour exécuter comme délégués toutes ces délibérations. Ils divisèrent aussi leurs créances en parts qu'ils appelèrent *luoghi* et donnèrent à tout le corps le nom de Saint-Georges. Quand leur gouvernement fut ainsi cons-titué, le gouvernement de la cité eut d'autres besoins. Aussi recourut-il à Saint-Georges pour de nouvelles aides. La corporation se trouvant riche et bien administrée, put encore obliger la commune. Celle-ci, en retour, de même qu'elle lui avait d'abord concédé la douane, commença à lui octroyer des portions de son territoire, en garantie des deniers em-pruntés..... D'où il est arrivé que (la majeure partie des terri-toires soumis à Gênes ayant été ainsi engagés à la banque) les citoyens ont retiré toute leur affection à la commune, la regardant comme tyrannisée, et qu'ils se sont attachés à Saint-Georges comme à un corps administré selon les règles de la sagesse et de l'égalité. Telle est la cause de ces chan-gements d'État si fréquents et si faciles, les Génois obéissant tantôt à un de leurs concitoyens, tantôt à un étranger; car ce n'est pas Saint-Georges, mais la commune qui change de gouvernement. »

A Florence, les banques ne furent, au début du moins, que des banques privées. Déjà à Sienne de puissantes mai-sons avaient existé, celle des Salimbeni, par exemple ; à Florence, au xve siècle, 80 maisons, avec des succursales sur tous les points du globe, se livraient à toutes les opérations de banque, de change et de trésorerie. Beaucoup d'entre elles

étaient, comme dans l'industrie, de véritables sociétés en
commandite, dont les parts de capital (certificats de dépôt)
ou actions, *luoghi di monti,* se négociaient à la Bourse. Le
fonds de garantie était constitué par des monnaies, soit de la
ville (florins) frappées d'après des règles fixes, ces commerçants appréciant l'importance d'une bonne monnaie, soit
estimées d'après la valeur du métal qu'elles renferment. Ces
certificats de dépôt, ces lettres de change dont la sûreté repose
sur ces réserves, ont donc le grand avantage de prémunir
contre les pertes résultant des altérations fréquentes de monnaies, des frais de change, des risques de route. Chacun, par
la négociation incessante de ces certificats, pouvant devenir
actionnaire d'une banque, la solidarité de toutes ces banques
étant comprise par tous, la cité entière se trouve engagée
dans les affaires qu'elles traitent. Aussi, comme à Gênes,
l'État emprunte-t-il à ces banques qui lui prêtent volontiers,
recevant de lui comme gage des parties du domaine, jusqu'à
ce que, par un entraînement irréfléchi, une de ces familles
de banquiers, étant devenue comme une famille souveraine,
identifiât la fortune de sa maison et celle de l'État pour les
entraîner dans une ruine commune. La prospérité des banques
avait fait pendant plus d'un siècle celle de l'État. Les Médicis, en favorisant les lettres et les arts, n'avaient fait que
suivre le mouvement général qui entraînait tous leurs compatriotes. La Renaissance était à Florence la fille du commerce.

Mais les lettres et les beaux-arts ne furent pas seuls à
bénéficier de cet éclat industriel et commercial. La science et
la géographie en retirèrent aussi des profits appréciables.

De même que le commerçant s'était caché sous le pèlerin,
l'observateur et le chercheur se mêlèrent au marchand. Les

voyages de commerce accrurent, comme les ambassades politiques, le cercle des connaissances et des relations. Plan
Carpin avait révélé à l'Europe une partie de l'Asie centrale ;
quelques années après, Guillaume de Rubrouck, envoyé par
saint Louis auprès du khan des Mongols, pénétrait jusqu'à
Karakoroum ; les deux frères Mateo et Nicolo Polo et leur
fils et neveu Marco visitaient la Chine, et ce dernier laissait
sur ces immenses contrées de l'Asie orientale où il avait
voyagé et séjourné vingt années, un livre dont l'influence
fut énorme. Pour la première fois un voyageur européen
parlait en pleine connaissance de cause de ces pays légen-
daires, dévoilait une civilisation à peine entrevue, un commerce dont, malgré les échanges faits sur quelques points
avec la Chine, l'on ne soupçonnait pas l'importance. Il apprit
comment la Chine utilisait ses fleuves immenses et les avait
rejoints par des canaux, comment on y travaillait la soie, y
fonctionnait la poste, etc., etc., et le désir de revoir ces pays
florissants, l'attraction plus grande que ces contrées de tout
temps entrevues dans des rêves exerça sur les imaginations,
contribuèrent à accélérer le mouvement de découvertes qui
devait amener une si grande révolution commerciale. Les
marins de Venise, de Gênes, de Livourne utilisaient la boussole ; un des grands artistes de la Renaissance, Léonard de
Vinci, couvrait la Lombardie de canaux. A tous les points de
vue, l'Italie était une grande initiatrice. Ses libertés communales avaient sans doute été pour beaucoup dans cette efflorescence de son génie, mais c'était dans l'activité industrielle
et commerciale qu'elle avait puisé la force de les défendre,
les ressources nécessaires pour satisfaire et développer ses
aspirations et ses goûts.

CHAPITRE X

La France de la fin des croisades à l'époque
de la Renaissance.

Avant saint Louis le royaume de France n'avait aucun port sur la Méditerranée. La France n'avait pas conservé longtemps les limites déjà restreintes que lui avait assignées le traité de Verdun; sous les derniers Carlovingiens, le domaine royal était réduit à quelques villes et quand ses vassaux donnèrent à Hugues Capet le titre et l'Église la couronne de roi, il ne reçut en réalité qu'une suzeraineté idéale sur les terres qui ne lui appartenaient pas en propre. Il est vrai que le développement de la puissance de ses successeurs était en germe dans cette dignité dont le droit romain reconnaissait encore mieux la valeur que le droit féodal et le droit canon, mais il fut singulièrement favorisé par la situation de leur capitale, Paris.

La Gaule indépendante, n'ayant jamais connu l'unité, n'avait pas de capitale. Avaricum (Bourges) « avait été jadis la ville la plus riche de tout le monde gaulois et peut-être la seule grande ville dont il ait jamais pu être fier. Bien des dépouilles de l'étranger avaient été amassées dans cette cité,» (Jullian) et sa chute avait été le présage de la conquête définitive par les Romains, mais l'avantage de sa position centrale et de sa situation dans un pays riche en métaux était détruit par son éloignement de toute voie navigable.

Lyon, où s'élevait l'autel de Rome et d'Auguste, qui était

pour toute la Gaule « le foyer national et le cœur de la patrie », avait joué ce rôle de capitale dans les deux premiers
siècles de l'empire. Immense marché où aboutissaient toutes
les routes de la Gaule, elle était le « rendez-vous des étrangers, des parvenus, des aventuriers, des fondateurs de religions, un vaste chaos de langues et de cultes. Tout ce qui se
produisait, se fabriquait, s'importait dans les Gaules, tout
ce que l'étranger offrait ou demandait, venait se concentrer
à Lyon. » Son église chrétienne était la plus ancienne de la
Gaule ; elle était si bien située, au confluent de ses deux rivières, sur la grande route de jonction entre la Méditerranée
et l'Océan, que, malgré son éloignement des régions du
Nord et des champs où devait pendant des siècles se livrer
la bataille entre l'élément germanique et l'élément celto-
romain, elle eût pu aspirer à un rôle important ; mais elle
avait été ruinée en 197 et ne s'était pas relevée. De plus,
comme Arles et Trèves qui avaient eu, elles aussi, leurs jours
d'éclat, elle était maintenant terre d'empire. Orléans qui,
sous son ancien nom de Cenabum, avait été la tête de la
Gaule lors du dernier grand soulèvement national, relevée
par Aurélien, illustrée encore par le siège qu'elle avait si
héroïquement soutenu contre Attila, était apparue alors, ainsi
que de nouveau quelques siècles plus tard, dans toute son
importance comme clef du Midi et point de rencontre des
deux grandes fractions du pays, mais son fleuve était trop
capricieux ; capitale d'un royaume franc auquel fut un instant réunie la Bourgogne, elle avait été délaissée et Paris se
manifesta bientôt avec toute la supériorité de sa situation
géographique si longtemps inaperçue, depuis si hautement
célébrée. Son fleuve, d'allure le plus souvent calme et régulière, vers lequel s'incline le riche plateau de la Beauce, se

grossit, à ses portes, de la Marne vers laquelle descend le fertile plateau de la Brie et de l'Oise dont la riante vallée dessert des contrées aussi favorisées ; la mer, à la rencontre de laquelle ses eaux s'avancent lentement, n'en est que peu distante ; les routes de la Méditerranée et de l'Aquitaine y convergent de chaque côté du plateau central et les collines environnantes donnent tous les matériaux nécessaires aux constructions d'une grande capitale. En fait, elle était alors plus au centre de ce qui semblait appelé à constituer la France dont l'Aquitaine se distinguait bien plus que de nos jours par la civilisation, les mœurs, les coutumes, la langue et même la religion.

Le cabotage de la Seine, première raison d'être de Lutèce, nous apparaît à l'époque à laquelle nous sommes arrivés comme sa principale ressource. La hanse parisienne se re-constitue ; Louis VI, Louis VII et Philippe-Auguste ont ap-prouvé ses statuts. Leur base est, comme celle de toutes les associations qui se forment alors, le monopole du transport dans certaines limites et la passion dominante de tous ses as-sociés la haine de la concurrence et de l'étranger. Le blé, le foin, le bois, le vin, la laine, le chanvre et le lin alimentent son commerce. Paris avait de nouveau débordé de son île, mais cette fois ce n'était plus comme au temps de Julien sur la rive gauche, c'était sur la rive droite qu'il avait pris sa plus grande extension. Louis VI avait commencé de ce côté la construction des halles ; Philippe-Auguste les acheva, pava la ville, la fortifia, l'embellit, créa son université, mère et modèle de tant d'autres ; à la fin du XII⁰ siècle, elle était la ville la plus importante du royaume. Comme toutes les villes du domaine capétien, elle avait non une charte communale, mais des privilèges que quelques-unes trouvaient plus enviables, les bourgeois du roi jouissant comme tels de droits qui les suivaient partout. Les corporations y étaient nombreuses, florissantes et riches. « Lorsqu'au XIIIe siècle, Étienne Boileau invita les métiers de Paris à faire enregistrer leurs statuts, il y en eut cent qui répondirent à son appel et plusieurs autres existaient qui ne se présentèrent pas. En 1292 sur 15,200 contribuables, le *Livre de la taille* nomme 6,774 artisans payant impôt au roi et appartenant à plus de 350 professions différentes. » (Levasseur, *Hist. des classes ouvrières*, I, p. 331.) Les marchands étaient groupés, le plus souvent, par quartier ou par rue, suivant leurs professions. Les règlements les protégeant contre la concurrence, ils arrivaient facilement non à la richesse, mais à l'aisance. C'était théoriquement, comme les artisans, « non des concurrents avides de s'enrichir aux dépens les uns des autres, mais des confrères animés de sentiments réciproques d'équité et de bienveillance et appelés à une part aussi égale que possible dans la répartition des bénéfices ». (Fagniez.) Quelques-uns exerçaient plusieurs métiers, mais les sociétés commerciales étaient rares, du moins entre Français; elles étaient plus nombreuses parmi les étrangers, les Italiens surtout, qui se livraient aux opérations de commerce et de banque. 30 de ces maisons sont énumérées au Livre de la taille et sont représentées aux foires de Champagne. Dans ces rues sombres et dont souvent les constructions surplombaient la chaussée, les étaux s'ouvraient sur la rue, abrités sous des auvents, et le client restait hors de la boutique.

L'étalagiste était au-dessus du marchand ambulant, criant sa marchandise dans les rues ou s'établissant en plein air au coin des carrefours. Les affiches et les enseignes n'existaient guère alors; et ces colporteurs et ces cris jouaient un grand rôle dans la vie de la capitale. « Presque tous les métiers étaient représentés dans cette colonie errante qui encombrait les rues, depuis les cuisiniers qui vendaient de la sauce à l'ail, jusqu'aux étuveurs qui annonçaient l'ouverture des bains. » (Levasseur.)

Comme à Constantinople, le marché en gros était entravé par des règlements minutieux. Le fabricant devait s'approvisionner aux halles, où arrivaient toutes les marchandises, au même prix que ses confrères. Les produits imparfaits étaient saisis. Ceux qui étaient estampillés par la corporation pouvaient donc être achetés de confiance dans les boutiques, aux halles ou sur les foires.

Celles-ci prenaient plus d'importance à mesure que les relations devenaient plus sûres. Celles de Champagne surtout étaient au commencement du XIIIe siècle très florissantes. Six foires s'y succédaient à Lagny, Bar-sur-Aube, Provins (2), Troyes (2), chacune d'une durée de 48 jours. On y venait du Nord et du Midi, comme à une étape intermédiaire pour épargner une partie du chemin. Un *conduit* délivré par le comte garantissait la sécurité des voyageurs sur ses terres et sur celles des seigneurs avec lesquels il avait traité. La sécurité et la loyauté des transactions étaient assurées moyennant une taxe minime. Des règlements assuraient de même les recouvrements ou les recours légaux contre les débiteurs. Une police vigilante sous les ordres de chefs spéciaux protège les marchands contre la cohue des visiteurs de toutes sortes qu'attirent, outre le marché, les divertissements qui l'accompagnent.

Tous les produits ne sont pas simultanément exposés sur le marché. Si la foire aux épices, drogueries, etc., celle des chevaux et aux bestiaux sont permanentes pendant toute sa durée, des catégories sont établies pour les autres objets. La foire s'ouvre par les « jours de drap », période de 10 jours pendant laquelle les industries textiles, draps, tapis, toiles, soieries, cotonnades, occupent seules la foire. La provenance de ces marchandises indique l'étendue des relations : les draps viennent non seulement de la Flandre, de la Champagne, de Paris, de la Normandie, mais du Languedoc, de l'Italie et de l'Allemagne ; les tapis d'Amiens, d'Arras, de Lille et de Reims ; les toiles de la Flandre, de la Champagne, de la Normandie et de l'Allemagne du Sud, les soieries d'Italie et de l'Orient, les cotonnades de l'Italie et du Levant. La foire aux *cordouans* et pelleteries suit la foire aux draps ; les *maroquins* et les cuirs de Cordoue y ont la prééminence, les pelleteries de Russie y sont apportées par les Hanséates. C'est de même par les Italiens que viennent les articles du Levant, par les Espagnols ceux de l'Afrique. L'Espagne, l'Italie, l'Allemagne, la Flandre et la France y sont en somme à peu près seules directement représentées. L'annexion de la Champagne à la France devait porter à ces foires un coup mortel. En vain Philippe le Bel publiera en 1245 un règlement minutieux, favorable à leur développement. Les guerres continuelles avec la Flandre éloigneront les Italiens, les Espagnols et les Allemands qui, ne pouvant plus rencontrer les Flamands en Champagne, iront les trouver chez eux, et les marines vénitienne et génoise favoriseront de tout leur pouvoir ce déplacement du marché, appelé à être pour elles, par le transport des marchandises, la source de grands profits.

D'autres foires fréquentées se tenaient non seulement à Paris, où le Lendit restait florissant, mais en Normandie, à Caen, à Rouen ; dans le Midi, au Puy, à Beaucaire. En 1250, cette dernière était en pleine vogue. Le désir de donner à la

France un port pour ses expéditions d'outre-mer fut sans
doute le principal motif de la fondation d'Aigues-Mortes,
mais saint Louis comprit aussi quel avantage il y avait pour
le royaume à posséder sur la Méditerranée un port de commerce, et les avantages que ses successeurs s'efforcèrent de
lui assurer témoignent bien qu'ils en eurent conscience.

La mort d'Alphonse de Poitiers, qui fit passer entre les
mains des rois de France le comté de Toulouse, achevant
ainsi l'œuvre commencée par la croisade des Albigeois, au
moment même où était préparée la réunion au domaine royal
de la Champagne et de la Navarre, et les acquisitions par-
tielles faites par Philippe III de divers domaines et fiefs seigneuriaux allaient préparer une transformation de la royauté
française.

Le midi de la France avait au XIIIᵉ siècle, avec une langue
différente de celle du Nord, la langue *limousine,* une civilisation à part. Il s'était trouvé, par suite des circonstances politiques, presque isolé du Nord; les traditions romaines qui
s'y étaient mieux conservées, la fréquentation des Arabes,
l'influence méditerranéenne et le maintien des relations avec
l'Orient grec, l'Italie et l'Espagne, y avaient développé des
institutions, des mœurs, des habitudes d'esprit tout opposées
à celles de la France d'au delà de la Loire. Il s'en était même
isolé religieusement sous l'influence d'une doctrine venue de
l'Orient. « Le catharisme y était devenu comme une religion
nationale. »

Le XIIᵉ siècle, jusqu'à la croisade albigeoise, « fut pour le
midi de la France une époque d'un éclat et d'une prospérité
incomparables. Le pays est riche; il suffit, même imparfaitement cultivé, aux besoins d'une population probablement
égale à celle de nos jours. Le commerce y est plus développé

qu'en aucune autre partie de l'Europe. Il est également ré-
parti tout le long de la côte méditerranéenne. Une bourgeoisie puissante s'est formée dans la plupart des villes et en
dirige l'administration sous l'autorité très débonnaire des
seigneurs... Ceux-ci sont surtout puissants par leurs grandes
richesses. La splendeur de certaines fêtes, sur lesquelles nous
avons des témoignages dignes de foi, étonne l'imagination...
Le frottement des diverses classes de la société, les nécessités du commerce, par-dessus tout ce sens pratique qui se
dévoile chez les Méridionaux dès la première croisade, ont
fait naître un esprit de tolérance en matière de religion qu'on
ne trouverait probablement au même degré en aucune partie
du monde chrétien. Les juifs vivent en paix, jouissant d'une
protection qui, d'ailleurs, ne leur a pas été accordée gratui-
tement... Le pays semble destiné à une prospérité sans limites. » (L. Mayer.)

Montpellier, où la première école de Droit avait été fondée
dès 1160, était à cette date « un lieu très favorable au commerce, où viennent trafiquer en foule chrétiens et Sarrazins,
où affluent des Arabes du Garb, des marchands de la Lombardie, du royaume de la Grande-Rome, de toutes les parties de l'Égypte, de la terre d'Israël, de la Grèce, de la Gaule,
de l'Espagne, de l'Angleterre, de Gênes, de Pise, et qui y
parlent toutes les langues. » (Benjamin de Tudèle.) Aucune
entrave n'y gêne l'industrie, aucune taxe les échanges. Au
verdet, aux draps teints en garance, aux cuirs, à la coutellerie, à l'orfèvrerie, aux émaux sortis de ses ateliers, aux vins,
huiles, pastel, gaude, kermès, elle joint tous les produits du
Nord ; elle a des représentants aux foires de Champagne et
de Flandre, à Tripoli, à Rhodes, à Chypre ; elle a des traités
avec les villes de Provence et d'Italie, avec la plupart des

États méditerranéens ; elle est un des entrepôts les plus importants du commerce du Levant avec l'Occident. Sa richesse
était proverbiale dans le nord de la France et « l'or de Montpellier » revient souvent dans les épopées de l'époque. Encore au siècle suivant, Philippe le Hardi estimait que Montpellier valait mieux à elle toute seule que tout le royaume
d'Aragon. Narbonne et Marseille étaient aussi des cités actives ; le poème de la guerre des Albigeois présente les villes
du bord du Rhône, Tarascon, Beaucaire, Avignon, comme
puissantes par leur commerce et leur marine fluviale. Le
Nord encore barbare comprenait mal cette civilisation. La
poésie des troubadours lui paraissait très fade, les jongleurs
excitaient une curiosité peu sympathique. La croisade albigeoise accumula les ruines dans ce malheureux pays ; elle le
rejeta violemment vers le cercle d'attraction où les progrès
du commerce avec le Nord le ramenaient insensiblement.
Mais les efforts de Philippe III pour détourner sur Aigues-
Mortes, ville royale, le courant depuis longtemps établi avec
Montpellier, maintenant possession du roi de Majorque, porta
un coup à la métropole commerciale du Midi ; il est vrai que
bientôt la nature allait frapper plus durement encore une de
nos récentes acquisitions, Narbonne ; en 1320, l'Aude se
détournait de la ville et abandonnait son port. Tous les
efforts pour conjurer le mal et rétablir l'ancien ordre de
choses étaient impuissants ; la nature et les hommes semblaient conjurés à sa perte. En vain elle s'efforçait de
paraître vivante et signait encore des traités avec les villes
italiennes et les Paléologues (1340). La peste noire lui enlevait le tiers de sa population (1348); les Anglais la sacca-
geaient et massacraient 30,000 personnes (1355); les soldats
du roi de France fondaient sur elle à leur tour et de 200,000

habitants qu'elle avait un siècle plus tôt, elle était en 1403 réduite à 3,000 malheureuses ombres humaines, grelottantes de fièvre, de misère et de faim.

Les ports de l'Océan avaient eux aussi une certaine activité au XIIIᵉ siècle. Bayonne s'adonnait surtout à la pêche. Bordeaux, devenue le principal port des Anglais depuis qu'ils avaient perdu la Normandie, exportait ses vins en Angleterre et en Flandre et faisait par la Garonne un commerce assez actif avec Toulouse. L'étain et le cuivre d'Angleterre et d'Irlande remontant par le fleuve jusqu'à cette dernière ville étaient de là portés à dos de bêtes jusqu'à Narbonne où on les embarquait sur des vaisseaux francs jusqu'à Alexandrie. (Abou'l Féda.)

La Rochelle vendait aussi ses vins en Angleterre; Nantes y envoyait, avec ses vins elle aussi, des fruits, des poissons et le sel recueilli dans les marais de la Bretagne. Rouen, le plus prospère alors, se ressentait du voisinage de la capitale à laquelle elle avait cependant disputé, et victorieusement, le privilège de la navigation de la basse Seine. Elle écoulait les produits, reçus par cette voie et importants déjà, de l'industrie parisienne et distribuaient ceux qui du dehors avaient abordé dans son port. Ses campagnes fertiles, d'où le servage avait déjà disparu, ajoutaient à son commerce leur blé, des grains, du cidre; l'industrie normande prenait de l'essor. Les îles Britanniques étaient au dehors le principal siège de ses relations, mais elle en entretenait aussi avec la Flandre, la France méridionale et l'Espagne.

Saint Louis avait plus fait pour le commerce en établissant à l'intérieur de son royaume la sécurité et l'ordre que par les mesures prises directement en sa faveur. Il avait toutefois sagement recommandé à ses baillis et sénéchaux de ne dé-

fendre l'exportation du blé, des vins et des autres denrées
qu'après la délibération d'un conseil, obtenu du duc de Bretagne l'abolition du droit de bris et donné aux marchands
par la publication des statuts de leurs corporations comme la
reconnaissance légale et la garantie du respect de leurs coutumes.

Le pont Saint-Esprit, sur le Rhône (1266), construit en 45
ans par les frères pontifes auxquels on devait le pont d'Avignon (1177), favorisa les relations entre les deux rives du
fleuve. Des *haussées* (chemins de halage) furent établies et entretenues par les corporations le long des rivières qu'elles
eurent le droit de curer et baliser d'office, et les arts, partout
en progrès, ajoutèrent à l'activité de la circulation dans l'intérieur du royaume.

Les tapisseries d'Arras et de Paris, les châsses et reliquaires, l'orfèvrerie de Paris, Metz, Rouen, Arras, Amiens,
Limoges ; les émaux de Limoges ; les reliures, les enlumi-
nures, les miniatures, les verrières, les sceaux et autres
objets gravés étaient recherchés au loin ; l'art des vitraux
prospérait. La résolution prise par saint Louis d'imposer
l'acceptation de la monnaie royale dans tous les fiefs relevant
de la couronne en limitant le cours de la monnaie seigneu-
riale au fief même dans lequel elle avait été frappée, l'émis-
sion d'une belle monnaie d'un titre et d'une valeur immuables
facilitèrent beaucoup les transactions. La régularisation des
péages et l'obligation à laquelle furent astreints les seigneurs
d'entretenir les routes pour lesquelles ils étaient levés, furent
également des mesures utiles.

Le bien-être qui résulta de tous ces bienfaits engendra le
luxe. En vain le roi donna l'exemple de la modestie dans le
vêtement et de la sobriété. Son fils Philippe le Hardi se crut

obligé d'essayer d'arrêter le mal par une loi somptuaire (1279) réglant les dépenses du vêtement et de la table. Les bourgeois ne devaient porter ni vair, ni gris s'ils ne possédaient plus de mille livres tournois ; n'avoir ni rênes, ni éperons dorés ; leurs femmes n'avoir qu'un nombre de robes proportionné à leur état de fortune. Le nombre des plats à faire figurer sur la table était fixé, suivant la position de chacun. C'était les repas d'apparat que l'on voulait atteindre, car le menu de chaque jour était simple et grossier ; en 1294, Philippe le Bel reprenait et aggravait cet édit : ses abus et ses exactions allaient être plus efficaces, hélas ! que ces mesures pour mettre un terme à ces prodigalités.

La France fut malheureuse sous Philippe le Bel. En 1305, pendant une famine, le roi ne se contenta pas d'interdire l'exportation des grains et d'édicter des peines sévères contre les accaparements, il alla jusqu'à publier une loi du maximum, naturellement bientôt rapportée comme nulle et sans effet. Malgré les garanties nouvelles accordées par un règlement de 1295 aux étrangers qui fréquentaient les foires de Champagne et les privilèges concédés aux étrangers (Lombards, Hennuyers, Brabançons), la défense, prononcée sur la demande des fabricants, de faire sortir les draps du Languedoc pour enlever aux Florentins le bénéfice de la teinture, l'extension de cette prohibition à des matières premières et aux objets de consommation, jointe à ses guerres, à ses altérations de monnaie, aux persécutions, restreignirent le commerce d'exportation et firent descendre le royaume du degré de prospérité relative qu'il avait atteint sous les règnes précédents.

A Philippe le Bel remonte l'organisation d'une administration des douanes. Deux surintendants généraux des ports

et passages, fixés à Paris, eurent sous leur ordres un maître
général, des commissaires provinciaux, des visiteurs ou ins-
pecteurs généraux, des gardes, des sergents à pied et à cheval, des *cartulaires* ou écrivains notant dans chaque *port* ou
bureau les objets qui passaient la frontière. (Boutaric.) Il
trouva dans les droits payés à l'importation par les produits
étrangers, ceux que payèrent les fabricants pour obtenir l'interdiction de certaines exportations, et ceux qui furent exigés
pour avoir licence de transgresser ces défenses, des aliments
pour le trésor.

Ce fut lui aussi qui créa l'administration des monnaies, à
la tête de laquelle furent placés deux maîtres généraux. La
frappe, confiée à des entrepreneurs, se faisait dans au moins
14 villes avec une activité qu'expliquent trop les nombreuses
altérations de monnaie faites sous son règne. De 1295 à sa
mort, « la bonne monnaie eut cours en 1303 pendant quatre
mois, de juin 1306 à janvier 1311 et de la fin de septembre
1313 à 1314. De 1295 au mois d'août 1303, la livre tournois
avait subi au moins dix mutations ; elle en éprouva six autres
de 1304 à 1305. En 1295 elle valait 16 fr. 72 c., en 1305
elle descendit à 6 fr. 15 c. » (Boutaric.) Ces variations étaient
singulièrement encourageantes pour les faux monnayeurs
que n'arrêtait pas le supplice qui leur était réservé : être
bouillis vivants. L'importation de la monnaie étrangère,
l'exportation des monnaies royales et des métaux précieux
furent prohibées ; la vaisselle d'or et d'argent, les gobelets
même, dont l'usage était alors général, furent interdits à tous
ceux qui n'avaient pas 6,000 livres de rente. Le commerce
devenait impossible ; « les marchands, dit un contemporain,
ne trouvaient plus à faire de marchés. Les achats et les
ventes à l'étranger ne pouvaient plus se solder qu'en mar-

chandises ; le prix de celles-ci avait doublé à l'intérieur par
suite de la rareté que l'exportation produisait sur le marché ;
bientôt la production se ralentit. Des émeutes éclatèrent ;
les persécutions contre les Lombards et les Juifs, inspirées
en réalité par le désir de s'approprier leurs richesses et leurs
biens, et dirigées en apparence contre l'usure, ne firent qu'ag-
graver le mal :

> Car Juifs furent débonnères
> Trop plus en fesant tel affaires
> Que ne furent ore chrestien.

L'arrestation, le procès et le supplice des Templiers n'ont
pas une plus noble origine et n'eurent pas de moins désas-
treux effets. Détestés à cause de leur puissance, haïs à cause
de leurs richesses, les Templiers étaient souvent secourables
et les faibles réclamaient souvent leur assistance contre des
seigneurs tyranniques. Gardiens au Temple du trésor royal,
dépositaires, comme dans tous les temps troublés où les sentiments religieux sont puissants, des richesses des particuliers, ils prêtaient à intérêt, peut-être à usure au roi comme
aux seigneurs et aux bourgeois. « Précurseurs ou émules
des grandes sociétés italiennes, ils ont eu pendant longtemps entre leurs mains une grande partie des capitaux de
l'Europe, et la confiance inspirée par le prestige dont ils
étaient universellement entourés en a fait les banquiers ou
les trésoriers de l'Église romaine, de beaucoup de particuliers, de princes et de rois. Leurs commanderies étaient de
véritables maisons de banque. » (L. Delisle.) Le désarroi jeté
dans le commerce par la suppression de ces maisons de
banque et la confiscation de leurs dépôts comme celui que
produisirent dans les esprits l'accusation d'hérésie et les im-
putations criminelles lancées contre eux, ajoutèrent encore

aux souffrances et aux troubles du commerce, et ces premières années du xive siècle tranchent sur les périodes de prospérité qui les précédèrent et les suivirent.

La France avait, en effet, déjà en elle cette vitalité et ce ressort qui lui ont permis si souvent de guérir rapidement ses blessures et de reconstituer ses forces. Sous Philippe de Valois, « la cour de France est le centre le plus brillant du monde ; les fêtes, les tournois, les mœurs chevaleresques et polies y attirent le monde entier ; Paris règle la mode et fixe les regards de l'Europe entière ». Le luxe de la cour est poussé jusqu'au ridicule. « La toilette des hommes devint plus recherchée, plus coûteuse, plus incommode que celle des femmes. Les chevaliers se mirent à porter ces vestes de drap brochées d'or qui étranglaient la taille, si courtes, dit un chroniqueur contemporain, qu'elles laissaient voir le haut des fesses, ces panaches de plumes d'autruche, ces chapeaux garnis de perles, du prix de cent, de deux cents moutons, ces cuirasses constellées de pierreries, ces chaussures à pointe recourbée d'une longueur démesurée dites à la poulaine. » (Siméon Luce, *Hist. de Bertrand Du Guesclin et de son époque*, I, VI, p. 138.) Le commerce et l'industrie de luxe en profitèrent. On demanda à l'Italie et à l'Orient les soies nécessaires pour la confection des vêtements ; aux régions du Nord les riches pelleteries de vair et d'hermine. « Les robes des sept chambellans du duc de Normandie exigeaient à elles seules pour les fourrer 5,640 ventres de menu-vair. » La fourrure, la broderie, les perles, l'or et l'argent étaient prodigués dans la garniture des chaperons, des ceintures et des bourses. Même luxe dans l'ornementation des palais. Une soif étrange de prodigalités donne naissance aux fantaisies les plus coûteuses ; le souci de l'art y est sacrifié au besoin de briller. L'orfèvrerie et les broderies en or, les nefs en or, les châsses massives et clinquantes se multiplient. L'armurerie et le travail du fer se développent en même temps ; le commerce de tout ce qui sert à l'armement des chevaliers et au harnachement de leurs montures prend un nouvel essor ; le fer nécessaire à la confection des armures est demandé en plus grande quantité aux mines de France et surtout à celles de l'étranger. Le linge de corps devient, à mesure que l'on avance dans le XIV⁰ siècle, d'un usage plus fréquent. Sa fabrication donne un nouvel aliment au travail ; celle du papier de chiffons grandit avec elle et son commerce se substitue à celui du parchemin et du papier de coton jusque-là chèrement payé au Levant. Le sucre, dont la privation est si sensible à Jean le Bon pendant sa captivité, est importé de Babylone (le vieux Caire).

Le peuple imita les grands ; le commerce des fourrures communes, écureuil, renard, lapin, se développa. L'activité du travail agricole, accrue par l'émancipation des serfs du domaine sous Louis X, permit aux paysans d'augmenter le nombre des têtes de bétail, d'acquérir des meubles et des ustensiles dont le nombre et la nature étonnent. Les vêtements et le logement devinrent plus confortables ; le commerce des boissons étant libre, il y eut autant de taverniers que de possesseurs de vignobles. Mais la guerre de Cent ans vint arrêter de nouveau cet élan. Les ruines qu'elle accumula, les mesures financières qu'elle amena, la création de la gabelle, les altérations de monnaies, les levées vexatoires d'impôts, la destruction du commerce, suscitèrent ce grand mouvement de 1355-1356 à la tête duquel se plaça le prévôt des marchands, Étienne Marcel, et le soulèvement des paysans connu sous le nom de la Jacquerie.

Puis au autre fléau s'abat sur le pays, les grandes compagnies. Composées d'aventuriers, avides de jouissances, enfiévrés de luxe, pillards éhontés, cyniques, devant lesquels les trésors des églises ne trouvent pas plus grâce que les biens des particuliers, elles sont aussi terribles pendant la paix que pendant la guerre. Leur sortie de France sous Du Guesclin sera pour le pays un immense soulagement.

A chaque éclaircie, le commerce renaît. Charles V le favorise par quelques ordonnances, l'institution de foires, la protection qu'il accorde aux arts, la pacification et l'accroissement du royaume. L'Aquitaine, érigée en principauté par Édouard III pour le prince Noir, était prospère lorsque Du Guesclin la conquit. Le prince Noir tenait à Poitiers une cour brillante et y jetait à pleines mains l'or qu'il avait levé ou pillé sur la Bretagne et les provinces françaises. Le goût du luxe et des fêtes était général alors. Il subsiste même sous Charles VI, malgré les guerres civiles et la guerre étrangère, et quelques-unes des fêtes données sous ce prince sont célèbres par les aventures tragiques qui les terminèrent. Les relations se multipliaient à l'intérieur ; les articles du centre et du Midi, peignes de Limoges, fers de Toulouse, étamines de l'Auvergne, paraissent sur le marché de Paris ; dans les ports, les marins castillans et portugais surtout arrivent en grand nombre. La France prend, elle aussi, possession de la mer et de hardis marins s'avancent jusqu'aux Canaries, jusqu'au golfe de Guinée. — Un Français, Jacques Cœur, originaire de Bourges, où l'on admire encore la maison qu'il s'y fit construire, arrive même à prendre dans le commerce du Levant une place prépondérante.

« Le Roi, dit un contemporain, Mathieu de Coucy, avait dans son royaume un homme de basse naissance qui, par son

habileté, ses expériences et ses soins, parvint à être à la tête
d'un commerce considérable de marchandises précieuses ;
enmême temps il était argentier du roi. Il avait sous lui
beaucoup de caissiers et de facteurs qui trafiquaient ses marchandises dans les pays et royaumes de la chrétienté. Sur la
mer, il entretenait à ses frais plusieurs grands navires qui,
grâce aux autorisations du Sultan et des Turcs, étaient libres
de tout impôt maritime et allaient débarquer dans le Levant,
l'Égypte, la Barbarie, les plus belles et les plus riches marchandises ; Jacques Cœur se faisait rapporter d'Orient des
étoffes d'or et d'argent, des toiles de soie de toutes sortes et
de toutes couleurs, des fourrures de martre et de putois,
outre bien d'autres marchandises de prix telles qu'on peut
s'en procurer dans ces pays. Il les faisait ensuite vendre à la
cour, dans les principales villes du royaume et dans tous les
ports étrangers. Il avait au moins trois ou quatre cents facteurs à ses gages et, à lui tout seul, gagnait annuellement plus
que tous les autres marchands et commerçants réunis du
royaume. Au moment de la conquête de la Normandie, il prêta
au roi plusieurs millions. » Sa principale maison était à Montpellier, notre plus grand port sur la Méditerranée depuis la
ruine de Narbonne, Marseille appartenant au comte de Provence. Le noble usage qu'il fit de sa fortune ne le préserva pas
de l'envie. Les nobles et les courtisans ne furent pas les seuls
à conspirer sa disgrâce. « Il a empoigné toutes les marchandises de ce royaume, écrit Juvénal des Ursins, et partout a
ses facteurs ; qui est enrichir une personne et appauvrir mille
bons marchands. » Ce ne fut pas une accusation d'alchimiste
qu'on lança contre lui, comme au siècle précédent contre
Nicolas Flamel, « le plus riche homme en or et en argent »,
ce fut d'empoisonneur qu'on le traita et, ses biens confisqués,

ce grand commerçant et grand patriote, alla mourir obscu-
rément en combattant contre les Turcs.

La fin de la guerre de Cent ans et l'habile administration
de Charles VII lui-même et de Louis XI aidèrent au relè-
vement du commerce. Charles VII revisa les statuts des corps
de métiers, abolit ou adoucit des péages, accorda à certaines
villes et provinces des remises ou exemptions d'impôt, ins-
titua des marchés et des foires, réorganisa celles de Champagne, établit celles de Lyon (1443) et signa des traités de
commerce avec les rois d'Aragon et de Danemark. Louis XI
étendit aux Anglais (traité de Pecquigny, 1475) les privilèges
concédés aux Flamands', aux Brabançons, aux Hollandais,
aux Lombards, aux Castillans, aux Portugais et traita avec
la Hanse. Il créa 66 foires, 10 marchés, des manufactures
de soieries (Tours), essayant d'affranchir la France du tribut
qu'elle payait à l'étranger, et fit de Lyon, aux dépens de
Genève, une ville si active qu'elle devint comme « la boutique du commerce universel ». Les chemins furent amélio-
rés, les postes créées, la marine encouragée; un grand conseil de commerçants fut réuni pour donner son avis sur les
mesures à prendre en faveur de l'industrie et du commerce.
Il projeta d'établir l'unité des poids et mesures, de fonder
un grand port sur les côtes de Normandie, mais laissa derrière lui encore bien des souffrances et des ruines dont les
États généraux de 1484 demandèrent le redressement à son
successeur. Cependant ses réformes, ses tendances, son esprit, les résultats obtenus, l'introduction de l'imprimerie en
France, témoignaient de l'apparition de temps nouveaux. Les
temps modernes avaient commencé.

CHAPITRE XI

Les Pays-Bas.

Baignés par la mer du Nord, placés à l'embouchure de trois grands fleuves, sur les confins de la France et de l'Allemagne, en face de l'Angleterre, les Pays-Bas sont redevables à cette situation et de leur indépendance politique et de leur importance commerciale.

Lors de la conquête romaine, la partie la plus rapprochée de l'Océan, celle où devaient s'élever au moyen âge les puissantes communes de Flandre, n'était qu'une immense forêt à peine interrompue par quelques vallées fluviales, le plus souvent inondées, par des étangs, des plaines marécageuses et quelques éclaircies. La population était rare et misérable. Malgré les modifications qu'il subit pendant l'occupation romaine, ce ne fut qu'après la période des invasions et des conquêtes germaniques, que le pays se transforma réellement. Les populations franques, frisonnes et saxonnes qui vinrent se mêler aux habitants primitifs, leur communiquèrent une sève et une énergie nouvelles. Les marais, les bois et la mer reculèrent peu à peu.

Dès le vii⁰ siècle, bien que la rigueur du climat et la rudesse des habitants eussent longtemps éloigné les missionnaires de ces parages, de nombreuses abbayes préludaient à l'immense développement qu'allaient prendre dans ce pays la vie religieuse et la puissance ecclésiastique. En même temps des burgs s'élevaient dans le voisinage de la mer ou sur les bords des fleuves ; Bruges, Gand, Anvers, remontent

au ixᵉ siècle ; Tournai et Valenciennes étaient sous Charlemagne, grâce à la régularisation de l'Escaut, des ports importants. Contre les invasions normandes, des châteaux forts,
élevés dans les endroits facilement accessibles ou favorables
à la défense, devenaient l'origine d'autres centres. Baudouin Bras de fer, gendre de Charles le Chauve, fondait le
comté de Flandre et, au xᵉ siècle, les villes commençaient à
grandir.

Dès 957 les Cambrésiens formaient contre leur évêque
une conjuration, prélude des luttes qui devaient aboutir en
1125 seulement, après bien des péripéties, à la conquête définitive de la liberté communale. En Flandre et en Hainaut
elle fut, au début du moins, moins chèrement achetée. Les
comtes, par sagesse et par nécessité, par calcul et par pré-
voyance, laissèrent les bourgeois qu'enrichissaient déjà le
tissage et le commerce des laines, s'administrer à leur guise,
pourvu qu'ils reconnussent en principe et en fait leurs droits
seigneuriaux ; désireux avant tout de se livrer librement à
leurs occupations et à leurs échanges, les bourgeois, de leur
côté, demandaient non pas à s'affranchir de tout tribut, mais
à savoir exactement ce qu'ils avaient à payer à chacune des
puissances qui s'élevaient à côté et au-dessus d'eux, comtes,
châtelains et gens d'église. Les comtes avaient le même intérêt que les bourgeois à bien préciser les droits et les pré-
rogatives de l'Église, et ils les limitèrent et fixèrent par
de nombreux concordats. On les voit, d'autre part, dès le
xiᵉ siècle, concéder des foires, réglementer les péages, favoriser de tout leur pouvoir le développement de ce commerce
et de ces industries qui leur assurent le paiement régulier des
tailles, accises ou *prières*, reconnaître aux villes et aux communes le droit de s'administrer elles-mêmes, et surtout celui

auquel elles tenaient le plus, de ne relever que de leur propre juridiction. Le départ pour la croisade d'un grand nombre de barons a purgé le pays d'un élément de trouble. Après la sage administration de Thierry et de Philippe d'Alsace (1128-1191), la Flandre est un pays régulièrement constitué, industrieux, riche, actif. Les franchises communales s'y sont solidement établies, les relations commerciales se sont multipliées et elle est le rendez-vous de tous les marchands de l'Europe. Le Hainaut, qui lui est réuni à ce moment pour près d'un siècle (1191-1280), reçoit de Baudouin de Constantinople une législation complète. Son élévation au trône de Byzance donne au nom de la Flandre un nouveau lustre. Depuis qu'au xi° siècle les prétendants avaient sollicité leur obéissance volontaire, les Flamands acceptaient ces comtes comme des chefs élus, et leur domination leur semblait préférable à celle des rois de France, toujours prêts à étendre la main sur leur pays et à le revendiquer comme leur.

La *Keure* ou charte accordée à Bruges en 1190 est le type le plus connu de ces actes par lesquels les souverains sanctionnaient et réglementaient ces franchises, ces libertés qui ont si puissamment développé le·patriotisme local et donné à chaque cité une si haute idée de sa valeur. Treize échevins nommés à vie d'abord, puis annuellement (1244) par le comte ou l'un de ses conseillers jurés, choisissant leurs conseillers, nommant les bourgmestres ou rewards, jugeant seuls toutes les causes nées dans l'échevinage, sauf appel devant le comte, rendant une fois par an raison de leur administra tion devant lui, et « quelques bonnes gens de la communauté qu'il y appellera », constituent l'autorité communale, le Magistrat. Les appels devant le comte sont jugés par un

banc d'échevins choisis parmi ceux des cinq bonnes villes de
Gand, Bruges, Ypres, Lille et Douai pour la Flandre, ou si
l'une de ces villes est partie dans l'affaire, parmi ceux des
quatre autres villes. Le comte se réserve, il est vrai, le droit
de révoquer toutes leurs ordonnances, mais il en use avec
modération, ayant besoin des subsides des villes et surtout
de leur concours armé.

Dans toutes les villes, les corporations, les métiers, les
confréries sont, comme le Magistrat, organisés à peu près sur
le même modèle. Tout est soumis à une règle sévère, à une
hiérarchie rigoureuse dans cette société de travailleurs. Les
corporations forment un certain nombre de « membres »,
variable suivant les époques ou les villes. A Bruges, les
marchands de laine, les marchands de toile, les brasseurs et
les merciers forment le premier membre; les tisserands de
laine, les foulons, les tondeurs et les teinturiers forment le
second; les bouchers et les poissonniers, le troisième, au-
dessous duquel viennent les « petits métiers ».

Et les keures des corporations ne veillent pas seulement
à la bonne fabrication des produits, mais aux conditions du
travail, à sa rétribution, à la moralité des compagnons, à
l'apprentissage, au maintien de la bonne harmonie entre les
ouvriers et les maîtres. La mésintelligence qui éclata plus
tard fut moins l'effet d'un désaccord entre eux que celui de
la rivalité des petits métiers et des gros bourgeois. Par la
force des choses, en conséquence de la nomination à vie des
échevins, de l'influence que la richesse donnait à certaines
familles, de la perpétuité du pouvoir entre leurs mains, il se
fera une scission entre la haute et la petite bourgeoisie qui
réclamera sa part de puissance et flattera les passions populaires. Les comtes ne sauront pas toujours, de leur côté,

ménager suffisamment une démocratie devenue ombrageuse.
Les rivalités des villes entre elles compromettront plus d'une
fois leur prospérité et leur existence même ; la prééminence
passera de l'une à l'autre, de Bruges à Anvers, d'Anvers à
Amsterdam, mais pendant de longs siècles les Pays-Bas figu-
reront au nombre des régions les plus actives de l'Europe.

Cette prospérité reposa à la fois sur l'agriculture, l'industrie et le commerce. Bruges fut, du xiii° au xvi° siècle, la
cité la plus commerçante. Située à l'extrémité du golfe de
Zwyn, elle était, à un moment où l'Escaut, sans communication directe avec la mer, allait par son bras oriental se
réunir à la Meuse, la ville la mieux placée pour devenir un
marché international. Jusqu'à la fin du xii° siècle, les navires
venaient directement à ses quais.

Mais à partir de cette époque, la mer se montrait hostile ;
l'Escaut occidental ou Hondt s'ouvrait à l'instant où le comblement du Zwyn forçait à remplacer, par un canal artificiel,
la partie du chenal comprise entre Damme et la mer. A mesure que s'améliorait la voie nouvelle qui devait conduire à
Anvers, Bruges s'ingéniait à conjurer la désertion de la mer ;
au xiv° siècle, un second canal fermé par une *écluse* complé-
tait le premier ; à la fin du siècle, celle-ci était remplacée
par une nouvelle qui excitait au suivant l'admiration de
Guicciardini. Un édit de Philippe le Hardi défendait cette
ville contre la concurrence de Damme en faisant de Bruges
l'entrepôt forcé de toutes les marchandises ; mais le port de
Damme s'envasait à son tour, l'Escaut se creusait toujours
et la révolte de Bruges de 1488 portait le dernier coup à sa
puissance, au moment même où une nouvelle invasion de la
mer ouvrait définitivement l'Escaut occidental à la grande
navigation et Anvers au grand commerce.

Dès le xiii° siècle, les foires de Bruges voyaient affluer
les marchands de tous les pays. Ceux d'Angleterre y apportent des laines, du plomb, de l'étain, du « charbon de roche »
et des fromages ; ceux de l'Écosse, des laines, du cuir, des
fromages et du suif ; ceux de l'Irlande, des cuirs et des
laines ; les Norvégiens, des merrains, du cuir bouilli, du
beurre, du suif, de la graisse et des « cuirs de bouc dont on
fait cordouan » ; là se trouvent les chevaux, les harengs, les
cendres et le porc salé du 'Danemark ; les fourrures de la
Suède et de la « Rossie », les métaux précieux de la Pologne
et de la Hongrie ; le vin, le fer, l'acier, le blé et les merrains
de l'Allemagne, la batterie de cuisine et autres ouvrages en
cuivre du pays de Liège. Tous les royaumes d'Espagne, le
Portugal, les pays du nord de l'Afrique y envoient leurs
produits aussi bien que le royaume de Jérusalem, l'Égypte,
la « terre au Soudant », l'Arménie et la Tartarie. Les épices
de l'Orient, les étoffes de laine et de soie, les velours, les
tissus d'or et d'argent s'y échangent contre les produits de
l'industrie flamande.

Tout est prévu, réglé, combiné pour assurer le succès des
foires et y attirer marchands et acheteurs. Aux facilités
qu'offrent les ports pour l'arrivée des marchandises du
dehors, se joignent les commodités de la navigation sur les
fleuves et sur les canaux. Des bateaux d'une forme spéciale,
les *escarpoises,* circulent sur la Scarpe ; le Lys et l'Escaut
transportent des quantités considérables de marchandises et
des portages sont établis pour suppléer aux lacunes des différentes voies navigables. La *croix du marché,* solennellement
érigée, symbolise la protection accordée par le comte à tous
ceux qui s'y rendent et y trafiquent. Cinq prud'hommes, un
de chacune des grandes villes de Gand, Bruges, Ypres, Lille

et Douai, fixent le prix du vin et celui qu'auront à payer dans
les hôtels les marchands étrangers ; des changeurs facilitent
les transactions ; des conventions internationales tracent
d'une manière précise les droits des créanciers et les obli-
gations des débiteurs ; une surveillance active s'exerce sur
les transactions et sur les agissements des marchands. Interdiction sous peine d'amende de faire huit jours avant et huit
jours après la foire vente d'aucune espèce de drap ailleurs
qu'en foire, sauf entre les habitants des villes. Toute concurrence déloyale est passible d'une peine. Amende à ceux qui
essaient d'attirer chez eux les acheteurs arrêtés devant l'étalage d'un confrère ; amende à ceux qui vont étaler leur
marchandise devant la boutique d'un concurrent ; amende
pour mettre en vente des marchandises de mauvaise qualité
ou non conformes au type réglementaire, ou non pourvues
du sceau du métier ; amende pour avoir vendu avant ou après
l'ouverture du marché. Et Bruges n'est pas le seul point de
la Flandre où soit ainsi convié l'étranger ; les cinq bonnes
villes, d'autres villes de Flandre, les villes de Hainaut ont
leurs foires où l'on accourt de tous les points du monde
connu, ou tout au moins des marchés fréquentés.

Mais les Flamands ne se contentent pas d'échanger sur
leurs propres marchés les produits de leur agriculture et de
leur industrie avec ceux du dehors. Ce sont de hardis voyageurs qui, depuis longtemps, courent dans toutes les directions, fréquentent toutes les foires, et répandent partout leurs
cuirs et les draps. La plupart de leurs villes sont représentées
aux foires du Lendit ou de Saint-Denis, aux foires « chaudes »
ou « froides », d'été ou d'hiver de la Champagne. En Angleterre 17 d'entre elles constituent pour la défense de leurs
intérêts communs, la hanse de Londres sur le modèle de

laquelle se groupent, dans le même pays, les représentants des villes allemandes.

Comme les marchands, les pêcheurs de la Flandre vont au loin exercer leur industrie. Les parages des Féroë, du Groënland même, sont tous les ans explorés par leurs barques qui en rapportent des quantités considérables de harengs. Calais, Nieuport et Gravelines sont les principaux ports d'armement pour la pêche lointaine. Une ordonnance défendit un instant d'acheter en un jour plus de 25,000 harengs dans le port de Gravelines. On les séchait, salait, préparait avec art et on les gardait précieusement pour le carême et les jeûnes si nombreux et si religieusement observés alors, comme ils le sont encore de nos jours dans les campagnes flamandes.

Au XIIIᵉ siècle, la vie était intense partout dans ce gras pays de Flandre et l'on en jouissait comme il convient dans un pays où le soleil ne se prête guère aux longues rêveries en plein air et aux discussions oiseuses de la place publique.

Toutes les villes, les simples villages même ont leur grande place, dont l'étendue semble le plus souvent hors de proportion avec leur importance et les dimensions de leur enceinte. L'on s'y assemble le dimanche après les offices et lorsqu'il s'agit des grands intérêts de la corporation et de la cité ; elles seront, aux siècles suivants, le théâtre de bien des scènes grandioses ou terribles ; mais les corporations ont en outre leurs maisons particulières, leurs halles, constructions souvent splendides qui font avec l'hôtel de ville, les édifices religieux et le château, la parure de la cité. C'est là que, sous ce ciel bas et chargé de nuages, se réfugie une partie de l'activité, là et dans les tavernes, aussi nombreuses alors que les estaminets de nos jours.

Si les murailles assurent la sécurité de la ville, elles compriment son essor. La population s'y presse, s'y entasse, y étouffe.

L'espace étant mesuré, les maisons s'élèvent en hauteur. Dans un pays où la pierre est rare et où par contre le bois abonde, c'est le bois qui tient la principale place dans les constructions. La brique et le torchis entrent pour leur part dans ces bâtisses pittoresques d'aspect, ornées de sculptures, dont l'étage s'avance au-dessus du rez-de-chaussée et dont les pignons pointus rejoignent presque ceux de la maison qui fait face. Dans ces ruelles étroites et tortueuses, presque fermées à la lumière, l'air circule avec peine et des épidémies fréquentes désolent la cité. A la campagne, la bâtisse est plus primitive et plus simple ; la coquetterie s'accommode mal avec les exigences de la vie rurale, et les risques de destruction sont si grands ! Les ouvertures sont très rares ; la fermeture avec la « bobinette » et la « chevillette » des moins compliquées.

Un grand et large lit pour toute la famille et quelquefois aussi l'étranger ; un grand coffret, une table, des escabeaux et une étagère sur laquelle sont placés tous les ustensiles de ménage, voilà l'ameublement. A la ville, avec le temps, l'intérieur se garnit, se décore ; de grands bahuts richement ferrés se dressent le long des murs, dont la nudité disparaît derrière des tentures de drap, de soie, ou un peu plus tard de tapisseries. Les lits sont recouverts de *draps* dont des pièces de linge vont bientôt prendre la place et garder le nom. A côté de la poterie d'étain que l'on fabriquait à Douai, l'argenterie, les gobelets et les cuillers d'argent étaient déjà très répandus et se trouvaient même dans les campagnes.

Mais c'est surtout dans le costume que le luxe éclatait.

C'était là et dans les fêtes et réjouissances publiques, qu'aimait à se déployer la magnificence de ces bourgeois laborieux, de ces compagnons, de ces paysans même, quand ils se relâchaient de leur travail opiniâtre. Les témoignages des contemporains nous apprennent jusqu'où l'on portait alors cet amour de la parade, ce désir de luire. « On n'aperçoit que satin, drap écarlate et fin linon, dit Guillaume le Breton, et le paysan ému de se voir dans la tenue d'un empereur, se juge l'égal de toutes les puissances. » — « On a tant écrit au XIIIᵉ siècle, dit M. Jules Quicherat (*Hist. du costume*), que la vie privée de ce temps-là n'a plus de secret pour nous. Nous savons comment on déposait ses habits pour se coucher, dans quel ordre on les remettait en se levant. Un barreau de bois, appelé *la perche,* était disposé près du lit en guise de portemanteau et servait à suspendre une partie des vêtements. Voici des instructions à cet égard :

« Vous devez étendre sur la perche vos draps, tels que manteaux, surcot, cloche, pourpoint, enfin tout ce que vous avez de fourrures et d'habits, soit d'hiver, soit d'été. Votre chemise et vos braies auront leur place sous le traversin du lit. Et le matin, lorsque vous vous lèverez, passez d'abord votre chemise et vos braies. Vous mettrez ensuite votre blanchet et votre futaine, puis vous affublerez votre chaperon; après, ce sera le tour des chausses et des souliers, puis des robes qui complètent l'habillement. Enfin ceignez vos courroies et lavez-vous les mains. »

Ce dernier exercice viendrait peut-être un peu tard à notre gré dans l'ordre des soins de toilette, mais souvenons-nous que Louis XIV lui-même le traitait assez légèrement. Et cependant les bains étaient d'un commun usage. Les bains publics, les étuves étaient, comme les tavernes, des lieux de

rendez-vous ; les bains de vapeur étaient un des principaux
remèdes de la médecine du temps. A côté des belles étuves
publiques de Valenciennes, on en trouvait de plus modestes
dans les simples hameaux ; beaucoup, comme les paysans
russes de nos jours, prenaient leurs bains chez eux. Certaines
villes, Douai entre autres, étaient renommées pour le syba-
ritisme de leurs habitants sous ce rapport. Dans un des nombreux démêlés qui éclataient entre cette ville et Lille, les
Lillois, se moquant de leurs rivaux, « demandaient aux gens
s'ils n'avaient point des cuvelles et du fenouil pour baigner
les damoiseaux de Douai ».

Autant que de nos jours on aimait à se parer de bijoux,
mais ce qui distinguait surtout le costume d'alors, c'était,
comme nous l'avons déjà remarqué en France, l'abondance
des fourrures fines ou grossières : fourrures au chaperon,
fourrures au manteau, ceintures de fourrures, bourses en
fourrures, il y en a partout, quelquefois même comme garniture aux couvertures de lit. Le costume est à peu près le
même pour toutes les classes ; c'est la nature des fourrures,
ce sont les broderies de perles, les clous d'or et d'argent, les
ornements d'émail à la bourse ou à la ceinture qui distinguent
surtout le grand seigneur et le riche marchand. Le prêt à
intérêt étant interdit par l'Église, l'accès à la propriété
urbaine et rurale étant encombré de difficultés, c'est à l'acquisition de ces objets de luxe et d'ornement que l'on con-
sacre l'épargne, comme de nos jours encore, dans quelques
contrées de l'Orient, les riches costumes sont la plus belle
part d'héritage que l'on se transmette dans les familles. Il
faut, pour se rendre compte du fini, de la perfection de ces
vêtements, du luxe de cette ornementation, se reporter aux
tableaux de Memling, de Van Eyck ou de Bellegambe, qui

en reproduisent avec une si minutieuse exactitude les moindres détails. Ce soin du costume est au surplus une des conséquences du climat. Il faut se prémunir contre le froid et l'humidité, se vêtir, comme il faut donner au corps une nourriture forte et substantielle.

Les repas sont pour la famille, pour la corporation, chose de première importance. Le dimanche, les jours de fête, le dîner, qui commence à une heure, au milieu du jour, se prolonge jusqu'au soir. Le bœuf et le porc sont les viandes préférées. On voit alors dans de petites communes des marchés importants de bétail. Le porc abonde dans les bois et les jambons des Ménapiens étaient déjà connus des Romains.

Toutes les fermes élèvent des volailles. Les oies de la Morinie étaient, au temps de Pline, conduites jusqu'à Rome; elles sont encore très appréciées. Les boissons sont abondantes; la bière anglaise s'y mêle aux vins de France, et il n'est pas de bon repas qui ne se termine par une tarte. Les jours de grandes réjouissances, la bière et le vin coulent à flots sur la place publique. Par là encore, comme par les tapisseries dont les rues sont tendues, par l'étalage de leurs somptueux costumes, ils témoignent de leurs richesses dont ils sont fiers et de leur bonheur de vivre.

Ce souci de la vie industrielle et du bien-être ne rend pas les corps ni les esprits incapables d'un effort vigoureux, d'un élan d'enthousiasme, d'une résolution énergique. Ils savent que ce travail qui les fait vivre, cette paix qui leur permet de jouir de la vie, ils les doivent à leurs libertés, à leurs franchises. Ils les incarnent dans la charte qui les résume, dans cette cité qui les a conquises et qu'ils aiment d'une égale passion. C'est un patriotisme étroit et borné sans doute, et un peu terni par les jalousies qui divisent les villes; mais,

renfermé dans l'enceinte de la cité, il puise dans cette con-
tention même une force nouvelle. L'ennemi, quel qu'il soit,
de ces franchises et des intérêts qu'elles sauvegardent, comte
de Flandre ou roi de France, voilà leur ennemi; contre lui
tous les alliés sont bons, car de maître ils n'en reconnais-
sent pas[1].

Ce sont ces intérêts qui, au début de la guerre de Cent
ans, ont, à l'appel d'Arteveldt, jeté la Flandre dans les bras
de l'Angleterre. Toutes les cités des Pays-Bas participaient
au mouvement industriel et commercial; chacune d'elles
avait sa spécialité dans laquelle elle excellait, les branches de
travail dans lesquelles s'exerçait leur activité étaient variées,
mais la draperie en était la plus importante et Gand était la
capitale de la draperie, et à ce titre la « métropole des
Flandres ». C'est la ville de tout le pays de Flandre où l'on
drape le plus, dit Froissard. Elle avait 54 « mestiers »,
56 églises et 13 marchés « dont celui qu'ils appellent le
vendredi n'a pas son pareil dans les Pays-Bas », ajoute un
chroniqueur. Or, « sans laine on ne peut draper ». Le Hainaut, le Brabant, avec lesquels on était en paix, pouvaient
fournir les grains que, dans les rares intervalles où l'exportation était permise, on demandait à la France; l'Angleterre
même pouvait envoyer de Norfolk l'orge nécessaire aux besoins de cette population si dense, mais la France ne pouvait
remplacer l'Angleterre pour les laines et la Flandre se trouvait ainsi enchaînée à la politique anglaise. Plus le marché
s'était développé, plus l'industrie trouvait de débouchés,
plus, le gain croissant, les richesses se multipliaient. « Le
produit fabriqué se payait huit fois le prix qu'avait coûté la

---

1. Cf. Moy et Cons, *le Nord pittoresque*. Paris, Lecène et Oudin, 1888.

matière première qu'il renfermait » (Thorold Rogers). Gand
fabriquait surtout les draps communs, les flanelles, les couvertures ; Bruges, les draps fins, les velours, les tapis de
haute lisse ; Lille, les draps écarlates ; Cambrai, les camelots ; Douai, les tiretaines ; Arras, les tapis et les serges.
Les draps, puis les dentelles d'Ypres, les dentelles de Valenciennes et de Bruxelles, les armes de Liège, la quincaillerie
de Dinant, la poterie d'étain de Douai, le linge de Courtrai,
le linon et la batiste de Valenciennes et de Cambrai, la toile
de Frise, le poisson de Zélande étaient pour le pays d'autres
objets d'échanges incessants. En 1370, il y avait à Malines
et sur son territoire 3,200 métiers de laine ; Louvain, dans
le Brabant, en comptait 2,400 ; Ypres, avant les événements
qui en 1388 donnèrent le signal de sa décadence, avait
200,000 habitants ; en 1400, après les grandes crises du
xive siècle, Gand avait encore, disent les historiens, 80,000
hommes en état de porter les armes et 40,000 tisserands ;
« à Louvain, comme à Gand, les ouvriers étaient si nombreux
qu'à l'heure où sonnait la grosse cloche, les appelant au
travail ou au repos, les bourgeois et surtout les enfants se
réfugiaient dans leurs maisons pour laisser passer l'immense
flot » (E. Reclus). Bruges où, en 1301, Jeanne de Navarre,
femme de Philippe le Bel, voyait plus de 600 reines, renfermait en 1380 un si grand nombre d'ouvriers en orfèvrerie,
qu'ils pouvaient former tout un corps d'armée. Pendant un
temps à la tête de l'industrie manufacturière dans le monde
entier elle eut, au xve siècle, 80 corporations de métiers ;
Bruxelles en eut 50, groupées en 9 « nations » ; Tournai, plus
de 40. Liège avait commencé dès la fin du xiie siècle à exploiter ses mines de houille, et tirait des mines de fer qui
l'avoisinent (Herve, Condroz) le minerai qui alimentait son

industrie. Recherchant plutôt le fini du produit que son bon
marché, se distinguant surtout dans le cardage des laines,
les Flamands élargirent leurs débouchés tant qu'ils purent
se procurer de la laine et des acquéreurs pour leurs draps.
« Il était impossible de les exclure par des tarifs protecteurs
puisque leurs barques légères pouvaient introduire leurs
lainages dans des anses écartées qui échappaient à toute
surveillance. » (Th. Rogers, *Interpr. écon. de l'histoire*.) L'avènement de la maison de Bourgogne avait été loin de nuire à
leur prospérité. Dès le temps de Charles V, les artistes flamands avaient pris possession de la France ; l'action prépondérante exercée sur les affaires de France par les princes de
cette maison avait agrandi les relations commerciales entre
les deux pays ; le faste de la cour de Bourgogne n'était égalé
par aucune autre cour et les plus belles fêtes de Florence
sous les Médicis ne dépassèrent pas en originalité et en éclat
celles que donna Philippe le Bon dans toutes ses résidences
et dont celles de l'institution de la Toison d'or à Bruges
(1430) et celle du Faisan à Lille (1459) sont restées les plus
fameuses. Ce fut sous Charles le Téméraire que la Flandre
atteignit l'apogée de sa prospérité commerciale et industrielle.
Le commerce de l'Occident avec l'Extrême-Orient se concentrait à Bruges ; les opérations du change et de la négociation des traites à Anvers. La ruine de Bruges allait
donner au xvie siècle à cette dernière ville un moment
d'éblouissant éclat. La découverte de l'Amérique, qui allait
faire émigrer des Pays-Bas le marché universel, allait pour
quelques années au début ajouter encore à son importance et
à son éclat.

CHAPITRE XII

L'Angleterre et l'Allemagne au moyen âge. — La ligue hanséatique.

L'Angleterre n'a, au moyen âge, qu'une importance commerciale de troisième ordre. L'industrie n'y pénètre que très tardivement, et bien que l'on trouve dans la grande charte de 1215 certaines garanties en faveur du commerce, elle reste sous ce rapport bien en arrière des pays voisins. Ses relations se bornent à des échanges avec ses provinces continentales de France, à des exportations de laines, de métaux, de charbon de terre, de bois, de poissons, et encore ces échanges se font-ils très rarement par navires anglais. Les chroniques célèbrent, il est vrai, la prospérité de l'Angleterre au temps du roi Alfred (871-901) et sa richesse sous Kanut (1017-1036) après la conquête danoise ; elles mentionnent quelques courses aventureuses des Normands jusqu'en Orient, de nombreux pèlerinages et voyages de touristes anglais au xvᵉ siècle, mais ni les rois, ni même le Parlement dont l'influence devint prépondérante sous les Édouard ne semblent avoir compris l'importance du commerce ni pressenti le rôle auquel était destinée l'Angleterre. La vie urbaine y eut au moyen âge une bien moins grande importance que sur le continent. La séparation n'y était pas aussi tranchée qu'ailleurs entre les différentes classes de la population. Les seigneurs et les bourgeois qui allaient siéger ensemble au Parlement avaient de fréquents rapports entre

eux comme les bourgeois avec les habitants de la campagne.
La plupart des villes n'étaient que de grands villages dont les
habitants avaient pour principale occupation le soin de leurs
domaines ruraux. Les fermes isolées étaient rares dans les
campagnes. Les outlaws et vagabonds de toute provenance
étaient très nombreux et les bois recouvraient une grande
partie du pays, entretenus avec soin par les seigneurs pour la
chasse, leur passion dominante. La culture y tenait moins de
place que l'élevage du bétail, principalement du mouton et
du porc. L'Angleterre était alors pour l'Europe ce qu'est
l'Australie de nos jours, le grand producteur de laine. L'é-
tain de la Cornouailles était toujours exploité. Les mines de
houille de Newcastle venaient d'être mises en rapport. Les
droits que, suivant l'usage alors adopté partout, les rois percevaient à l'exportation, suffisaient à l'entretien des armées
avec lesquelles ils faisaient la guerre en France. Les besoins
des paysans et des bourgeois étaient modérés; ils ne travaillaient guère qu'en vue de leur subsistance immédiate. Les
cottages des tenanciers libres n'étaient que de pauvres ba-
raques en bois et en torchis recouvertes de chaume. Leur alimentation était substantielle, viande, bière, vin additionné
d'épices, mais l'usage même de la chandelle leur était inconnu. Les cuillers et la plus grande partie de la vaisselle
étaient en bois avec quelques écuelles en terre. Ce que la
terre ou le tissage familial ne produisait pas était acquis dans
les foires, dont la plus célèbre était celle de Stourbridge, près
de Cambridge. Là s'achetaient les draps de Flandre, le fer
venu de Norvège, le goudron, le poisson et surtout le hareng
pour le carême et les jours de maigre. Quelques plaintes se
faisaient sans doute quelquefois entendre de la part des armateurs qui voyaient dépérir et disparaître la marine an-

glaise et des rares industriels, mais recherchant surtout l'abondance et le bon marché, les rois ne voulaient pas entraver le commerce étranger et se gardaient de provoquer le renchérissement par des primes à la navigation ou des surélévations de taxes.

Les propriétaires de troupeaux, particuliers ou abbayes, trouvaient toute satisfaction dans la vente de leurs laines aux Italiens et aux Flamands et l'on ne songeait même pas à assurer à la marine anglaise le bénéfice du transport. De même pour les achats à l'étranger; une seule colonie anglaise est fondée en Orient pendant les croisades; les marchands anglais sont très rares dans tout le Levant; on en trouve quelques-uns aux foires de Champagne, mais c'est par l'intermédiaire de la Normandie ou de Cologne que les épices et autres produits du Levant pénètrent en Angleterre.

Au commencement du xvıe siècle, Pisans, Génois et Vénitiens paraissent dans les ports de l'île. Dès l'ouverture des relations directes par mer entre ces villes et les Pays-Bas, les navires italiens font escale, lors de leur voyage annuel, dans les ports de l'Angleterre à Sandwich, à Southampton, à Londres. Ils y apportent, outre les épices, des vins de Candie, des raisins, du sucre et de la soie et y prennent en retour de la laine, des cuirs et des métaux. Vers le même moment, les Allemands multipliaient leurs efforts pour s'assurer les échanges de cette région. Loin de s'y faire concurrence, ils contractaient alliance entre eux, mettaient en commun leurs privilèges et recevaient des rois d'importantes franchises. Grâce à ce sacrifice du commerce national, les rois obtenaient des Flamands leur alliance contre la France; des banquiers italiens, des prêts que ceux-ci n'eurent pas toujours à se féliciter d'avoir consentis, et des Allemands, le concours de leurs flottes.

Cependant la vue même des bénéfices immenses que procuraient l'industrie et le commerce ne pouvait manquer de frapper les rois anglais. Édouard III, profitant des troubles des Pays-Bas et de la rivalité des villes, attira des ouvriers qui introduisirent en Angleterre l'industrie du drap. Les particuliers à leur tour fondaient, à l'exemple des étrangers, des compagnies marchandes ; confrérie de Thomas Becket, association des *staple merchants*, des *merchants adventurers*. Après la peste noire qui avait enlevé à l'Angleterre la moitié de sa population et une grande partie de son bétail, Édouard III, désireux d'atténuer les souffrances et la misère, leur concéda les mêmes droits qu'aux étrangers, mais les révoqua bientôt pour les besoins de son trésor. En 1379-1380 Richard III, sur les instances du Parlement, par une sorte d'acte de navigation, établit pour les bâtiments anglais des primes à la navigation et défendit aux marchands anglais d'importer des marchandises sous pavillon étranger, mais il fut bientôt forcé de révoquer ces mesures. La hanse s'imposa ; dans la seconde moitié du XVe siècle encore, alors que l'activité bourgeoise, se manifestant de plus en plus, réclamait plus énergiquement la limitation de la concurrence étrangère, les Hanséates établissant comme un blocus continental, et ravageant non seulement le littoral mais une partie du plat pays, forcèrent l'Angleterre à reconnaître de nouveau et accroître leurs privilèges (traité d'Utrecht, 1473). Mais deux ans après, Édouard IV signait avec Louis XI le traité de Picquigny qui rétablissait les anciennes relations de l'Angleterre avec ses anciennes provinces devenues françaises, accordait aux marchands des deux pays liberté de circulation et de séjour et les affranchissait de l'intermédiaire onéreux et humiliant des Flamands et des Hanséates. Ceux-ci n'en étaient pas moins encore à la fin du xvᵉ siècle les véritables maîtres du commerce extérieur de l'Angleterre.

Les pays riverains de la Baltique n'entrèrent que tardivement dans le mouvement commercial de l'Europe. Les pirates danois et normands l'effrayaient depuis longtemps par leurs incursions et leurs pillages. La Grande-Bretagne surtout et la France en avaient cruellement souffert avant qu'ils n'eussent fondé des établissements durables. Leur hardiesse comme marins semblait cependant les prédisposer à un rôle commercial important. Dès le ixᵉ siècle, ils avaient visité et peuplé l'Islande ; au xᵉ ils abordaient au Grœnland et cinq siècles avant Colomb découvraient ainsi le Nouveau-Monde, mais ils tirèrent peu de profit de cette découverte qui fut comme perdue pour le reste du monde. La Norvège, devenue après la constitution définitive des trois royaumes scandinaves maîtresse de ces terres lointaines, fit du commerce avec elles un monopole royal (1261) et la route que devaient seuls suivre désormais les marins de Bergen finit par être ignorée. L'Islande, qui aurait eu au xiiᵉ siècle une période de prospérité, déclina également dès sa réunion à la Norvège (1262).

Tönsberg, au sud-ouest de Christiania, la ville la plus ancienne de la Norvège, était, dès le ixᵉ siècle, un port fréquenté par les navires danois et saxons. Au xiᵉ siècle, d'autres villes se fondent : Oslo, faubourg actuel de la capitale norvégienne, Bergen, Nidaros, aujourd'hui Trondhjem. Bien que capitale du royaume, cette dernière fut comme Tönsberg éclipsée par Bergen, mais la prospérité de cette ville fut surtout l'œuvre des Allemands.

Des trois royaumes scandinaves, ce fut le Danemark qui au moyen âge joua le principal rôle.

Charlemagne, qui s'était avancé jusqu'à l'Eider, avait déjà

heurté les populations danoises contre lesquelles il avait dû
édifier de puissants retranchements. Ces peuples s'en ven-
gèrent cruellement sur ses successeurs, mais l'audace même
et le nombre de leurs incursions au dehors les rendirent plus
faibles contre les Germains. Tout en dirigeant principalement
leurs coups et leurs efforts contre les Slaves maîtres de toute
la Basse-Allemagne, ceux-ci ne négligèrent pas les Danois
qu'ils attaquèrent comme les Slaves, par leurs marchands,
leurs soldats et leurs moines. Schleswig était au ixe siècle le
principal port de cette région. La baie de la Schlei, au fond
de laquelle elle s'élève, n'était pas comme aujourd'hui en-
vahie par les sables et un portage de quelques kilomètres
conduisait les marchandises venues de l'est à la Treene et
par elle à l'Eider. Ses navires visitaient Bornholm et les
côtes de la Basse-Allemagne et de la Prusse, allant, nous dit
Adam de Brême, vers le pays des Grecs. Sur la côte wende,
ils trouvaient, à l'embouchure de l'Oder, Jumné aujourd'hui
Wollin, dont les émigrés allaient au siècle suivant fonder
dans l'île de Gotland la cité bientôt florissante de Visby ;
sur la côte de Prusse, près des bouches de la Vistule, Truso,
aujourd'hui Preussenmarkt, près de laquelle les Allemands
allaient élever, en 1227, Elbing.

La Suède avait au même moment pour principal port Birka,
sur le Mélar, qui fut florissante pendant trois siècles et put,
dit-on, armer à un moment jusqu'à 14,000 combattants. En
1157, elle conquérait la Finlande à laquelle elle ajoutait le
siècle suivant la Carélie et ces pays convertis au christianisme entraient dans le mouvement des relations et du commerce européens.

Sur la côte orientale, les Normands avaient au ixe siècle
(862) envahi et conquis la Russie. Novgorod, qui les avait

appelés, faisait avec eux depuis longtemps déjà un commerce
actif. Ils y apportaient des fourrures, de la laine et des produits de leur pêche que Novgorod échangeait avec Byzance
contre des monnaies retrouvées en grande quantité dans ses
campagnes et autour de sa rivale et bientôt sujette, Pskow.

Il n'y a pas lieu de s'étonner qu'une mer, fréquentée surtout
par des Scandinaves, fût désolée par les pirates. Valdemar Ier
de Danemark (1157), prenant conscience du rôle auquel la
possession des clefs de la Baltique destinait son royaume,
leur fit une guerre acharnée. En même temps, il fondait le
château de Copenhague où allait être transportée la capitale,
précédemment à Roskild, et, aux bords de la Vistule, le
port de Danzig. Canut VI (1182) se faisait reconnaître suze-
rain de la Poméranie et du Mecklembourg et conquérait
Hambourg, Lubeck et tout le Holstein. Valdemar II y ajoutait le Lauenbourg, la petite Poméranie, le Samland, l'île
d'Œsel, l'Esthonie et fondait au milieu de ses conquêtes
Stralsund et Revel (1219) : la Baltique était un lac danois.
Mais, du vivant même de Valdemar, le Danemark, voyait lui
échapper toutes ses conquêtes, sauf Rugen et l'Esthonie bientôt perdues sous ses successeurs.

Les Allemands n'avaient cessé de grandir aux dépens
de tous leurs voisins. Arrêtés par le Danemark, ils n'avaient
pu conquérir Schleswig, mais ils l'avaient converti. Leurs
succès avaient été plus complets sur les Slaves. Les Saxons,
retournant contre ces peuples la politique et les mesures employées contre eux par Charlemagne, leur avaient imposé de
cruelles meurtrissures. Leur pays avait été pillé, leurs villes
détruites, des colonies militaires ou des évêchés établis sur
leurs ruines. Le Schleswig méridional, le Brandebourg, la
Misnie, la Lusace furent érigés en Marches sous Henri Ier. Le

clergé, introduit à la suite des guerriers, fut richement doté, surtout par Othon le Grand. Mais la prise de possession de la Basse-Allemagne fut principalement l'œuvre des particuliers et des princes.

Pendant que l'attention des empereurs était toute portée sur l'Italie, au milieu des guerres civiles qui désolaient l'Allemagne, les marchands gagnaient de proche en proche, des comptoirs se fondaient, des colonies s'établissaient sur tous les points. Affaiblis, écrasés et coupés en deux tronçons par l'invasion hongroise, les Slaves étaient refoulés de toutes parts. Chassés de Jumné, ils se sont réfugiés à Visby. Les Allemands les y suivent et les forcent à partager avec eux l'administration de la cité. Lubeck envoie partout ses commis ; des missionnaires les accompagnent et les croisades contre les musulmans ont leur pendant dans le nord contre les païens de la Baltique.

Au delà des Slaves, deux groupes de peuples habitaient au x1e siècle les rives de la Baltique : les Lithuaniens, dont les principales tribus étaient les Prussiens ou Borusses, les Korses ou Coures, les Lithuaniens proprement dits, les Sémigalles et les Lettons et le groupe des populations finnoises, Lives, Tchoudes, Ingres, Caréliens, Tavastes.

Ce sont des marchands de Brême qui les premiers attirèrent sur la Livonie les conquérants allemands. « En 1159, lorsqu'ils se présentèrent pour la première fois aux bouches de la Duna, ce fut en naufragés suppliants : bien accueillis, ils revinrent comme marchands, puis comme convertisseurs et s'imposèrent comme maîtres. Les châteaux forts, les couvents fortifiés des moines chevaliers s'élevèrent sur les collines, sur les berges escarpées des rivières, de manière à dominer complètement la contrée ; en même temps, des villes de commerce se fondaient aux endroits favorables, et tout le trafic, des bords de la mer aux régions de la Russie centrale, passa par l'intermédiaire des colons germaniques. » (Élisée Reclus.) Les chevaliers qui ont fondé cette domination allemande, sous laquelle vivent encore ces provinces malgré les efforts faits depuis un siècle pour les russifier, sont les Porte-Glaives (1201-1237). Leur fondateur est aussi celui de Riga (1200) à l'embouchure de la Duna, restée aujourd'hui un des ports les plus florissants de la Russie. Fondus avec l'ordre teutonique, qui vers le même moment pénétrait en Prusse, ils étendirent à toute cette côte de la Baltique leurs conquêtes et leur tyrannie. Incessamment renforcés par un flot de nouveaux croisés, multipliant les confiscations et les meurtres, les constructions de villes et de forts, la création d'évêchés et de couvents, ils ne restèrent maîtres du pays que par l'extermination de la moitié de ses habitants. Les principales de leurs fondations sont Kœnigsberg, sur la Pregel (1255) et Marienbourg, sur la Nogat (1280) qui devint leur capitale. La Baltique était prête à subir la domination commerciale de l'Allemagne.

La situation économique de l'Allemagne au milieu du XIII⁰ siècle se ressentait nécessairement des troubles et des incertitudes de sa situation politique. La marche vers l'est avait dépeuplé les pays riverains de la Baltique ; des colons de la Frise, de la Hollande, de la Flandre, du Brabant étaient venus combler les vides. L'exemple de ces cultivateurs libres avait déterminé de nombreux affranchissements. Les villes d'un autre côté avaient, pour augmenter leur population et affaiblir les seigneurs, ouvert un asile aux serfs. Leur accroissement et leurs progrès, favorisés par la politique des empereurs qui voulaient les opposer à la féodalité laïque et

ecclésiastique, avaient amené le développement de l'industrie. Les tisserands de toile et de laine, ayant les premiers
formé des corporations, leur exemple fut suivi par tous les
corps de métiers, teinturiers, tanneurs, pelletiers, cordonniers, tailleurs, gantiers, chaussetiers, etc. Les divers ouvriers en métaux, les armuriers formaient, suivant la spécia-
lisation du travail, de nombreuses corporations distinctes,
de même les maçons, les architectes. L'esprit d'association
se manifestait partout. Les villes libres ou impériales s'ad-
ministrant elles-mêmes étaient surtout nombreuses dans la
Souabe et les pays rhénans où l'on en comptait plus de cent.
Mais l'esprit qui les animait existait aussi dans les villes
restées sous la dépendance de seigneurs laïques et ecclésiastiques. Les compagnies marchandes ou hanses s'y étaient
formées à côté des corporations ouvrières. Elles devinrent
puissantes surtout quand l'anarchie fut à son comble.

L'impuissance du pouvoir central avait laissé le champ
libre à tous les appétits et à tous les désordres. Le droit du
poing régnait seul. Les châteaux de refuge, que les nobles inférieurs confédérés élevaient partout et notamment sur les
bords du Rhin, étaient autant de repaires d'où ces guetteurs
de grand chemin s'élançaient sur les voyageurs pour leur offrir une protection coûteuse ou les dépouiller sans vergogne.
Contre ces dangers, contre les péages multipliés, les commerçants, les villes même, abandonnées à leurs seules forces,
étaient dans l'impuissance de se protéger. Il en résulta de
tous les côtés le désir de se grouper, de s'associer, de s'entendre pour faciliter la circulation et assurer les échanges.
Les villes se liguèrent donc à leur tour et, au milieu de toutes
ces associations, trois surtout sont restées célèbres : celle des
villes du Rhin, celle des villes souabes, et surtout celle des

villes du nord ou hanse teutonique qui fut quelque temps
une véritable puissance maritime et commerciale.

La navigation fluviale ou maritime offrait moins de difficultés que les routes de terre. De plus les villes s'étaient primitivement groupées sur ces voies naturelles. C'était notamment sur le Rhin que se trouvaient les plus anciennes cités
germaniques, à la fois villes d'industrie et villes d'église,
faisant du fleuve la rue des Prêtres. Ce fut une de ces villes
épiscopales, Mayence, qui en 1247 prit l'initiative d'une ligue
dans laquelle entrèrent successivement toutes les villes rive-
raines du fleuve, Worms, Spire, Strasbourg, Bâle, Cologne,
des villes de l'intérieur, Zurich, Francfort, Aix-la-Chapelle,
Munster, 60 autres villes de Westphalie et qui, reconnue en
1255 par Guillaume de Hollande, compta plus de 90 villes.
Fondée pour dix années d'abord, elle se proposait pour but le
maintien de cette paix publique que les empereurs s'étaient
vainement engagés à maintenir, la sécurité et l'affranchissement du commerce. Pour y parvenir, elle entretint sur le
Rhin 600 bateaux, qui détruisirent nombre de châteaux et
abolirent les péages. Les diètes, qui se réunissaient quatre
fois par an à Cologne, Mayence, Worms et Spire, ne purent
réussir longtemps à maintenir l'union. La reconstitution de
la grande féodalité fut pour la ligue un nouveau danger. Les
villes du haut Rhin qui reconnaissaient la suprématie de
Worms, celles du bas Rhin qui suivaient Mayence entrèrent
en rivalité et à la fin du xıve siècle (1381) la ligue avait cessé
d'exister.

La ligue souabe comprenait les villes de la haute Allemagne, nombreuses dans un pays plus anciennement civilisé,
mais non moins exposées aux attaques de seigneurs nombreux
et presque inattaquables dans leurs châteaux. Nuremberg,

Ulm, Augsbourg étaient les plus puissantes. En relation avec
l'Italie par plusieurs routes, mais surtout par celles du Bren-
ner et de la haute vallée de la Brenta, recevant de Venise
les produits de l'Orient pour les répandre dans toute l'Allemagne, cette ligue visait surtout à assurer la régularité et la
sûreté des communications. Elles étaient assez actives pour
avoir inspiré la création de courriers réguliers entre Augsbourg et Venise par la corporation des « officiers messagers ».
Entre les villes plus rapprochées, des services confiés souvent aux bouchers furent institués.

Plusieurs villes allemandes, non seulement Nuremberg,
Ulm, Augsbourg, mais des villes du nord, Strasbourg, Cologne, Lubeck avaient des comptoirs à Venise. Une centaine
de marchands allemands se trouvaient souvent réunis à la
foire, au xve siècle, dans le *fundaco dei Tedeschi,* expédiant en
Allemagne des épices, des fruits, des soieries, des étoffes tis-
sées d'or et des verreries en échange desquels les Allemands
apportaient des métaux tirés de leurs mines, des cuirs, des
toiles, des draps et des fourrures.

Nuremberg s'éleva rapidement, à partir du xiiie siècle, au
premier rang des villes de l'Allemagne. Elle le devait d'abord
à sa situation sur la route la plus facile entre les deux parties
de l'Allemagne, et aussi à son commerce, à son industrie, à
son développement intellectuel. Son orfèvrerie d'or et d'argent, ses objets artistiques en bronze, en cuivre, en pierre et
en bois, les « babioles » de Nuremberg, jouissaient d'une réputation universelle. Au xve siècle elle était réputée partout
par le luxe de ses habitants et sa richesse acquise dans le commerce. La capitale de l'art allemand devint aussi, bien que
n'étant pas ville universitaire, un des grands foyers scientifiques de l'Allemagne et les travaux astronomiques de Regio-

montan qui l'avait adoptée, la science géographique de Martin Behaim, les tableaux d'Albert Durer, le zèle de ses copistes et plus tard l'habileté de ses imprimeurs lui valurent un éclat que rappelle encore son aspect de ville du moyen âge qu'elle a si heureusement gardée.

Augsbourg, au débouché des routes de l'Italie, entretenait aussi avec Venise les relations les plus actives, ce fut toutefois au xvie siècle que se manifesta surtout sa puissance.

Mais, unies pour assurer la sécurité de leurs communications, pour la défense de leurs droits et de leurs franchises contre les exigences et les attentats de l'empereur et des princes, ces villes ne songèrent nullement à établir des règles générales pour les transactions. Chacune d'elles resta maîtresse absolue de régler ces questions à son gré, et souvent dans chaque ville les corporations adoptaient des méthodes différentes. Pour être plus rapprochée, l'autorité n'en était que plus tyrannique. L'obligation d'entrer dans une corporation, pour exercer un métier, éloignait le danger de toute concurrence. « Le prix des diverses marchandises, le lieu, le mode et le moment de la vente étaient fixés. Il était défendu à l'individu d'avoir plus d'une boutique ou d'un endroit de vente à la fois. Le vendeur devait rester assis dans sa boutique, attendre le chaland, mais n'appeler personne. Les corporations réglaient la matière à employer, la façon, la forme et les dimensions de tout article destiné à la vente. Des punitions pécuniaires ou corporelles châtiaient la confection et la vente de mauvais produits, la falsification, la fraude. » La servitude économique était donc complète.

Les marchés étaient cependant suivis et fréquentés. Bien que chaque ville eût autour d'elle une banlieue agricole dont les produits assuraient presque sa subsistance, il y avait certains centres dont l'abondance des récoltes appelait les acheteurs du dehors. C'est ainsi que l'Allemagne produisait en quantité le lin (Ulm, Altenbourg), le chanvre (Constance), le pastel (Erfurth), l'amande (Spire), le vin. Ulm tirait de ce dernier commerce sa principale richesse. Non seulement le vin était alors la boisson favorite des Bavarois, mais la culture de la vigne s'étendait jusqu'à Lubeck. Les pays rhénans, Fulde, Marbourg, Cassel avaient les crus les plus estimés. La cire, le miel, d'un usage si répandu alors que le sucre était presque inconnu, la laine, le bétail, la toile, la bière de Lubeck, les produits artistiques de Nuremberg, Cologne et autres villes, étaient l'objet de transactions nombreuses. Des foires importantes attiraient les étrangers, celles de Leipzig, où on venait chercher les fourrures et les peaux ; celles de Francfort qui, fondées au xiiie siècle, firent au xvie, de cette ville, une des plus grandes places de commerce du monde. Les marchands y affluaient de presque toutes les contrées de l'Europe, et la ville, qui tirait de cette foire ses principaux revenus, envoyait au loin ses escortes chercher les marchands étrangers, et les accompagner au retour.

La ligue hanséatique ne fut, elle non plus, qu'une ligue défensive. Ses débuts sont assez obscurs. On la voit toutefois prendre corps au milieu du xiiie siècle (1241) par l'alliance de Lubeck et de Hambourg, se développer avec quelque peine et atteindre enfin, dans la première moitié du xve siècle, son plein épanouissement. Elle comprenait alors 90 villes, et était divisée en quatre quartiers : le quartier venète ou wende, avec Lubeck pour tête ; le quartier westphalien, avec Cologne ; le quartier saxon, capitale Brunswick ; le quartier prussien, capitale Danzig. Quelques provinces se rattachaient, en outre, à la ligue comme protégées.

Son centre primitif fut la petite ville de Visby, dans l'île
de Gotland. Elle dut cette importance à sa situation au milieu de la Baltique qui la désignait comme un entrepôt naturel, à l'intrépidité de ses marins et à la modestie même de
ses ressources dont ne s'offusquait aucune des cités confédé-
rées. Les principaux peuples associés y avaient des représentants, des magistrats, un quartier distinct. Mais bientôt la
prépondérance passa, par la force des choses, à Lubeck qui
devint, sans en avoir le titre, comme la capitale générale de
la hanse. C'était là que se débattaient, au xive siècle, les intérêts de la confédération, dans les diètes réunies au moins
tous les trois ans et, à l'époque de la plus grande prospérité,
tous les ans. C'était Lubeck qui se chargeait de faire exécuter les décisions de la diète, dont le trésor était alimenté
par des redevances fixes, des droits perçus sur la valeur des
marchandises et sur les navires, et par des amendes. Le commerce extérieur était son but principal ; son action tendait presque exclusivement à étendre son commerce à l'étranger, et à
s'assurer le monopole de tous les pays qu'elle fréquentait. Le
commerce intérieur ne la préoccupait en aucune façon ; aussi
n'eut-elle jamais d'existence légale en Allemagne, tout en
étant la plus puissante manifestation de l'activité allemande.

Profitant des conquêtes faites par les chevaliers allemands,
elle s'assura le monopole du commerce dans l'Europe nord-
orientale. Novgorod était un de ses principaux comptoirs,
marchant sur le même rang que Londres, Bergen et Bruges.
Ces comptoirs comprenaient tout un quartier divisé en établissements ou cours (il y en avait 22 à Bergen), dans lesquels résidaient un certain nombre de familles, mais familles
marchandes : maîtres, compagnons, apprentis, car la présence
des femmes était absolument interdite dans les comptoirs de

la ligue. Toutes les marchandises s'y entreposaient, mais bien que la hanse se chargeât de la protection générale des marchandises, les bénéfices de ces établissements appartenaient à ceux qui les avaient fondés. La surveillance était étroite et rigoureuse ; toute infraction au règlement, toute tromperie, toute concurrence déloyale étaient passibles d'une amende.

Chaque établissement avait son nom, son enseigne particulière, et, sur la rive, son débarcadère, où les bateliers déchargeaient les marchandises. Il recevait généralement quinze « familles » ou « compagnies de table ». La « famille » était gouvernée par celui qu'on appelait le « maître de maison » (usbonde), chargé d'exercer une surveillance sur les employés de commerce, les ouvriers, les domestiques, de pourvoir à leur entretien et de maintenir la discipline. Les intérêts communs étaient confiés à un « alderman » nommé par élection. Dans les bâtiments qui s'étendaient autour de l'enclos se trouvaient, à l'étage inférieur, les boutiques d'étalage et les hangars de marchandises. Au fond de l'enclos, un solide bâtiment de pierre renfermait, dans ses sous-sols, des caves sûres, des celliers pour les marchandises précieuses. Des veilleurs armés et des chiens féroces, déchaînés la nuit, défendaient contre les voleurs... Le nombre des associés des établissements réunis (à Bergen) variait, à partir de la seconde moitié du xvᵉ siècle, entre deux et trois mille. Celui qui voulait entrer dans l'association devait s'engager à y rester dix ans. Les jeunes gens parcouraient successivement tous les degrés de la science commerciale depuis l'apprentissage, et c'est ainsi que ces établissements de la hanse étaient d'excellentes écoles de commerce pour l'Allemagne du Nord[1].

---

1. Janssen, *L'Allemagne et la Réforme*, I.

Pour assurer la sécurité du commerce, la ligue, véritable puissance militaire, fut souvent en guerre avec les puissances voisines : Suède, Norvège, Danemark, auxquelles elle dicta des conditions de paix qui lui donnaient dans ces pays une véritable indépendance et comme une sorte de protectorat sur les rois eux-mêmes. A Novgorod, la hanse accapara pendant trois siècles tout le commerce extérieur, au détriment des Russes eux-mêmes, auxquels elle interdisait l'accès de leur compagnie et tout rapport en dehors d'elle avec les marchands de l'Occident. Riga, Revel, Dorpat étaient, comme Novgorod, dans la dépendance de Lubeck.

De même que les Russes avaient été éliminés du commerce de leur pays, les Anglais se virent dépouillés par la hanse. Les associations marchandes existant antérieurement furent absorbées par elles. La hanse de Londres, dans laquelle étaient entrées beaucoup de villes flamandes : Bailleul, Bergues, Cambrai, Douai, Lille, Orchies, Valenciennes, se rompit à leur profit, tandis que le comptoir allemand de Londres groupait autour de lui tous ceux que les Allemands avaient fondés dans d'autres villes : Bristol, Lynn, York, Hull, Yarmouth, etc.

Le comptoir de Londres s'appelait la cour d'acier (*Stahlhof*). Le commerce ne s'y faisait que par les Allemands. Il consistait, à l'exportation, en laines, draps, métaux, cuirs ; à l'importation, en bois de construction, cordages, lins, toiles, fil, graines, goudrons, morue, ouvrages en fer, vins, draps, épices. C'était là, au reste, les principaux articles qu'importaient partout les hanséates. On peut y joindre les fourrures, quelques produits du sol allemand, comme le blé, les articles de Nuremberg, les produits métallurgiques. L'industrie des constructions navales était la principale de ces villes maritimes, mais il leur était défendu de construire pour l'étranger.

Le code de la ligue fut le code maritime de Visby, dans lequel les coutumes de Lubeck et d'autres villes maritimes sont inscrites à côté d'emprunts faits aux rôles d'Oléron et aux autres codes maritimes.

Pour le commerce intérieur de l'Allemagne, la ligue fit peu. On peut néanmoins mettre à son actif la sécurité des convois, l'entretien des rivières qui facilitaient les relations de ville à ville et enfin l'ouverture d'un canal entre l'Elbe et la Baltique.

Pour faciliter les transactions on adopta le plus souvent, comme type, les mesures des villes les plus importantes, ainsi celles de Lubeck et de Cologne. La ligue n'eut point de monnaie particulière ; les paiements se faisaient généralement en métaux ou en marchandises. Elle ignora l'usage des banques et des assurances maritimes.

Portée trop exclusivement sur le commerce et trop attachée à ses procédés primitifs, la ligue finit par succomber devant l'opposition des pays qu'elle dominait. Ainsi, l'Angleterre commença, dès les premières années du XVIᵉ siècle, à se soustraire à sa domination. La Suède, vers la même époque, devint florissante sous les Wasa. Enfin, la découverte de l'Amérique et d'une nouvelle route pour les Indes lui portèrent, quoi qu'elle fît pour s'en accommoder, un coup sensible. La décadence de la hanse commence à la fin du XVᵉ siècle, elle disparaîtra définitivement en 1669.

CHAPITRE XIII

Conditions générales du commerce au moyen âge. — Le commerce et la société féodale. — Naissance du droit commercial. — Le change. — Les monnaies. — Le crédit.

Malgré l'activité que le commerce eut sur certains points déterminés au moyen âge et la prospérité dont quelques villes lui furent redevables, bien que les marchands aient à diverses reprises et sous des formes variées manifesté leur puissance, les préjugés dont il était l'objet dans l'antiquité classique subsistèrent encore contre lui pendant toute cette période.

L'Église, le grand pouvoir du moyen âge, lui était nettement hostile. Bien qu'encourageant le travail et l'imposant dans ses monastères, elle considérait le commerce, ainsi que le feront encore les physiocrates au xviiiᵉ siècle, comme n'étant pas véritablement un travail, comme stérile. Le commerçant ne faisant pas œuvre de ses mains, n'ajoutant rien à la valeur de l'objet, ne semble pas justifier, par son office d'intermédiaire, la rémunération qu'il prélève. Le service qu'il rend en mettant l'objet à la portée de celui qui l'achète, en évitant au vendeur le trajet du lieu de production au lieu du marché, et à l'acheteur celui de son domicile au lieu de production, n'est pas apprécié à sa valeur. L'idéal de ce temps est que la cité tire de son propre territoire l'abondance de toutes choses. « Qu'une cité bien ordonnée, dit saint Thomas-d'Aquin, ne se serve qu'avec prudence des marchands. » La démarcation était difficile à établir entre le juste prix que l'Église tolérait et l'usure qu'elle prohibait, et l'on considérait comme presque impossible de traiter d'une vente ou d'un achat sans péché.

L'Église sut, il est vrai, se relâcher souvent de l'exagération de cette doctrine. La paix de Dieu qu'elle impose, les excommunications qu'elle lance contre les détrousseurs de grand chemin, sont tout particulièrement favorables aux marchands. Elle n'hésite pas, plus tard, à recourir à des banquiers pour le recouvrement de ses tributs. Mais elle garde toujours une prévention contre une profession qui peut édifier quelquefois si rapidement d'éblouissantes fortunes, contre laquelle elle est, comme le peuple, toute disposée à lancer à l'occasion les accusations de monopole et d'accaparement.

Ces préventions contre le commerce se retrouvent chez les esprits en apparence les plus libres et les plus dégagés des préjugés vulgaires. « Les marchands, dira encore Erasme, sont les plus faux et les plus sordides d'entre les hommes ; ils pratiquent la plus misérable des industries. Bien qu'ils soient parjures, voleurs, et ne soient occupés qu'à duper les autres, ils veulent être partout les premiers et, grâce à leur argent, ils y réussissent. » Erasme, il est vrai, est un Hollandais, et ce dédain pour les marchands, au milieu desquels il est né, n'est peut-être sous sa plume que l'expression d'une aversion toute personnelle et une élégance d'humaniste.

Mais au xviiᵉ siècle encore (1661), après une famine, Vauban accusera, comme Grégoire de Tours, au viᵉ, les marchands de grains et la spéculation, de la cherté. Il est vrai qu'il s'agit ici de celui de tous les commerces qui a, de tous temps, soulevé le plus d'animosités contre lui. Cette famine de 1661 avait fait périr dans les seules provinces d'Anjou, Maine et

Touraine 50,000 personnes en fort peu de temps. « Le roi, dit Vauban, ayant été averti de ce désordre un peu tard, ordonna que l'on fît venir des blés de Dantzick, d'Auvergne et des autres provinces voisines, en quantité où il s'en trouve. Mais celui qui en reçut l'ordre, au lieu de les faire distribuer charitablement gratis, ou pour ce qu'ils avaient coûté, voulut en profiter et les faire vendre 25 à 26 livres le setier, au lieu de 20 qu'on les vendait auparavant; il se trouva que ces peuples, épuisés de toute façon, n'en purent acheter; ainsi le blé demeura là et fut gâté par la suite, et la famine continua toute l'année. » Or, il ne se passait guère au xviiᵉ siècle plus de dix ans sans que se renouvelassent ces épreuves. Combien, à plus forte raison, étaient-elles plus terribles encore au moyen âge, avec les difficultés que présentaient les transports! Ces préventions, cette contestation aux intermédiaires de la légitimité de leurs bénéfices, s'étendaient à toutes les catégories de négociants.

Si l'Église, dans laquelle s'était réfugié, dans les temps les plus troublés du moyen âge, ce qui survivait d'instruction et de science, les partageait, à plus forte raison devons-nous retrouver ces sentiments dans la noblesse. Le seigneur en France n'a que du mépris pour le commerçant. Dans le Midi, avant l'affreuse guerre des Albigeois, la chevalerie frayait avec la bourgeoisie, entrait dans ses rangs, s'intéressait à ses entreprises commerciales, s'y associait quelquefois et s'entendait avec elle pour l'administration des affaires publiques, dont la prospérité reposait sur celle du commerce. Dans la France du nord le seigneur, fabricant lui aussi, comme nous l'avons vu, à l'époque carolingienne, et ne dédaignant pas de vendre le surplus des produits de ses ateliers domestiques, stipule encore, dans les traités qu'il conclut avec les

communes, des réserves pour la vente, avant tous autres, des
denrées produites par ses domaines, ou même achetées par
lui ; mais du jour où il a dû recourir à l'intermédiaire d'un
marchand, quand restant exclusivement homme de guerre,
il a cessé d'être producteur industriel, lorsque les bourgeois
enrichis par le commerce ont traité de pair avec lui, le commerce n'est plus devenu pour lui que matière à s'enrichir par
les redevances qu'il peut en tirer, et les violences qu'il peut
exercer à ses dépens. Cette hostilité, que les croisades, en
mettant en présence la chevalerie et les marchands vénitiens,
n'a fait qu'accroître, s'accentue au xıvᵉ siècle alors que la
chevalerie de théâtre triomphe avec les Valois. Elle a valu
à la noblesse le désastre de Courtrai ; elle causa la ruine de
la France à Crécy et à Poitiers, sans guérir ni chevaliers ni
rois. En 1355, le roi défend aux magistrats du Parlement et
aux officiers du roi le commerce ; en 1372, même défense
aux officiers des aides. En vain Charles V, comme plus tard
Charles VII et Louis XI, s'entoure de *gens de moyen État,* le
divorce s'accentue de plus en plus entre le commerce et les
deux premiers ordres.

En Allemagne aussi il est complet entre la féodalité et
les villes que la ruine de l'autorité impériale depuis la chute
des Hohenstaufen laisse seules en présence ; il n'y a plus de
vie collective. En Angleterre, au contraire, les distances sont
courtes entre les rangs et la hiérarchie sociale ; « l'orteil du
paysan touche de si près le talon du gentilhomme qu'il l'é-
corche » (Shakespeare, *Hamlet*), et les bourgeois sont redevables à l'aristocratie de droits commerciaux considérables.
En France, la colère qu'excitent chez les grands l'élévation et
le rôle politique du Tiers État a autant de part, il faut bien le
dire, dans leur attitude que les préjugés de caste. Louis XI

y voit un dommage pour le royaume et permet aux ecclésiastiques, aux nobles et aux gens de robe de se livrer au commerce sans déroger. Les bourgeois de Florence avaient exigé
des nobles qu'ils s'inscrivissent dans un « art » pour avoir le
droit de prendre part à la direction des affaires. Des deux
côtés, sous des formes appropriées à la constitution du pays,
c'était une affirmation de l'élévation du commerce et de la
grandeur de son rôle.

On a vu les causes de la lenteur de cette élévation et du
développement des échanges. La plus importante est assurément la difficulté des communications. Pour la comprendre,
il faut se représenter les distances d'alors comme équiva-
lentes à sept fois nos distances actuelles ; la distance de Paris
à Orléans comme représentant celle de Paris à Marseille ;
celle de Paris à Lille comme plus grande que celle qui sépare
de nos jours Paris de Varsovie ou de Buda-Pesth. Qu'on y
ajoute les péages de toutes sortes, les dangers de la route, la
difficulté des chemins, les risques multiples que courent
voyageurs, convoyeurs et marchandises, et l'on s'expliquera
que les échanges soient demeurés si restreints et si rares.

De grands efforts étaient faits à certaines époques pour
assurer la sécurité des transports et des voyages, mais des
éléments nouveaux de péril et de risques renaissaient incessamment. Les mesures les plus sages demeuraient inutiles.
Peu à peu cependant, il se forme comme une sorte de droit
international, universel, suivant les marchands partout. Ce
jus mercatorum, droit des marchands, résultait de la nécessité
de soumettre à des règles identiques ces pèlerins commerciaux que tous les princes s'efforçaient d'attirer à leurs marchés et à leurs foires. Sur mer, une certaine entente s'était
établie entre les divers États, une sorte de droit maritime

était né. Ainsi les différentes législations et coutumes, dont nous avons énuméré les principales, proclament la liberté des mers, c'est-à-dire le droit appartenant à tout État de faire circuler librement sur les mers des navires portant son pavillon ; elles stipulent l'obligation pour tout navire d'arborer le pavillon de la nation à laquelle il appartient ; la suppression de la piraterie, la réglementation du droit de bris, des garanties pour les personnes et les biens des naufragés, enfin l'établissement de tribunaux spéciaux pour juger les délits ou contestations maritimes sous le nom d'amirautés ou consulats de la mer. Toutes contiennent des règles précises pour l'armement des navires, la formation de l'équipage, ses devoirs et aussi ses droits, mais à côté des règles générales, chaque nation a sur le commerce maritime ses idées particulières, ses lois et sa réglementation spéciale.

Sur mer comme sur terre, les commerçants doivent être des hommes de guerre. Contre la piraterie, l'union, l'association sont nécessaires comme contre le brigandage. Les marchands italiens ont besoin pour la protection de leurs navires de l'escorte de vaisseaux de guerre ; les trafiquants des bords du Rhin se solidarisent pour la défense de leurs convois. Dès qu'une autorité centrale se constitue, les seigneurs sont déclarés responsables des dommages subis par les voyageurs dans la traversée de leurs territoires. Tous les nationaux d'un pays sont responsables des torts causés par l'un d'entre eux ; la partie lésée obtient sur mer des lettres de marque pour saisir sur les bâtiments portant le pavillon de la nation à laquelle appartient l'offenseur, l'équivalent des pertes qu'elle a subies ; sur terre, le droit de représailles menace l'étranger établi dans une contrée, ou la traversant, de la saisie de ses biens en réparation des préjudices causés dans son pays d'origine à un ressortissant de son pays d'élection. De véritables expéditions guerrières sont parfois entreprises pour l'exercice de ce droit; des menaces de confiscation pèsent toujours sur l'étranger comme sur le juif, le Cahorsin ou le Lombard. Encore faut-il y ajouter les dangers d'une excommunication lancée sur son pays et mettant hors la loi, quel que soit le lieu où il se trouve, sa personne et ses biens.

Aussi cette solidarité nécessaire amène-t-elle la constitution de vastes confédérations. A Venise, l'État se réserve le monopole de certains articles, loue ses navires, prend du fret sur ses bâtiments de guerre. La hanse de Londres, formée par les villes flamandes, les hanses germaniques, les syndicats florentins, toutes les institutions protectrices du commerce et des commerçants sur les routes, dans les marchés, sur les foires, sont de véritables nécessités. L'association est partout; les corporations groupent les marchands d'un même article comme les artisans d'une même industrie; les confréries et le compagnonnage assurent à l'artisan stable comme à celui qui voyage d'indispensables garanties contre la misère.

L'individualisme de ces groupes se traduit en matière industrielle comme en matière commerciale par un monopole ou l'aspiration au monopole; pour l'agriculture et la vente des produits agricoles par la mainmise d'un pays sur les fruits de son territoire. Aucune restriction légale à la circulation de ces fruits de la terre n'est nécessaire au début; elle s'impose naturellement. Ces produits sont de ceux sur lesquels s'exercerait de préférence l'avidité des pillards et des affamés souvent si nombreux. La vente et la consommation, pour laquelle il y a si souvent insuffisance, se font sur place. Là où il y a surabondance, l'exportation est permise;

saint Louis défend d'y porter obstacle. Ce n'est guère qu'à partir du xive siècle, alors que la royauté étendant son action rachète ces exigences fiscales par quelques mesures protectrices, que la défense de faire sortir les grains du royaume, ou même d'une certaine zone douanière, commence à être édictée, ou du moins à apparaître comme une défense non seulement de circonstance, mais de principe. Sur ce point d'ailleurs, même antérieurement à cette date, les famines, alors si fréquentes, inspirent partout des mesures identiques. Les magistrats municipaux, les agents royaux, les abbés, les seigneurs laïques ou ecclésiastiques ont tous une même politique. La seigneurie de Florence agit comme Philippe le Bel ou Jean le Bon. L'abondance ou la pauvreté de la récolte décident du relâchement ou de la stricte exécution de règlements qui sans cesse oubliés sont incessamment renouvelés. L'accaparement est aussi redouté, aussi honni que l'usure et le crime d'accaparement se commet à bon compte. Les approvisionnements sont défendus au delà d'une limite très étroite au boulanger sous peine de confiscation. Le boulanger est détesté pour le bénéfice qu'il prélève sur la panification ; le prix du pain est souvent fixé par une taxe.

Par suite, pour avoir du vin, on cultive la vigne en France même dans les pays où, comme la Normandie et la Flandre, elle ne donne que des produits inférieurs.

La même règle ne pouvait pas être appliquée aux produits industriels. Ce ne sont plus des préoccupations aussi capitales qui inspirent les gouvernements. Le paysan comme le citadin peuvent fabriquer eux-mêmes les vêtements dont ils ont besoin ; la matière première, la laine, est à portée presque en tous lieux, le mouton faisant avec le porc la principale ressource des campagnes. La réglementation intervient cependant partout, comme nous l'avons vu, pour fixer les conditions d'approvisionnement et de fabrication comme de vente. Le principe général est que tout produit appartient naturellement à la terre qui l'a vu naître et par suite au seigneur de cette terre. L'en faire sortir, c'est donc appauvrir le possesseur éminent de ce produit; d'où son droit à une indemnité qu'il prélève sous la forme d'un droit de sortie. Les droits de passage, si nombreux et si variés, sont aussi une indemnité pour l'entretien de la route, la protection donnée; ceux des marchés et des foires ont le même caractère. Ces droits de douanes reposent donc sur un principe absolument opposé à celui qui règle nos droits actuels.

Le transport de ces produits naturels ou fabriqués, les arrêts nécessités par les conditions de la circulation et des voyages décident de l'importance des localités. Elles sont en général distantes *d'une étape,* plus ou moins grande selon que le pays est plus ou moins habité ; moins distantes par exemple en Allemagne dans la direction et le long du cours des fleuves, que dans la direction de l'Est à l'Ouest où la structure, la configuration et la pauvreté du sol retiennent moins les habitants. Toutes les deux étapes, une petite ville; toutes les quatre étapes à peu près, selon encore les raisons topographiques ou géographiques, une ville plus importante. Les fleuves, la mer, les vallées, les montagnes exercent sur la distribution de la population, par suite de la facilité des approvisionnements et du commerce, une influence prépondérante.

Toutes les anciennes cités avaient à peu près disparu dans le cataclysme des ix⁰ et x⁰ siècles. Si elles renaissent aux xi⁰ et xii⁰, si les habitants se pressent de nouveau non pas autour des châteaux forts et des abbayes, mais autour de ces débris des villes romaines, c'est qu'elles étaient sorties sous les Romains, comme alors, de la volonté de la nature et non du caprice des hommes. Lorsque les marchands, d'abord presque exclusivement nomades, se sont fixés ; quand la liberté de leurs mouvements leur a été rendue par l'établissement de la sécurité, ce n'est pas non plus aux lieux dotés de foires et de marchés qu'ils se sont établis, mais là où ils trouvaient les meilleures conditions pour rayonner vers ces foires et marchés temporaires et rallier autour d'eux en temps normal la clientèle régulière la plus nombreuse. Le carrefour de plusieurs routes (Strasbourg), le passage d'un cours d'eau (Utrecht, Maestricht, Francfort), le confluent de deux rivières (Tours, Lyon, Paris, Mayence), le commencement de la navigation d'un fleuve (Valenciennes, Troyes, Ulm), un estuaire (Bordeaux, Rouen, Bruges, Londres, Brême, Hambourg, Danzig) ont été le rendez-vous préféré des marchands[1]. Transportant dans les quartiers ou faubourgs de ces villes leur organisation en gildes, confréries, corporations, hanses, banquets, de *mercatores* devenus *burgenses,* attirant par le seul fait de leur établissement dans cette ville la création d'un marché, ils jouent un rôle des plus actifs dans leur affranchissement. Aussi toutes les chartes stipulent-elles des garanties pour le commerce. En revanche, les pouvoirs publics s'efforcent de donner toutes facilités aux échanges sur lesquels ils lèvent des impôts.

Les marchés sont pour les habitants des campagnes comme pour ceux des villes d'une importance capitale. Là domine le petit marchand, le regrattier, qui revend les achats faits aux foires. Les bénéfices faits par les gros marchands à ces

---

1. Cf. Pirenne, *l'Origine des constitutions urbaines au moyen âge,* ap. *Revue historique,* LVIII, 1.

foires, où les risques sont aussi plus considérables, excitent son envie. Il veut, cela est naturel, gagner le plus possible, et ce détaillant, ce semi-bourgeois, cet affranchi du travail manuel, suscite à son tour les récriminations plus ou moins fondées des acheteurs. Leurs plaintes ont des échos jusque dans la chaire. « Les aubergistes et les cabaretiers mêlent en cachette de l'eau à leur vin ou du mauvais vin au bon, dit un prédicateur du temps de saint Louis. L'hôtelier fait payer une mauvaise chandelle dix fois sa valeur et réclame encore un supplément si on a le malheur de se servir de ses dés. De maudites vieilles frelatent abominablement le lait, ou, lorsqu'elles veulent vendre leur vache, cessent de lui en tirer quelques jours auparavant pour que ses mamelles gonflées fassent croire qu'elle en produit davantage... Le chanvre ou la filasse, qui s'achète au poids, est déposé toute une nuit sur la terre humide, afin de devenir plus lourd... Les marchands d'étoffe rattrapent sur la bure ce qu'ils perdent sur l'écarlate ; ils ont une aune pour vendre et une autre pour acheter ; ils ne mettent leurs articles en étalage que dans les rues obscures, afin de tromper le public sur leur qualité. Le changeur, les orfèvres, dont le grand pont de Paris est couvert, ourdissent des complots pour rendre vile la monnaie précieuse, etc. [1] »

Écoutons maintenant Luther plus de deux siècles et demi plus tard : « Maintenant ils (les marchands) inventent de déposer le poivre, le gingembre et le safran dans des caves ou des celliers humides, afin d'augmenter le poids de leur marchandise. Ils renferment les étoffes de laine, les fourrures, la martre, la zibeline dans des caves sombres ; ou bien c'est

---

1. Lecoy de la Marche, *La chaire française au moyen âge.*

à certains produits de mercerie qu'ils enlèvent l'air ; chaque
marchandise, comme on sait, demande des conditions particulières d'atmosphère. De toute espèce de produits, ils savent ainsi tirer un profit malhonnête ; on trompe sur l'au-
nage, sur la quantité, sur la mesure, sur le poids. On donne
à telle denrée une couleur qu'elle n'a point naturellement,
ou bien on glisse la plus belle marchandise dessous et
dessus, puis on cache ce qui est avarié au milieu, et ces
tromperies n'ont pas de fin. Aussi un marchand ne se fie-t-il
plus à un autre, car il sait à quoi s'en tenir, il voit, il comprend ce qui se passe[1]. » Ainsi les moralistes ne varient pas
plus leurs plaintes que les marchands, selon eux du moins,
leurs procédés. Mais quelle créance accorder à ces récriminations quand on les voit s'étendre à tout ? Car les grands
marchands, les accapareurs, les monopolistes, les usuriers,
les hausseurs de prix, tout passe sous les fourches de l'ana-
thème. Les foires de Francfort elles-mêmes, qui seules
entretiendront encore un peu d'animation commerciale en
Allemagne au xviᵉ siècle, n'échappent pas aux foudres du
réformateur. « Additionne les sommes ravies à l'Allemagne
en une seule foire de Francfort, sans nécessité aucune, et tu
pourras à peine comprendre comment on peut encore trouver
un liard d'argent dans notre pays. Francfort est le trou d'or
et d'argent par lequel s'écoule hors de chez nous tout ce qui
s'épanouit, tout ce qui germe, tout ce qui se monnaye et se
frappe. Si le trou était bouché, on n'entendrait pas tant de
lamentations, on ne répéterait pas de tous côtés qu'il n'y a
que dettes et point d'argent ; les contrées et les villes ne
seraient pas accablées de taxes, ni rongées par l'usure. » Il

---

1. Cité par Janssen, *l'Allemagne et la Réforme*, II, p. 446.

va jusqu'à mettre les chevaliers brigands au-dessus des marchands, « car, dit-il, ceux-ci pillent quotidiennement tous
les hommes, au lieu qu'un noble ne rançonne qu'une ou
deux fois par an, une ou deux personnes seulement ». Le
préjugé contre le commerce est tenace, comme on le voit.
L'acheteur en tous cas ne restait pas au-dessous du vendeur
en expédients ou en ruses. « On ne se demandait pas s'il
fallait acheter, dit Lamprecht, mais dans quelles conditions
on devait le faire et la meilleure recette pour duper le
vendeur. »

Les doléances sur l'énormité du gain que font certains
négociants sont si fréquentes qu'elles attirent l'attention du
pouvoir. En France, une ordonnance de 1351 limite à « deux
sols parisis pour livre d'argent, en pays de parisis, et tournois
en pays de tournois et de la marchandise de tournois, et non
plus, eu égard à ce que la marchandise leur coûte rendue à
Paris, tant seulement, sans y mettre ne convertir autres
cousts et frais » le bénéfice que peuvent prendre « les drap-
piers en gros ou en détail, les espiciers, tapissiers, fripiers,
cordiers, vendeurs de hanaps et tous autres marchands
d'avoir de prix ».

Supprimer le *regrat,* c'est-à-dire les reventes successives,
et réduire le plus possible le nombre des intermédiaires, sont
les idées qui président à la création des halles et aux règlements qui les régissent. Les biens sont considérés comme produits directement par le client, devant passer immédiatement
des producteurs aux consommateurs, le gain devant être
attribué à ceux qui ont créé ces biens et non à des parasites.

Dès le xie siècle cependant l'on trouve des fortunes édifiées
par le commerce. Le principal appoint de ces fortunes est
moins dans le commerce des objets nécessaires à la vie que

dans le trafic de ces produits de luxe que l'alimentation, le vêtement ou la parure demandent aux pays du Nord ou du Levant : épices, fourrures, pierres précieuses, etc., ou dans le commerce de l'argent.

Le commerce de l'argent, représenté surtout par les changeurs, joua dans les transactions au moyen âge un rôle considérable.

A l'époque carolingienne, après l'inondation de métaux précieux qui suivit le pillage du ring des Avares, l'or et l'argent avaient presque complètement disparu. On en était revenu pour les échanges au système primitif du troc. Au xɪᵉ siècle, le renouveau de la vie ne s'accommoda plus de ce mode arriéré ; les métaux sortirent peu à peu de leurs cachettes, la monnaie fut de nouveau nécessaire, et aussi, puisque les affaires devenaient plus importantes, la facilité de contracter un emprunt. La terre, le seul capital d'alors, fut par cela même la base du crédit. Les cens payés sur une terre en vertu d'un accord entre parties devinrent de véritables rentes ; les contrats, cédés à un tiers, en furent les titres ; ils furent négociés et par ce moyen le commerçant put, moyennant le paiement d'un cens, gagé sur sa terre, différer le paiement du capital de sa dette, ou, en créant ce cens, se procurer l'argent nécessaire à ses achats et à l'extension de son commerce. Mais le rayon dans lequel pouvait être pratiqué ce genre d'opérations était des plus étroits. Le besoin de la monnaie devint tellement urgent que chaque seigneur voulut avoir la sienne et cette variété de monnaies, la diversité de leurs titres, de leur poids, de leur valeur, les fluctuations dans le rapport entre l'or et l'argent, la nature même des transactions, le mode de règlement dans les foires donnèrent à l'office du changeur une grande importance.

Beaucoup de vitraux de nos cathédrales (Bourges, Le Mans, etc.) nous montrent de ces boutiques de changeurs où celui-ci est représenté derrière une balance sur laquelle il va peser les monnaies empilées à ses pieds ou puisant dans un sac celles qu'il va offrir en échange des apports de ses clients. La création de monnaies royales, à base fixe, à circulation étendue, le développement des lettres de change, la création de banques, diminuèrent leur importance. Le règlement des comptes put, à la fin de chaque foire, s'opérer sans déplacement de monnaie. Du jour où le débiteur put se libérer par le seul engagement moral d'acquitter à une date fixe la lettre de change tirée sur lui, où le tireur eut la faculté de transmettre à autrui par un simple endos sa créance et se libérer lui-même vis-à-vis de ce tiers par la seule cession de cette créance, le changeur devint inutile. Les orfèvres suffirent à régler les changes et dès 1514, à Paris, le nom des changeurs disparaissait de la liste des six corps de marchands.

La diversité des monnaies avait fait adopter l'usage de monnaies de compte dont la valeur une fois admise servait aux règlements dans tous les pays : la livre tournois, la livre parisis, le sterling, le ducat, le florin, le besant, dont le paiement pouvait se faire en or ou en argent. Le sou tournois, dit M. Wallon, était à peu près notre franc, et le sou parisis le shilling anglais (1 fr. 25 c.), la livre tournois notre pièce de 20 fr. et la livre parisis la livre sterling ou guinée anglaise (25 fr.).

L'unité à laquelle se rapportent presque toutes les évaluations en France est le marc d'argent. Son poids était de 240^{gr},475, la moitié d'une livre. Il était surtout usité depuis le milieu du xie siècle et son étalon se conservait à la Cour des monnaies de Paris. Il était divisé en 8 onces. Le prix de

l'argent pouvait varier sans que les évaluations, toutes ramenées à une mesure commune et invariable, fussent faussées,
et ainsi se trouvaient conjurés tous les inconvénients résultant des fréquentes altérations des monnaies.

De 1113 à 1873, écrit un économiste, en France, la valeur
des pièces d'or a été altérée 146 fois, celle des pièces d'argent
251 fois et leur rapport mutuel un nombre de fois qu'il faut
renoncer à calculer. En Italie, ce rapport qui était à la fin
du xiiie siècle de 9 $^1/_2$ à 1 fut, par suite de l'adoption de la
monnaie d'or, élevé en trente ans à 12 $^1/_2$ pour 1. En France,
sous saint Louis, ce rapport est de 16 à 1; il n'est plus que
de 12 à 1 au xve siècle. L'alliage variait suivant les pièces et
les pays. L'agnel d'or de saint Louis était à $\frac{990}{100}$ de fin ; sa
monnaie d'argent à $\frac{23}{24}$; la monnaie de billon des tournois
n'était pas taillée dans le même alliage que les parisis. Aussi
est-ce à la valeur exprimée en poids d'argent fin que se rapportent tous les calculs de ceux qui s'occupent de l'histoire
des prix et des rapports des prix à une même époque.

Cette valeur relative de ces monnaies, ce pouvoir d'échange
des métaux précieux aux différentes époques du moyen âge,
rien n'est plus difficile que de l'établir d'une manière certaine. La révolution économique à laquelle nous assistons,
permet de se rendre compte de ce qu'a forcément de hasardé
une pareille estimation. Les prix des choses les plus nécessaires, du blé par exemple, variaient d'année en année, de
saison en saison. Ces changements étaient si fréquents que
lorsque la taxe du pain devait être élevée, pour ne pas provoquer de murmures ou même de révoltes, on modifiait non
pas le prix, mais le poids du pain ; l'acheteur, pour le même

prix, recevait une moindre quantité de marchandise, et sous
cette forme l'augmentation lui était moins sensible. C'était
en outre de pays à pays que différait la valeur de ces objets,
non seulement par suite d'une différence de récolte, mais de
la part que cette denrée avait dans l'alimentation, de la
richesse du pays, de ses charges, de ses traditions. Il y a
également beaucoup d'arbitraire dans la comparaison de la
valeur des métaux précieux alors et de nos jours. Ce genre
de recherches a néanmoins captivé bon nombre d'érudits ;
les résultats auxquels ils sont arrivés sont intéressants, curieux ; ils ont même servi de prétexte et de base à une sorte
de réhabilitation économique du moyen âge. La seule conclusion générale à laquelle il soit permis de s'arrêter, c'est
que sauf, et l'exception vaut, d'après ce que nous avons dit,
la peine qu'on le remarque, les années de disette et de
guerre, sauf les périodes de crises, il y avait alors entre le
prix moyen des objets de première nécessité et les salaires la
même proportion qu'aujourd'hui.

Le taux de l'intérêt, qui a pour le commerce une si grande
importance, présente aussi, suivant les pays et les époques,
une grande diversité. Ainsi on le voit en Italie de 10 p. 100
à Brescia en 1268, de 20 p. 100 à Vérone en 1270. Philippe
le Bel le fixe à 20 p. 100 en France, mais en réduisant le
taux à 15 p. 100 pour les emprunts ou débets contractés aux
foires de Champagne. 20 p. 100 est le taux usité en France
et en Angleterre du xiie au xive siècle de la part des Juifs et
des Lombards ; à Francfort, au xive siècle, ils baissent ce
chiffre jusqu'à 9 p. 100 et l'élèvent parfois à 26 et 45 p. 100.
Une baisse constante se manifeste cependant de 1300 à 1500 ;
à Brême, en 1450, il s'abaisse à 5 p. 100 ; même taux à
Augsbourg en 1441 et années suivantes, de sorte que la

moyenne pour le moyen âge ne serait que de 10 à 12 p. 100 et même un peu moindre en Allemagne, 7 à 10 p. 100[1]. Mais il faut ajouter que les prêts étaient rares et que les taux excessifs étaient en quelque sorte justifiés par les dangers de persécution et de confiscation auxquels étaient exposés les prêteurs, surtout les Juifs.

En somme, le commerce est loin d'avoir pendant toute cette période la grande allure qu'il va prendre au cours de l'ère suivante. C'est un commerce au jour le jour, étroit, restreint, ne comportant ni combinaisons, ni calculs, étouffé par des règlements, comprimé par des taxes, individuel plus que national, profitant à quelques intermédiaires (Vénitiens, Hanséates), mais n'engageant derrière lui aucune collectivité, aucun État. Se faisant surtout par terre, par caravanes, il ne remue que des quantités minimes de marchandises ; sur mer même, les navires de faible tonnage, marchant le plus souvent à la rame, ne circulant que dans des conditions strictement limitées et réglées, ne font que des transports peu considérables. Les conditions d'instabilité et de diversité monétaires, l'état social, les fréquentes convulsions politiques, les guerres, les famines, les menaces de confiscation, les exigences fiscales compriment tout essor. Le théâtre de l'activité européenne est limité à la Méditerranée, et une partie de cette mer lui est à moitié fermée par les Musulmans. Le commerce étouffe, comme l'intelligence humaine, dans les étroites limites où il lui est permis de se mouvoir. Ils vont les franchir ensemble.

1. Cf. Paul Leroy-Beaulieu, ap. *Économiste français*, 13 octobre 1894.

TEMPS MODERNES

CHAPITRE XIV

Les Portugais et la découverte d'une nouvelle route vers les Indes.

La fin du xv⁰ siècle est marquée par deux événements qui ont dans l'histoire du commerce une importance capitale : la découverte par les Portugais d'une nouvelle route vers les Indes et celle de l'Amérique, au nom de l'Espagne, par Christophe Colomb. Ils coïncident précisément avec cette série de révolutions qui mettent fin au moyen âge et inaugurent les temps modernes, et dont chacune influa aussi pour sa part sur la transformation économique de l'Europe. Le caractère des deux époques se retrouve nettement dans les grandes expéditions maritimes. L'esprit religieux du moyen âge s'y affirme hautement ; l'esprit scientifique les soutient et les guide ; ce sont des croisades qui, comme celles des siècles précédents, vont tourner surtout au profit du commerce ; elles vont élargir le cercle de l'activité matérielle de l'humanité, comme la Renaissance son horizon intellectuel, changer les conditions de l'existence, bouleverser toute l'organisation sociale et tout l'équilibre politique, commencer, en un mot, une nouvelle période de l'histoire du monde.

Dès la fin du xiii⁰ siècle, un Français, Lancelot Maloisel, reprenant, le long de la côte occidentale de l'Afrique, la route abandonnée depuis les Carthaginois, s'était avancé jusqu'aux Canaries ; au siècle suivant, les Dieppois avaient poussé jusqu'au golfe de Guinée, jalonnant le littoral de leurs comptoirs, reconnaissant le rio d'Ouro, le cap Vert, Sierra-Leone, fondant dans la Guinée septentrionale le Petit-Dieppe, le Petit-Paris, la Mine (*El Mina*), et ne tenant pas assez secrètes leurs impressions et leurs découvertes pour que le bruit de leurs succès et de la richesse des pays visités par eux n'excitât pas l'émulation et l'envie. Un Français encore, Jean de Béthencourt, avait conquis au début du xv⁰ siècle les Canaries, mais la guerre de Cent ans et les troubles civils qui l'accompagnèrent, avaient éloigné les Français de ces parages, et ce furent les Portugais qui, sous la direction de l'infant don Henri, reprirent et agrandirent leur œuvre.

La poursuite de la guerre contre les Maures, la guerre sainte, est le premier but des expéditions portugaises. Le clergé les bénit ; les nobles s'y précipitent ; les savants en assurent le succès : l'astrolabe va permettre aux marins de mesurer la hauteur du ciel et d'établir leur position sur le globe ; la boussole, bien perfectionnée depuis que sa connaissance a été apportée par les Arabes, de se guider sûrement sur les mers ; mais l'enthousiasme religieux vient en aide à la conviction raisonnée de l'infant pour dompter les terreurs ; les monnaies frappées avec l'or que l'on trouve sur les côtes de Guinée sont appelées cruzades.

L'infant était mort (1463), quand les Portugais franchirent l'équateur (1472). Il avait déjà pu voir commencer sur les bords du Tage cette vente des noirs qui va y prospérer si longtemps. Du reste, les chrétiens s'étaient familiarisés en Orient avec le commerce des esclaves qui étaient devenus un des grands articles d'échange des villes italiennes ; la vente de l'homme n'avait pas encore complètement cessé dans les comptoirs de Venise.

En 1484, Diégo Cam apercevait l'estuaire du Congo ; en 1486, Barthélemy Diaz découvrait le cap des Tourmentes ; ce cap, qu'Emmanuel le Fortuné appelait avec raison le cap de Bonne-Espérance, était en 1498 doublé par Vasco de Gama, et ce grand navigateur, après avoir successivement mouillé sur la côte orientale à Mozambique, à Monbaça et à Mélinde, arrivait l'année suivante (1499), guidé par des Maures, à Calicut. La nouvelle route vers les Indes était découverte.

L'océan Indien, dans lequel était ainsi directement entré pour la première fois un navire venant d'Europe, était déjà le théâtre d'échanges fort actifs. Ils étaient entre les mains des Maures, que les Portugais retrouvaient ainsi au terme de leurs voyages ; grands marchands, grands convertisseurs, ennemis désormais non plus seulement religieux, mais commerciaux. La terre où les Portugais abordaient n'était pas plus libre que la mer. Une population dense, industrieuse, habituée au maniement des armes comme aux opérations commerciales, se pressait aux Indes. Ils allaient donc avoir à vaincre de nombreux obstacles pour faire passer le trafic de ces contrées entre leurs mains. Mais la supériorité de leur armement, leur courage héroïque, l'habileté de leurs chefs, triomphèrent de tous les obstacles. En vain Venise leur suscita l'hostilité du soudan d'Égypte, menacé comme eux de voir passer à d'autres le commerce de l'Inde ; elle ne réussit pas mieux à arrêter les progrès du Portugal qu'Albuquerque à détourner le cours du Nil ; d'Almeida et Albuquerque jetèrent aux Indes le fondement d'un véritable empire portugais, et pendant près d'un siècle Goa, résidence du vice-roi, fut la capitale politique, religieuse et commer-

ciale d'une domination qui s'étendait des rivages de l'Afrique
aux dernières îles de la Malaisie.

Mais en retour et comme dédommagement des difficultés
qu'ils avaient eu à vaincre, les Portugais trouvaient établis
des courants commerciaux qu'ils n'eurent qu'à détourner à
leur profit. Les moussons conduisaient depuis longtemps les
barques arabes des rivages de l'Afrique à ceux de l'Hindoustan et les ramenaient à leur point de départ. Les relations
des Arabes avec les îles aux Épices, la Chine et le Japon,
n'avaient pas cessé. Mozambique, Ormuz, Calicut, Malacca,
Canton étaient d'importantes places de commerce. Les régions voisines, bien cultivées par eux, étaient riches et prospères ; Goa remplaça Calicut ; Macao fut substitué à Canton ;
les marchandises, au lieu de prendre la voie de la mer Rouge
vers Venise, se dirigèrent par le Cap sur Lisbonne, mais les
articles d'échange restèrent les mêmes. Le prestige des Portugais, leurs exploits militaires permirent même d'étendre
les relations ; les moyens de transport étant plus multipliés
et plus faciles, le commerce prit un grand essor. Aussi bien
l'Europe recevait-elle alors d'autre part des moyens et des
valeurs d'échange qui lui permettaient de multiplier ses
achats.

La route adoptée suivit à l'aller les côtes de l'Afrique,
doublant sans s'y arrêter non plus qu'au retour, tant ces parages étaient redoutés, le cap de Bonne-Espérance, s'élevant
jusqu'à Mozambique et de là se dirigeant vers Goa. Quelquefois elle contournait Madagascar pour gagner plus directement sa destination, mais rarement. Car au désir de suivre
une route plus sûre et mieux connue s'ajoutait le besoin de
trafiquer dans les ports africains. On se lançait souvent au
retour en plein Atlantique, relâchant à Sainte-Hélène, et de

là on regagnait la côte avancée du Sénégal, les Açores et l'embouchure du Tage. La piraterie régnait dans ces mers lointaines comme dans celles d'Europe ; on voyageait par convoi, sous la protection de navires de guerre et à époques fixés, pour profiter des moussons. La durée du voyage aller et retour, avec le temps d'arrêt à Goa pour déposer et reprendre les marchandises, était de dix-huit mois.

Les idées qui présidèrent à l'organisation de ce commerce furent celles qui dominaient partout alors. La liberté commerciale était inconnue, et ceux qui avaient découvert la nouvelle route et fondé ce nouvel empire, voulurent se réserver à eux seuls le bénéfice de leurs sacrifices et de leurs efforts.

Bien qu'admettant tous ses nationaux à y prendre part, le gouvernement portugais se réservait la plus grande partie de ce commerce ; d'abord les monopoles, comme le poivre, et, par intervalles, les autres épices, puis le commerce d'Inde en Inde, c'est-à-dire d'un port à l'autre de la mer des Indes. Les barques indoues n'étaient autorisées à le pratiquer qu'avec une autorisation du vice-roi valable pour un an seulement et révocable si elles transportaient certains objets dont le trafic ne devait être fait que par les Portugais, les armes par exemple. Goa était le principal centre de tout ce mouvement. Des flottilles opéraient régulièrement, à des époques calculées toujours d'après les moussons, des traversées entre elle et les principaux ports. Une station militaire surveillait de son port toute la mer d'Oman ; d'autres croisières attachées à d'autres stations, Malacca, Ternate, Mozambique assuraient également la liberté de la navigation.

Trop peu nombreux pour pénétrer dans l'intérieur du pays, les Portugais en avaient laissé le commerce aux Arabes et aux Indous, mais par des traités conclus avec les princes indigènes, ils s'étaient garantis contre toute concurrence. Les seuls Portugais devaient recevoir d'eux, moyennant un prix déterminé, certains articles et leur en fournir d'autres ; tout commerce avec d'autres peuples était interdit sans le consentement de la puissance suzeraine.

Des postes fortifiés établis sur les principaux points servaient en même temps qu'à la défense des entrepôts à la manifestation de la puissance portugaise. C'était surtout sur la force morale que reposait cet empire et en présence des résistances et des soulèvements que les exactions des gouverneurs, la rapacité des commerçants, l'intolérance des missionnaires soulevaient incessamment, il était indispensable que les indigènes eussent sous les yeux des preuves de la force matérielle de leurs tyrans.

Les navires qui parcouraient la mer des Indes en tous sens contribuaient au même résultat. Aux caravelles primitives avaient été substituées des caraques, jaugeant jusqu'à deux mille tonnes, tenant mieux la mer, et dont la capacité permettait de transporter plus de marchandises sans augmentation proportionnelle des frais. La construction de ces bâtiments était un des éléments de l'activité industrielle de Lisbonne qui trouvait dans les forêts des bords du Tage le bois nécessaire à ses chantiers.

Chacun des comptoirs portugais avait ses articles d'échanges, sa zone d'approvisionnement, sa clientèle.

Bien que dépourvue d'eau potable, possédant une bonne rade dominant une foule de ports intérieurs, placée en saillie sur un renflement de la côte d'Afrique dans la mer des Indes, l'île corallique de Mozambique exportait des esclaves, des bois d'ébène, de l'or, de l'ivoire et recevait en échange du

vin, de l'huile, de la soie, de la toile, des étoffes de coton,
de la verroterie. Les Arabes établis dans ces parages faisaient
avec l'intérieur de très nombreux échanges qu'ils soldaient
avec des coquillages tirés de la côte de Zanguebar et qui,
sous le nom de cauris, étaient répandus jusque dans le Soudan. Socotra, poste avancé vers les pays musulmans de la
mer Rouge, envoyait de l'aloès, des nattes, des dattes, des
parfums apportés de l'Arabie où Aden avait échappé à la
conquête portugaise. Ormuz, à l'entrée du golfe persique, en
face de la région alors prospère et bien cultivée de Mascate,
recevait et livrait les drogues médicinales, les épices et les
chevaux apportés par les caravanes de la Syrie et des contrées de l'Euphrate, les tapis, la soie brute et ouvrée, les
chevaux et l'argent qu'elle tirait de la Perse et du Khoraçan
et y ajoutait le sel de son territoire et les perles des îles
Bahrein, articles en échange desquels les Portugais importaient les étoffes de l'Inde et des pierres précieuses. Diu, sur
le golfe de Cambaye, était le principal débouché des produits
de l'intérieur : produits naturels, indigo, fer, cuivre, cire,
opium, blé ; produits fabriqués, huiles, étoffes de soie et de
coton, incrustations. Le riz venait surtout de Damaun. Goa
résumait le commerce de la côte de Malabar, important surtout en poivre, dont elle recevait annuellement de Cochin
plus de 150 navires. Ceylan exportait de la cannelle, des
pierres précieuses, des perles, du coton, de la soie, du tabac,
de l'ivoire. Négapatam, sur la côte plus négligée de Coromandel, livrait surtout de l'opium et des toiles peintes à destination de Pégou et de Siam. Malacca, tenant alors le rôle
que remplit de nos jours Singapour, était un vaste entrepôt
où aboutissaient les marchandises de Siam, de la Birmanie,
de la Cochinchine, de la Chine, du Japon et des îles de la

Sonde : bois d'aloès, bois de teinture, bois de sandal, camphre, or, étain, plomb, cuivre, pierres précieuses que les pays voisins venaient en outre y échanger entre eux. Ternate enfin, le principal établissement des Moluques, fournissait les épices, noix muscades et clous de girofle dont le commerce, exclusivement concentré entre les mains des Portugais, leur procurait d'immenses bénéfices.

Les relations étaient plus difficiles avec les pays riverains du Pacifique. Admis en Chine en 1517, chassés pour leur insolence, autorisés de nouveau à commercer et maîtres de Macao, les Portugais tiraient de la Chine de la porcelaine, des ouvrages en ivoire, en écaille, en bois fin et en laque, des étoffes de soie, de l'or. Ils y portaient de l'argent, des pierres précieuses, des draps, du verre, des cristaux, des montres, du vin. Au Japon, où ils abordaient en 1542, ils échangeaient les étoffes de soie venant de Chine, du blanc d'Espagne et autres produits de l'Europe et de l'Inde contre des métaux, argent et cuivre.

Les produits encombrants tenaient en somme dans ce mouvement commercial une place à peine plus grande que lorsque la terre était la grande voie des échanges. L'industrie européenne fournissait peu de produits naturels ou fabriqués à livrer en retour. Les métaux précieux étaient donc la seule marchandise avec laquelle on pût se libérer. L'argent des mines d'Amérique vint à propos s'ajouter à celui des mines d'Allemagne et à l'or de l'Afrique pour solder les différences et cette exportation atténua et retarda la crise que l'afflux des métaux précieux du Nouveau-Monde devait produire sur le marché européen.

Toutes les marchandises tirées par les Portugais de leur empire colonial, même les esclaves noirs, arrivaient à Lis-

bonne où la *casa da India* (maison de l'Inde) était chargée de
surveiller tout ce commerce. De Lisbonne elles étaient réex-
portées sur tous les ports de l'Europe soit par les Portugais,
soit par les navires italiens ou hanséates. On vit même le
grand marché des denrées de l'Inde transporté de Lisbonne
à Anvers et les Portugais laisser passer ainsi sans résistance à
d'autres une grande partie du profit qu'il donnait, Lisbonne
ne retenant guère chez elle que le moins avouable de ces
marchés, celui des esclaves.

Il avait commencé dès 1440, avait été régularisé en 1460
et concédé, moyennant une subvention à la couronne, à des
compagnies. Employés sur tous les points de la côte où existaient des établissements portugais et dans les îles, les noirs
y rendirent de très grands services, dont la constatation
donna l'idée de les substituer en Amérique aux Indiens ex-
terminés ou exténués par le travail des mines. La traite se
développa sur tous les points de la côte d'Afrique avec tous
ses hideux excès et elle resta jusqu'au milieu du xviie siècle
un des principaux éléments du commerce et de la richesse
du Portugal.

Au surplus, après un moment d'éblouissante prospérité, le
Portugal ne tarda pas à déchoir. L'agriculture et l'industrie,
qui commençaient au xve siècle à prendre leur essor, furent
délaissées pour la navigation et le négoce. La partie la plus
active de la population s'expatriait ; les guerres et le climat
faisaient outre-mer une énorme consommation d'hommes ;
bien peu s'établissaient aux colonies, plus rares encore
étaient ceux qui y fondaient une famille. Le luxe et la mollesse nés de cette rapide croissance avaient, après la fièvre
du premier moment, énervé ce peuple jadis si entreprenant.
Il ne se montra pas à la hauteur de sa fortune, et lorsque

Philippe II se fut, en 1580, rendu maître de Lisbonne, les colonies passèrent sans regrets du Portugal à l'Espagne.

Le Portugal n'avait pas été plus heureux du côté de l'Amérique. Devenu, par la grâce de la tempête qui jeta Cabral sur ces côtes, maître du Brésil, ébloui par le commerce des épices et des richesses de l'Inde comme l'Espagne par les produits des mines, il n'y envoya que deux sortes de colons, des forçats et des juifs. Encore ces derniers, qui avaient introduit la culture de la canne à sucre et donné une certaine activité au commerce, ne furent-ils pas soutenus. Ce furent des protestants français qui y fondèrent la ville qui devait succéder à Bahia comme capitale, Rio de Janeiro (1555). Les Portugais se montraient sous un jour plus favorable sur un autre point du Nouveau-Monde. C'était encore, au moment où le Portugal perdit son indépendance, ses navires qui étaient les plus nombreux parmi ceux qui pêchaient la morue sur les bancs de Terre-Neuve.

Ce brillant épisode de son existence à un moment si important dans l'histoire de l'humanité a mis en relief l'habileté maritime et l'héroïsme des Portugais plus que leurs talents administratifs et leur génie commercial. Il leur était difficile, dans l'état rudimentaire de leur industrie, de remplir un autre rôle que celui de courtiers et de rouliers des mers ; mais ils étaient, par la situation de leur capitale, en mesure de tirer de ce rôle des avantages qu'ils laissèrent trop vite échapper. Lisbonne était précisément à moitié chemin entre les deux grands marchés de l'Europe d'alors, Venise et Bruges. Le bel estuaire du Tage offrait alors comme aujourd'hui des conditions bien préférables pour le commerce maritime à celles que présentaient Venise, obligée de défendre sans cesse son port contre les alluvions de la Brenta, et Bruges, condam-

née à une ruine prochaine. Le marché qui allait s'établir à
Anvers s'y fût développé avec d'autant plus de succès que
Lisbonne se trouvait à proximité de Séville; que le grand
entrepôt du commerce des Indes orientales eût touché à celui
du commerce du Nouveau-Monde. Assurément il manquait
à Lisbonne le voisinage des centres actifs de la Flandre, la
proximité de la France, de l'Angleterre et de l'Allemagne;
mais les Portugais pouvaient garder pour eux l'industrie des
transports : au lieu de se décharger sur les navires italiens ou
hanséates du soin de porter à Anvers les épices, les y porter
eux-mêmes et en rapporter les produits manufacturés que
pouvaient consommer les Indes et le Brésil. Sans doute Lisbonne conserva une partie de ces profits; les industries de
luxe qui s'y développèrent alors, le grand nombre d'esclaves
noirs que ses habitants attachèrent à leur service, témoignent
d'un grand développement de la richesse publique. Les constructions navales y demeurèrent florissantes; une grande
partie des vaisseaux de l'invincible Armada sortit des chantiers de Lisbonne, mais ils regardèrent trop les Indes comme
une dépendance exploitable de leur pays; ils y fondèrent trop
leur prépondérance exclusivement sur la force; ils ne surent
pas s'y faire des clients dont les relations avec eux auraient
pu survivre à la chute de leur puissance.

Leur grand mérite est sinon d'avoir ouvert la voie aux
grandes explorations maritimes, puisque les Dieppois les
avaient précédés dans les parages africains, du moins de les
avoir reprises avec esprit de suite. Auraient-ils, sans les progrès de la puissance turque dans la Méditerranée orientale,
réussi à détourner le courant du commerce des Indes? Les
habitudes commerciales sont tenaces.

Si l'Italie, qui voyait au moment même où l'on découvrait

la nouvelle route, s'ouvrir ces longues guerres qui commencèrent sa décadence, fut atteinte de suite dans son commerce, Barcelone ne souffrit qu'à partir de 1529. Sélim et Soliman contribuèrent dans une bonne mesure à achever l'œuvre commencée par Vasco de Gama. Tout avait conspiré à la ruine de l'Italie et à la fortune du Portugal. Il ne sut pas ou ne put pas se tenir à la hauteur de cette fortune.

Un des traits les plus surprenants de cette histoire de l'empire portugais est l'abandon presque absolu dans lequel ils laissèrent l'Afrique. Il semble que le prestige exercé par les Indes l'ait projetée dans une ombre complète. Que les Portugais aient dirigé dans l'intérieur du pays des explorations sur lesquelles ils gardèrent le secret, cela était dans les traditions et les habitudes de l'époque ; si ce secret leur a été jadis profitable, il leur a en revanche nui de nos jours, à supposer toutefois que les Anglais eussent pu être arrêtés dans leur occupation de pays à leur convenance par les droits bien établis d'une puissance faible. Il est certain toutefois qu'ils n'ont pas compris toute l'importance de certains points sur lesquels l'attention s'est portée depuis, comme le Cap et l'estuaire du Congo. Les Portugais n'ont rempli qu'une partie de la tâche qui leur était échue : les Hollandais allaient se montrer marins plus avisés et commerçants plus habiles.

CHAPITRE XV

La découverte de l'Amérique. — Les Espagnols.

La découverte de l'Amérique devait avoir sur les destinées du commerce et de l'humanité une influence plus grande encore que celle d'une nouvelle route vers les Indes. Elle fut l'œuvre des Espagnols.

Christophe Colomb, qui l'accomplit, résume, mieux encore que les navigateurs portugais, en sa personne l'alliance de l'esprit du moyen âge et de celui des temps modernes. Né dans une ville maritime (Gênes), familiarisé de bonne heure avec l'idée des avantages et de la puissance que procure le commerce ; initié, quelle qu'ait été sa profession première, dans une ville où tout parlait marine, aux progrès de la navigation et des sciences, devenu lui-même navigateur et fortifié dans ses résolutions encore vagues par les récits qu'il entendait dans les mers du Nord des voyages des Normands vers l'Ouest et par ce que l'on disait aux Açores des arbres et des fruits étranges qu'y amenait le vent d'Ouest, il se présentait à Isabelle de Castille comme un chevalier de la religion et de la science, comme un rêveur inspiré et comme un négociant pratique. Sa conviction relevait à la fois de la méditation des livres saints (prophétie d'Isaïe) et de celle des écrivains de l'antiquité profane (traditions sur l'Atlantide et sur Thulé), des légendes scandinaves et des récits des grands voyageurs en Orient, Guillaume de Rubrouck, Marco Polo, Mandeville, Marco Polo surtout dont les descriptions du Cathay et du Cipangu hantaient alors toutes les imaginations.

Il connaissait tous les enseignements des savants contemporains, du cosmographe Benincasa à Gênes, de Toscanelli à Florence, de Regiomontan et Martin Behaim à Nuremberg. Il avait consulté les portulans et les mappemondes, croyait fermement à cette *route par mer au pays des aromates en se dirigeant constamment vers l'Ouest* dont parlait Toscanelli ; et les trésors de ce pays (Cipangu) « *si riche en or et en pierres précieuses que l'on couvre avec des plaques d'or les temples et les palais des rois* » (M. Polo) devaient servir à la délivrance du Saint-Sépulcre. Mais en même temps il montrait dans ses négociations avec Isabelle pour la stipulation des avantages qu'il se réservait comme prix de sa découverte l'esprit le plus positif et le plus pratique. Il fallait une foi bien robuste pour affronter avec les trois petites caravelles qu'on lui confiait et les maigres ressources dont il disposait, les incertitudes d'un pareil voyage, quoiqu'il se fît une idée bien amoindrie des distances qu'il aurait à franchir. Le 3 août 1492 il partait du port de Palos ; le 12 octobre il abordait à San-Salvador (Guanahani ou Watling) dans les Lucayes : l'Amérique était découverte.

Ce n'était pas en effet aux Indes qu'était arrivé Colomb : c'était un nouveau monde que, selon l'inscription bien connue, il venait de donner à la couronne de Castille. La traduction d'un ouvrage latin publié à Saint-Dié en 1507 attribua pour la première fois à ces « Indes occidentales » comme persistait à les appeler Colomb, le nom d'Amérique, tiré non pas comme on l'a ingénieusement, mais sans succès, soutenu récemment, de celui d'une arête montagneuse voisine du lac de Nicaragua, ni d'une appellation des Incas, mais d'Amerigo Vespucci, un de ces nombreux navigateurs italiens qui, à l'exemple de Colomb, avaient déserté les voies étroites et fermées de la Méditerranée pour celles de l'Atlantique.

Réunie dans les temps géologiques à l'Europe par un isthme aujourd'hui disparu, mais dont les basses profondeurs de la mer entre le nord de l'Écosse et l'extrémité méridionale du Grœnland aussi bien que la similitude des roches émergées attestent l'existence, l'Amérique n'est séparée de l'Asie que par un détroit sans profondeur de 96 kilomètres de largeur, à travers lequel, pendant une grande partie de l'année, les glaces établissent une jonction entre les deux terres opposées. C'est par là, aussi bien que par les îles voisines et par les apports des courants, qu'elle a reçu, fort anciennement, sa population dont une partie, les Eskimaux, qui habitent le Nord, a conservé avec les Tchoudes d'Asie des relations suivies, dont l'autre, sous les apparences d'une race distincte, conserve dans ses traits généraux des caractères qui ont permis aux anthropologistes d'établir sa parenté avec les races qui peuplent l'Asie.

Ces relations lointaines, et dont la réalité n'est pas admise sans conteste, avaient depuis longtemps cessé. L'Amérique formait depuis de longs siècles un monde bien à part. La population n'y offrait quelque densité que dans les îles et sur quelques-uns des hauts plateaux de l'Ouest où s'était épanouie une civilisation que, tout imparfaitement que nous la connaissions, nous savons ne se relier en rien à celles de l'Asie. Cet isolement dans lequel vivait l'Amérique s'explique par la structure même de ce continent. A mesure en effet que l'on s'éloigne du cercle polaire qui traverse le détroit de Behring, la double inclinaison en sens contraire de l'Asie qui, en descendant vers l'équateur, se replie vers l'Ouest, tandis que l'Amérique se dérobe dans la direction du Levant,

accroît rapidement la distance qui les sépare. Les isthmes ou
jetées de jonction ne relient des deux côtés que des espaces
semi-glacés où errent des tribus et des groupes clairsemés ;
là où le grand courant du Kourosivo, se repliant au large du
Japon, vient frapper le continent américain, l'humidité excessive met obstacle à la fondation d'une colonie prospère ;
partout, sauf vers l'oasis californienne, l'Amérique ne présente qu'un front abrupt de hautes montagnes portant de
hauts plateaux battus des vents ou désolés par la sécheresse,
ne devenant habitables que lorsque le voisinage de l'équateur compense les inconvénients de l'altitude. C'est de l'autre
côté sur la face qui regarde l'Europe, que l'Amérique présente au contraire ses grandes plaines et ses modestes collines.
Qu'ouverte sur l'Asie, elle eût opposé aux découvreurs européens ce front inabordable qui regarde le grand Océan et le
voyage de Colomb n'eût pas eu peut-être plus grande importance que ceux qui cinq siècles plus tôt avaient déjà porté
vers le Grœnland les navigateurs normands. Qu'allait-on
trouver au contraire ? Partout des côtes d'un abord relativement facile. Derrière le littoral, des vallées et des plaines
abondamment arrosées, cultivables, se relevant à l'intérieur
vers une chaîne de collines d'élévation modeste, coupées de
cols accessibles ; ou alors ces grands fleuves donnant comme
le Saint-Laurent, l'Orénoque, l'Amazone ou la Plata, accès
dans les profondeurs du pays ; des régions immenses comme
celle où se déploient avec tant d'ampleur toutes les branches
du grand tronc mississipien. S'allongeant de la latitude de
Bergen à 55° de latitude méridionale, comme devait le reconnaître bientôt Magellan, elle allait donc offrir à l'Europe,
de chaque côté de l'équateur, des régions tempérées d'autant
plus facilement colonisables que l'immensité des espaces

ouverts à l'intérieur permettait d'y refouler les populations clairsemées et peu belliqueuses. La rapidité avec laquelle disparurent devant les nouveaux arrivants aussi bien les empires fondés par les Aztèques sur le plateau d'Anahuac et par la famille des Incas sur ceux du Pérou que les faibles et douces populations d'Hispaniola et les redoutés Caraïbes des petites Antilles, rassura de suite contre la résistance à redouter des anciens possesseurs du sol : les Européens pouvaient en disposer en maîtres, quel usage allaient-ils en faire ?

La découverte se fit au nom de l'Espagne. Y a-t-il lieu de le regretter ? Un autre peuple européen se fût-il alors trouvé en mesure d'en tirer un meilleur parti ? Les indigènes auraient-ils pu attendre de lui des procédés moins cruels ? Gênes, qui avait rebuté Colomb, était en pleine décadence. Venise restait alors la seule véritablement puissante des républiques maritimes de l'Italie. Mais indépendamment de sa situation reculée au fond de l'Adriatique, elle avait assez de défendre contre les Ottomans les débris de sa domination en Orient. Sa force consistait surtout en mercenaires ; son autorité était loin d'être douce pour ses sujets ; sa population était faible ; sa prospérité sur son déclin. Le Portugal, auquel s'était aussi adressé Colomb, poursuivait du côté des Indes orientales, où ses navigateurs allaient bientôt arriver par la route du cap de Bonne-Espérance, une entreprise qui suffisait et au delà à ses ressources en hommes ; i'Angleterre qui encourageait alors les voyages de Cabot, la France que les rêves de Charles VIII allaient jeter dans les guerres d'Italie, étaient les seules puissances vraiment constituées auxquelles cette fortune eût pu échoir. Toutes deux devaient se jeter plus tard dans la carrière ouverte par les Espagnols.

Ce que firent plus tard les Anglais montre assez la conduite qu'ils auraient tenue et leur pays était épuisé par la guerre des Deux-Roses ; la France aurait-elle eu, au XVIᵉ siècle, la force de renoncer, au profit de l'Amérique, à ses visées continentales ? Quant aux Allemands, les atrocités commises au Venezuela par les aventuriers qu'y envoyèrent les Welser, ces banquiers d'Augsbourg auxquels le vendit Charles-Quint, nous édifient sur ce que pouvaient attendre d'eux les malheureux indigènes. Au surplus, le climat des premières terres découvertes était moins fait pour attirer ces derniers peuples que les Espagnols, mieux préparés par celui de leur pays.

En fait, l'Espagne se trouva favorisée ; était-elle en situation de profiter de cette aubaine ?

Son unité venait de se constituer sinon en droit, puisque l'Aragon et la Castille restaient toujours deux royaumes distincts, du moins en réalité. De cette séparation il résulta que les premiers colons que reçut l'Amérique furent des Castillans, des Gallegos et des Astures, mais bientôt l'Espagne tout entière se trouva appelée à en jouir. Elle était pour cela en bonne posture. La croisade contre les Maures avait développé chez les Espagnols des qualités sérieuses de résistance, de virilité, d'héroïsme. Bien que la guerre sainte absorbât surtout les forces et l'attention de la Castille, elle avait aussi sur ses côtes d'intrépides marins. Bilbao et les ports de la Biscaye armaient pour la grande pêche et avaient avec le Nord, avec Bruges principalement, un commerce assez étendu, et Séville, peuplée, industrieuse, envoyait ses produits fabriqués, l'huile, le vin, la laine et les fruits de son territoire en Flandre, en Italie et en Angleterre. Mais la principale cité maritime de la péninsule appartenait à l'Ara-

gon. Barcelone comptait dès le xiiie siècle parmi les grandes
villes marchandes. Elle commerçait avec l'Égypte et le Maroc, entretenait sur beaucoup de points des consuls, avait
un code de marine (les Barcelonais disputent à Marseille la
paternité du *Consulat de la mer*), important tous les produits
de l'Orient et les répandant dans l'intérieur de la péninsule
et sur le continent européen. Au xive et au xve siècle, elle
avait étendu et déplacé son courant d'affaires, achetant en
Angleterre de la laine pour le travail de ses manufactures,
créant une banque, réformant ses tarifs de douane et, la
première, les variant suivant la provenance, abaissant à 1/3
p. 100 de la valeur des marchandises les droits qu'avaient à
acquitter les produits du Levant, tandis que les autres payaient
2/3 p. 100. L'exemple des Maures avait même sur certains
points créé des agriculteurs, en sorte que l'Espagne avait à
sa disposition, pour tirer parti du Nouveau-Monde, soldats,
marins, agriculteurs et commerçants.

Forte de 8 à 9 millions d'habitants, la population était en
grande majorité rude et grossière. Sobres et peu besogneux,
portés aux aventures, à la guerre, au brigandage, détournés
depuis longtemps par la lutte religieuse et nationale qui
venait de s'achever et ne les retenait plus, du travail des
champs, moins attachés au sol qu'à leurs croyances, moins
Espagnols que *fueristes* et chrétiens, le Castillan comme
l'Aragonais, le Gallego comme le Catalan, blessés par les
progrès récents de la royauté et d'une justice régulière dans
leur attachement à leurs anciennes franchises et à leurs
habitudes séculaires de vie indépendante, étaient tout disposés à poursuivre au delà des mers les conquêtes de la croix,
leur carrière aventureuse, leur existence libre de tout frein,
surtout s'ils devaient y trouver aussi ce dont l'idée les gri-

serait d'autant plus qu'elle leur était moins familière, la possession de l'or. Ils allaient donc se montrer de l'autre côté de l'Atlantique impatients de tout joug, avides de faire œuvre pie par la conversion ou la mort des indigènes, incapables, en général, de songer à faire plus que chez eux œuvre de leurs bras pour la mise en valeur des terres, conquérants, aventuriers, convertisseurs, chercheurs d'or, mais non colons.

Les Espagnols, au surplus, étaient depuis longtemps façonnés à l'exploitation des terres conquises. Dès qu'un lambeau du territoire ibérique était repris aux Musulmans, ils y établissaient des lieux de peuplement, centres à la fois de domination politique et de propagande religieuse, désireux sans doute de convertir, mais plus encore de chasser l'ancien possesseur, le réduisant en esclavage s'il restait fidèle à ses croyances et ne se faisant pas scrupule d'en trafiquer.

Dès son premier voyage, Colomb avait ramené avec lui des Indiens. C'était, avec l'or, une preuve de la vérité de sa découverte ; c'était aussi un des profits qu'elle lui promettait. Ces païens, ces idolâtres pouvaient être sans scrupule réduits en esclavage, vendus. Isabelle arrêta quelque temps ce trafic en Espagne, mais en Amérique il se faisait couramment ; les hommes étaient comme les terres partagés entre les colons, exploités comme elles, et les *repartimientos* étaient en 1512 régularisés par Ferdinand. L'on sait quelle immense consommation d'hommes se fit dans les premiers temps de la conquête. La soif de l'or rendit impitoyables ces orgueilleux Espagnols. Les Indiens n'étaient pas habitués au travail des mines ; comme les tribus qui subsistent encore, ils vivaient surtout de chasse et de pêche. Les travaux auxquels ils furent condamnés, les mauvais traitements, les barbaries dont ils fu-

rent l'objet, les détruisirent promptement. Les Dominicains
prirent enfin leur défense ; Las Casas plaida leur cause auprès
de Ferdinand, convainquit Ximénès, et les Indiens, déclarés
libres, protégés par des règlements minutieux et placés sous
la tutelle des moines, échappèrent à l'extermination totale
dont ils étaient menacés, mais combien avaient péri ! La
même pensée d'humanité qui les sauva perdit une autre
race. La traite des noirs commença. Cinquante millions
d'Africains devaient être en trois siècles arrachés à leur pays
pour être transportés sur cette terre où sept millions d'hommes
de couleur les représentent aujourd'hui.

Cependant l'émigration espagnole se portait avec une
activité fiévreuse en Amérique. Hispaniola devenait le centre
de leur empire. Des établissements, des villes y étaient
fondés ; des colons se fixaient à Porto-Rico, à Cuba, à la
Jamaïque ; des évêchés, des couvents étaient créés, les relations de commerce commençaient. Le gouvernement espagnol s'efforça de tout soumettre à son action.

Poursuivant elle aussi au delà des mers la politique qu'elle
pratiquait en Europe, l'autorité des souverains ne voulut souffrir aucun pouvoir rival et désira s'assurer des ressources.
Effrayée dès le début de l'étendue des faveurs concédées à
Colomb, elle lui avait suscité des difficultés de toutes sortes.
Cortez, pour les mêmes motifs, ne sera pas mieux traité par
Charles-Quint. Les règlements fixèrent d'abord les conditions du commerce et en 1542 les « nouvelles lois » se pro-
poseront de créer au Nouveau-Monde une organisation régulière, d'y assurer l'autorité royale, de refréner quelques-uns
des abus, mais en en conservant en même temps beaucoup
d'autres dont le souvenir pèse lourdement sur l'Espagne.

Les découvertes et les conquêtes avaient rapidement marché. Colomb avait déjà, en dehors des Antilles, reconnu le littoral du continent depuis l'embouchure de l'Orénoque jusqu'au cap Grâce à Dieu ; Ponce de Léon avait découvert la Floride (1582), Grijalva, le Mexique (1513) bientôt conquis par Cortez (1519-1521). Nunez de Balboa avait des hauteurs de l'isthme de Panama aperçu le grand Océan dont il avait pris possession au nom de l'Espagne, Pizarre avait découvert et conquis le Pérou (1539), Almagro le Chili (1545), Diaz de Solis le Rio de la Plata. En 1565, Urdaneta allait des Philippines au Japon, du Japon à Acapulco ; le grand Océan était franchi dans sa partie septentrionale comme il l'avait été dans sa partie méridionale par Magellan.

Le petit-fils de Colomb avait abandonné aux rois d'Espagne la souveraineté accordée jadis à son père sur toutes les terres qu'il découvrirait. C'était tout un monde qu'avait à administrer l'Espagne.

La situation était bien différente en Amérique de celle qu'avaient trouvée les Portugais aux Indes. Les conquistadores avaient fait table rase des anciens empires ; les massacres d'indigènes ne laissaient plus en face des Européens que des populations désarmées ; pas de traités à conclure avec elles, pas de rivaux à écarter, mais en revanche des traditions, des habitudes, des souvenirs, des civilisations dont un maître habile eût su tirer profit. La facilité même avec laquelle, surtout au Mexique, les indigènes abandonnèrent en faveur du christianisme une religion sanguinaire eût dû rendre les Espagnols moins durs pour leurs nouveaux sujets.

Les principaux États civilisés existant au moment de la conquête étaient ceux des Aztèques au Mexique, des Maya dans le Yucatan, des Quitché au Guatemala, des Muysca ou Chibcha au Cundinamarca (Colombie), des Quichua et des

Aymara au Pérou. Tous étaient situés sur des plateaux, et quelques traits communs à ces civilisations attestent, malgré la diversité des coutumes et des mœurs au moment de la conquête, une même origine. Partout l'usage du fer était inconnu, mais partout l'agriculture était favorisée par des canaux d'irrigation, le commerce par des routes, partout l'industrie était arrivée, notamment pour le travail des métaux, à un grand développement. Les ruines de forteresses, de châteaux, de sanctuaires qui subsistent encore, les statuettes, les objets sculptés, les débris de digues, de ponts, de routes qui ont échappé à la destruction, ce que nous savons de leurs connaissances astronomiques, nous révèlent des populations arrivées à une véritable culture. Le troc était le plus souvent employé pour les échanges, mais au Mexique les fèves de cacao tenaient lieu de monnaie ; les Chibcha avaient une monnaie véritable. Si au Mexique le commerce semble avoir été limité à la région où dominaient les Aztèques, les Maya trafiquaient par mer avec les Antilles, les Chibcha descendaient vendre et acheter aux habitants de la plaine, les Aymara entretenaient sur les routes des hôtelleries, des relais, des entrepôts pour les voyageurs, c'est-à-dire des caravansérails analogues à ceux qu'avaient créés en Asie les Lydiens et les Perses et des courriers royaux circulaient sur les routes des Incas comme sur celles des Achéménides. Si les bêtes de transport faisaient défaut ailleurs, les lamas étaient au Pérou employés pour cet usage. Partout on savait tisser, broder, ciseler les métaux précieux, fabriquer des armes ; des alliages donnant des produits d'une remarquable solidité avaient été inventés ; les emplacements des villes avaient été bien choisis dans l'intérêt de la sécurité et du commerce ; des marchés, des foires existaient et prospéraient, quel parti aurait pu tirer de tous ces éléments un peuple éclairé et humain !

Malheureusement les idées qui dominaient alors dans toute l'Europe chrétienne étaient peu favorables à l'adoption d'un système de rapports bienveillants, de sage protectorat. Le progrès des nationalités favorisait encore la tendance au particularisme économique. Les idées de protection du travail national s'étaient déjà manifestées sur quelques points, enfin les besoins fiscaux de la royauté grandissaient sans cesse. Le pape Alexandre VI, en traçant la ligne de démarcation et partageant le monde entre les Portugais et les Espagnols, avait donné à la domination espagnole au Nouveau-Monde la conscération suprême. Les rois songèrent donc avant tout à faire tourner ces découvertes à l'avantage du trésor. Que le souci du travail national, du bien de l'Espagne vînt s'y ajouter, on pouvait le comprendre encore, mais que la pensée de rechercher ce qui pouvait convenir à l'avantage de leurs nouveaux sujets, à la prospérité de leurs colonies pût leur venir à l'esprit, cela était trop contraire aux idées de leur époque.

Le commerce, l'industrie, la marine avaient été déjà l'objet des préoccupations d'Isabelle et de Ferdinand ; on les avait vus taxer des marchandises, prendre des mesures contre les étrangers, défendre l'exportation de l'or et de l'argent, promulguer des lois somptuaires ; ils se montrèrent plus stricts et plus fiscaux encore dans la réglementation du commerce des Indes.

Séville fut le seul port ouvert à ce commerce. La *casa de contratacion* (hôtel ou chambre du commerce) créée en 1503 fut le lieu de passage obligatoire de toutes les marchandises destinées aux Indes ou en provenant. Chaque nature de mar-

chandises y avait son entrepôt spécial. Un facteur, un tréso-
rier et un secrétaire ou comptable estimaient, gardaient, en-
registraient tout ce qui y était présenté, rassemblaient tout
ce qui était nécessaire à l'armement ou au chargement des
navires, aux besoins des colons. Tout navire partant devait déclarer la nature et la valeur de son chargement. Au
départ des Antilles, le navire devait prendre à bord quatre-
vingts jours de vivres, ne relâcher dans aucun port, n'aborder
qu'à Séville ; le trafic était défendu à tout étranger. L'exploitation de l'or fut soumise à une surveillance rigoureuse. Le
minerai découvert devait être déposé dans un local désigné
où il était fondu par des officiers de la couronne, la moitié
étant réservée au souverain.

En 1511, le conseil supérieur des Indes siégeant à Madrid fut institué ; Charles-Quint le réorganisa en 1524. Il avait
la haute main sur tout ce qui concernait les colonies au point
de vue ecclésiastique et militaire, comme au point de vue
civil et commercial. Le gouvernement était représenté au
Nouveau-Monde par deux vice-rois (Mexique et Pérou), des
gouverneurs, des *audiences* ou tribunaux ayant droit de re-
montrance. Toutes les fonctions appartenaient à des Espa-
gnols-nés, à l'exclusion non seulement des indigènes et des
métis, mais même des Espagnols nés aux colonies de pa-
rents espagnols. Afin de mieux surveiller le commerce, on
décida que deux fois seulement par an, une *flotte* de quinze
galions partirait de Séville pour Vera-Cruz et le Mexique, une
de douze *galions* pour Porto-Bello et l'Amérique du Sud.
Des agents placés dans ces ports se chargeaient de faire écouler vers les lieux de consommation les produits importés, de
les faire acheter de gré ou de force (car on en vint à rendre
l'acquisition de certains objets obligatoire), de faire refluer

vers ces ports les métaux à exporter. Pour le Mexique, le
marché se tenait non à la Vera-Cruz, trop malsaine, mais à
Jalapa. Le grand marché pour le Pérou et le Chili était
Porto-Bello. « Cette misérable petite ville malsaine, presque
inhabitée le reste de l'année, prenait une animation extraordinaire pendant les quarante jours que durait la foire. Les
marchands de l'Espagne et du Pérou y figuraient comme
deux compagnies rivales, dont l'une avait à sa tête l'amiral
des galions et l'autre le gouverneur de Panama. Ces deux
personnages se rencontraient sur le vaisseau amiral et fixaient
les prix auxquels chacun devait acheter chaque marchandise[1]. » Loin de favoriser l'agriculture et l'industrie, on interdit la culture et la fabrication de tout ce qui pouvait être
cultivé ou fabriqué en Europe. Tout au plus tolérait-on la
fabrication des objets destinés aux usages communs de la
vie. L'Indien, pour n'être pas redoutable, devait être à la
merci du conquérant ; le colon, pour n'être pas tenté de s'é-
manciper, à la discrétion de la métropole. Au surplus, la législation n'était pas plus libérale dans l'Espagne même en
matière commerciale. Au xvie siècle, loin de songer à abaisser
les barrières entre les provinces de l'Espagne unifiée, on les
élève, on en établit de nouvelles. En même temps que l'on
réserve à l'Espagne le monopole de la fourniture aux colonies
des produits fabriqués, on défend l'exportation de ceux qui
sortent des manufactures espagnoles ; en même temps que l'on
force ainsi les fournisseurs à s'approvisionner en dehors de
la péninsule, on prohibe la sortie des métaux précieux ; on
interdit l'usage des lettres de change. Mal préparée à la for-

---

1. Paul Leroy-Beaulieu, *De la Colonisation chez les peuples modernes*, liv. Ier,
chap. Ier.

tune qui lui est échue, troublée par cette révolution dans sa destinée, ne comprenant rien aux changements qui s'opèrent dans les conditions antérieures du commerce, l'opinion, exprimée par le conseil de Castille, par les Cortès, réclame et obtient des souverains les mesures les plus préjudiciables à ses intérêts. Les hasards dynastiques lui ont donné comme roi un prince autrichien, souverain des Pays-Bas et d'une partie de l'Italie, mêlé aux affaires de toute l'Europe, aspirant à la domination universelle, plus Gantois qu'Espagnol. Elle s'épuise pour des intérêts qui ne touchent pas l'Espagne, souffre des mesures prises par son roi en faveur des autres pays de son empire et s'étonne de voir tourner à son détriment cet afflux de métaux précieux avec lesquels elle se croit la nation la plus riche du monde.

De 1492 à 1500, la quantité de métaux précieux importée en Espagne ne fut que de 1,750,000 fr. par an en moyenne; de 1500 à 1545, elle atteignit une moyenne annuelle de 15,000,000. Lorsqu'en 1545 eut été découverte au Pérou la mine du Potosi, quand on eut au Mexique substitué aux procédés primitifs de récolte de l'or et de l'argent, une exploitation sérieuse des mines, elle s'éleva à 55,000,000. C'était donc à la fin du XVIe siècle une somme de 3,714,000,000 de francs qui était, depuis la découverte de l'Amérique, entrée en Espagne. Or, si l'on rapproche de ce chiffre celui de 850,000,000 auquel on évalue la totalité des métaux précieux existant avant cette époque en Europe, on voit que cette quantité avait plus que quintuplé. Encore faut-il considérer, pour se rendre un compte bien exact de la modification produite dans la quantité du métal circulant, que plus de la moitié du stock ancien était immobilisé en objets d'orfèvrerie, châsses, bijoux, statuettes, etc. Avant que l'Es-

pagne se fût jetée ou plutôt eût été jetée par Charles-Quint
dans les grandes aventures européennes, le métal s'accumu-
lant en Espagne avait comme conséquence entraîné le renchérissement de toutes choses, matières premières, objets
d'alimentation, produits fabriqués, salaires. Des plaintes
universelles s'élevèrent ; on fixa un maximum pour le blé ;
on attribua à la sortie des objets manufacturés pour l'Amérique l'élévation de leur prix, on interdit cette sortie ; on
interdit même la sortie des laines (pragmatique de Madrid,
1552). Pour se créer des ressources, le gouvernement encou-
rage l'entrée des marchandises étrangères sur lesquelles il
perçoit un droit ; on ferme les yeux sur la contrebande qui
en introduit d'autres ; les charges fiscales qui pèsent sur
l'Espagne s'aggravent de jour en jour ; l'émigration des
champs vers la ville provoquée par un premier regain d'activité des manufactures, les persécutions incessantes contre
les Maures et les nouveaux convertis ont appauvri les campagnes ; l'émigration vers l'Amérique appauvrit les villes.
L'incendie de Medina del Campo lors de la révolte des
Communeros a ruiné la foire de cette ville où se brassait
pour un million d'affaires ; les fabriques de Valence, de
Ségovie, de Séville déclinent à partir du milieu du siècle,
ruinées par l'élévation du prix de la fabrication, la restriction des marchés, la concurrence étrangère. Les bénéfices
des mines d'Almaden engagées par Charles-Quint aux Fugger
d'Augsbourg, passent en Allemagne ; les métaux précieux
quittent l'Espagne à leur tour pour satisfaire aux nécessités
des multiples entreprises dans lesquelles se sont engagés
Charles-Quint et Philippe II. L'accroissement incessant des
biens de mainmorte ajoute à ces causes de ruines, et quand
meurt ce Philippe II, sur les États duquel le soleil ne se

couchait pas, la misère est générale en Espagne et le royaume à la veille d'une banqueroute.

L'Espagne avait semé pour d'autres. Ce nouveau champ d'activité, qu'elle n'avait pas su exploiter, restait ouvert. D'autres nations s'y précipitèrent. Mais il fallut plus de trois siècles avant qu'apparût dans toute sa réalité l'importance de la découverte de Colomb. Déjà cependant avant la fin du xvie siècle plusieurs de ses résultats se sont affirmés. L'Occident s'est révélé au moment même où se fermaient les anciennes routes de l'Orient. La coïncidence de la découverte de l'Amérique avec celle du cap de Bonne-Espérance a rendu plus complet, plus subit, plus irrévocable le déplacement de la puissance maritime ; la Méditerranée, ce berceau de la civilisation européenne, cette mer sur les bords de laquelle ont grandi et décliné tant d'empires, n'est plus qu'une mer secondaire, un golfe de cet océan sur les bords duquel s'allongent, sous les climats les plus divers, les terres de l'ancien et du nouveau monde, par lequel arrivent maintenant à l'Europe les épices, les pierres précieuses et les parfums des Indes, comme l'or et l'argent de l'Amérique. L'Espagne et le Portugal ont remplacé Venise, Gênes et Alexandrie. L'afflux des métaux précieux a opéré une révolution économique dont les effets grandiront de jour en jour. La noblesse espagnole a conquis ou obtenu des majorats au delà des mers, mais l'agrandissement du commerce va profiter surtout à la bourgeoisie. L'accroissement de la fortune mobilière, sa juxtaposition et plus tard même sa substitution à la richesse terrienne orienteront dans une direction nouvelle les préoccupations économiques. Le champ du commerce s'est agrandi ; le commerce maritime l'emporte sur le commerce par terre, le grand commerce est né.

L'importance de cette révolution ne se fit heureusement sentir que progressivement. Les guerres de Charles-Quint et de Philippe II et leurs persécutions religieuses firent perdre plus d'habitants à l'Espagne que l'émigration en Amérique. Les préjugés du sang, si vivaces chez les Espagnols, la nécessité où se trouvaient les émigrés, par suite de la répugnance des femmes espagnoles à l'émigration, de s'unir à des femmes indigènes ou nées d'indigènes, retardait le peuplement du nouveau monde ; la mode adoptée de n'aller aux colonies que pour s'y enrichir promptement et non pour s'y établir à demeure ; les tracasseries et les vexations auxquelles on était en but de la part des gouvernements et du clergé coloniaux ; l'interdiction aux étrangers non seulement de s'y fixer, mais même d'y faire le commerce ; la fascination exercée par les métaux précieux et le dédain qui en résultait pour l'exploitation et la mise en valeur des autres ressources du nouveau monde, enfin les lenteurs et les fatigues de la traversée éloignèrent l'élément européen. Ce ne fut donc que par degrés que l'influence du nouveau monde s'exerça sur l'ancien. Les rivalités politiques s'aiguisèrent à son sujet et il fut pour l'Europe une nouvelle cause de conflits. Même les régions voisines du pôle, celles où n'avaient pas paru les Espagnols, où la chasse et la pêche étaient les seules occupations fructueuses excitèrent des guerres. Le xviie et le xviiie siècle sont remplis de ces luttes coloniales dont l'ardeur même implique un pressentiment de l'importance que ces questions coloniales et le progrès des pays hors d'Europe vont prendre au xixe siècle.

Cependant certains produits originaires d'Amérique, d'autres dont la culture y a été introduite prennent place dans la consommation européenne et fournissent de nouveaux champs

d'action au commerce ; nous lui devons le maïs, la pomme
de terre, le tabac, devenus des richesses pour nos contrées ;
le cacao, le quinquina, le coca, des baumes, des plantes
médicinales et tinctoriales pour lesquels nous sommes restés
ses tributaires. Nous avons introduit chez elle nos céréales,
nos essences forestières, le café, le poivre, la canne à sucre,
le coton dont elle est devenue productrice et marchande. Elle
nous a fourni peu d'animaux domestiques, mais elle a adopté
tous les nôtres. Elle a, dans notre siècle surtout, donné asile
à des millions d'émigrants ; ses États, affranchis de la tutelle
de l'Europe, se développent chaque jour et les États-Unis
comptent pour la population et la richesse parmi les plus
grands États du monde.

Mais c'est surtout dans notre siècle qu'il conviendra d'étudier l'influence que l'ancien et le nouveau monde ont exercée
réciproquement l'un sur l'autre. Pendant les trois premiers
siècles qui ont suivi la découverte, l'Amérique n'est qu'une
annexe de l'Europe, un domaine lointain mal exploité, auquel on tient par gloriole autant que pour les bénéfices qu'on
en retire, un marché sur lequel chaque puissance se réserve
avec un soin jaloux l'emplacement et la clientèle qu'elle possède, quelquefois un asile où l'on va chercher la liberté, le
plus souvent une bourse où l'on va demander la fortune. Elle
est en tous cas déjà une source de développement pour la marine, d'élargissement pour le commerce, de prospérité pour
certaines villes où se concentrent les échanges et pour les
États qui savent en user sagement avec elle. La traite des
noirs est malheureusement un des objets les plus convoités
de ce commerce et des plus lucratifs ; la politique commerciale inspirera bien des excès et des crimes, cette expansion
de la vie européenne, cette prédominance des questions éco-

nomiques, cet agrandissement de l'horizon commercial n'en sont pas moins une révolution des plus fécondes. Le vieux monde du moyen âge s'écroule, une ère nouvelle commence qui livre à l'activité de l'homme blanc, au lieu du coin de terre sur lequel il s'épuisait dans les luttes étroites et mesquines, le globe tout entier, à la compréhension duquel de grands mouvements intellectuels lui permettent d'étendre ses facultés et de hausser son intelligence.

CHAPITRE XVI

La Renaissance et la Réforme. — L'Europe centrale
et occidentale au seizième siècle.

La Renaissance et la Réforme, en modifiant les tendances
et le courant des esprits et créant de nouveaux intérêts, devaient avoir également leur répercussion sur le commerce.

Ces deux révolutions sont, comme les grandes découvertes
maritimes, la résultante du travail qui s'était opéré dans la
chrétienté depuis deux siècles. L'Italie était toujours restée
pleine des souvenirs de l'antiquité classique ; sa résurrection,
le retour au passé avaient toujours fait partie de son idéal ; la
vie politique et la vie privée, la vie intellectuelle comme la
vie commerciale y avaient toujours cherché leurs modèles ;
elle n'avait jamais appartenu sans réserve à l'unité du moyen
âge. Malgré les rapports intellectuels que les relations commerciales avaient noués entre les pays du Nord et elle,
malgré l'influence réciproque que les artistes flamands et
allemands et ceux de l'Italie exerçaient les uns sur les autres,
bien qu'elle eût reçu du Nord avec empressement la peinture
à l'huile et fait à l'imprimerie un accueil enthousiaste, une
impulsion native, aidée par une grande prospérité, l'avait
définitivement rejetée vers l'antiquité, et la fin du xvᵉ siècle
voyait arriver à son plein épanouissement ce mouvement de
renaissance.

Ce n'était pas seulement une doctrine et un idéal artistiques
et littéraires, c'était toute une conception de la vie qui triom-

phait et, de l'Italie, allait gagner toute l'Europe. L'esprit essentiellement païen et mondain de la Renaissance, ses mœurs aimables et faciles, son dédain pour certaines conventions sociales, son humeur frondeuse, indépendante, son libre jugement sur toutes choses, même en matière religieuse, contrastent avec la pensée plus froide et plus sérieuse, les habitudes familiales plus réservées, le fond plus chrétien des pays du Nord. Les manifestations extérieures de la richesse et du bien-être, les fêtes, les banquets, les cortèges diffèrent sur certains points essentiels par l'ordonnance et le caractère, mais elles s'accordent à favoriser le développement de tous les arts et de toutes les industries qui concourent à la satisfaction de ces goûts de représentation et de parade. Le commerce devait se procurer à tout prix ces riches étoffes, ces ornements, ces broderies, ces bijoux, ces harnais, dont le prix de leurs terres et de leurs moulins permettait aux grands seigneurs de se parer et d'orner leur monture. Rien ne pouvait mieux répondre aux aspirations et aux appétits de cités marchandes; rien ne montrait mieux la révolution qui s'était accomplie dans les habitudes et dans les mœurs, que cette métamorphose des seigneurs ayant échangé le goût de la vie sauvage et guerrière pour l'existence brillante et légère des cours.

Lorsqu'à la suite des guerres d'Italie, la Renaissance eut pénétré en France, elle y produisit une impression profonde. L'on n'y connaissait plus guère de l'Italie que ses marchands et ses banquiers. Depuis plus d'un siècle et demi, la France était Flandre. C'était du Nord que lui venaient ses écrivains et ses artistes; l'influence de la maison de Bourgogne l'avait fait définitivement pencher vers le Nord et elle avait subi d'autant plus facilement l'ascendant de cette civilisation

flamande que celle-ci avait en elle la force d'expansion d'un
mouvement en plein développement. Le séjour même de la
papauté à Avignon, le refus de la France de reconnaître au
moment du grand schisme la suprématie du pape de Rome,
la lutte engagée par elle aux conciles de Constance et de Bâle
contre les prétentions pontificales, tout avait conspiré pour
jeter la France dans cette voie.

Le vieux fond latin qui sommeillait s'éveilla brusquement
au contact de la renaissance italienne. Une école française
était née en Touraine; elle avait déjà produit en architec-
ture (château de Loches) et en peinture quelques œuvres
remarquables; l'influence italienne modifia ses tendances;
elle eut peine à défendre son originalité. La bourgeoisie
applaudit à ces brillantes chevauchées où se dépensait l'activité des seigneurs; lorsqu'à Louis XII, économe, eut suc-
cédé François 1er, fastueux et prodigue; quand la cour se fut
formée, promenant dans les châteaux qui s'élevaient à l'envi
dans la vallée de la Loire et les vallées voisines son brillant
cortège et ses mœurs faciles, un double courant se manifesta.
Le désir de réagir contre cette propension aux dépenses exagérées et ruineuses qui gagnait de proche en proche, fut pour
beaucoup dans le succès qu'obtint dans la haute bourgeoisie
aux mœurs austères et sobres la protestation de l'esprit chrétien et sombre des réformateurs.

Ceux-ci, de leur côté, par le caractère morose et froid de
leurs doctrines, tendaient, en réprimant non seulement ces
parades et ces débauches extérieures du costume et de l'ornementation, mais ces pompes ecclésiastiques, ces représen-
tations par les statues, les verrières, les tableaux qui tenaient
une si grande place dans la vie religieuse de cette époque, la
suppression de ces ornements et de cette orfèvrerie sacrée

dont la fabrication avait presque seule alimenté, pendant les années qui avaient suivi les invasions germaniques, l'industrie européenne, tendaient à tuer, avec l'imagination et le grand art, des industries et un commerce depuis longtemps florissants et prospères.

L'esprit germanique se dressait de nouveau contre l'esprit latin, le moyen âge contre l'antiquité, le christianisme en face du paganisme. La papauté, accueillant avec faveur la Renaissance et l'imprimerie, entrait à pleines voiles dans le monde moderne et semblait vouloir en prendre la tête ; l'Allemagne théologique et mystique s'insurgea. La Renaissance émancipait la pensée humaine, la Réforme l'asservit de nouveau. Derrière la libre interprétation de l'Écriture qu'elle invoque, elle place l'autorité des textes qui la détruit. En tout la Réforme prend le contre-pied de la Renaissance ; mais son caractère vraiment et sincèrement religieux n'est pas la seule cause de son succès. La vieille haine contre Rome y a sa part, comme la révolte contre les désordres du clergé, les abus de la papauté et la richesse de l'Église.

Ce n'était pas la première fois que des hérésies naissaient derrière lesquelles se groupaient les mêmes passions, mais il avait manqué à celles-ci la force qui assura le succès de l'hérésie luthérienne, l'imprimerie. Ce fut elle qui fut dans cette lutte véritablement victorieuse ; la papauté y fit appel à son tour dans sa brillante mais tardive campagne de contre-réformation catholique ; la Renaissance, dont elle avait favorisé les premiers pas, vit son libre esprit succomber, étouffé par les deux champions de l'autorité sous les drapeaux desquels l'Europe, désormais divisée en deux camps ennemis, s'enrôla tout entière.

La Réforme n'eut pas partout le caractère un peu farouche

qu'elle prit sous Calvin à Genève. En Allemagne, Nuremberg, la ville des joyaux artistiques, fut une des premières à l'adopter; la Saxe, le pays des mines, des toiles et des draps, était son berceau et son asile. Elle y était, comme en Angleterre, aristocratique et lançant dans la circulation et dans le monde les terres et les richesses de l'Église; elle y eût eu des résultats économiques importants, si les guerres religieuses et les rivalités de toutes sortes qui, jusqu'à la fin de la guerre de Trente ans, désolèrent l'Allemagne, ne les eût pas empêchés de se produire.

Le groupement en deux corps, catholiques et réformés, des innombrables parcelles souveraines de l'Allemagne créait un nouvel ordre de choses moins favorable à la liberté des villes. Il répondait dans ses grands traits aux divisions naturelles et géographiques du pays, le Midi étant resté en majorité catholique, tandis que le Nord, à l'exception de la « rue des Prêtres », avait adopté la Réforme. L'accroissement du pouvoir des seigneurs et des princes par les conditions mises à l'élection de l'empereur et les sécularisations, les révoltes des paysans, les guerres religieuses et la guerre sociale, avaient ruiné les campagnes et affaibli les villes. Celles du Nord étaient en même temps gravement atteintes par la décadence de la hanse, celles du Midi par le déplacement de la route vers les Indes. L'afflux des métaux précieux d'Amérique rendait moins lucrative l'exploitation des mines allemandes; la crise monétaire qu'il déterminait avait sa répercussion sur l'industrie et le petit commerce; la misère dépeuplait les campagnes; l'application des articles de la paix d'Augsbourg provoquait de nombreuses émigrations. Beaucoup d'Allemands alors, cédant à une inclination de la race, louèrent leurs services à l'étranger. Comme au temps des

grandes compagnies, le métier de soldat était devenu lu-
cratif. On l'embrassa comme la meilleure des professions.
Francfort devint un grand marchés d'hommes. Au commerce
de la librairie et de l'argent s'ajouta celui des soldats. Ses
foires, rendez-vous de tous les curieux, de tous les désœu-
vrés, de tous les aventuriers, virent se former sous des « ca-
pitaines » des bandes de lansquenets et de reîtres prêts à
louer au plus offrant leurs services. Peu importait à ces « fils
du diable » la bannière sous laquelle ils combattraient ; tous
n'avaient plus qu'une seule religion, celle du pillage, et ces
bandes allemandes épouvantèrent tristement toutes les contrées sur lesquelles elles s'abattirent de leurs lugubres exploits.

Partagée entre les deux influences de la Renaissance et de
la Réforme, mais entraînée du côté de la première par l'impression rapportée d'Italie, n'ayant pas, grâce à ses traditions libérales, à protester contre les abus d'autorité de la
cour de Rome, la France, qui avait donné le signal de la restauration de l'autorité monarchique, resta dans l'obédience
du Saint-Siège. Elle dut à l'esprit juriste d'outre-mont ces
grandes ordonnances qui ont dans tous les ordres réalisé ou
préparé des mesures et des créations d'une importance capitale et sont une des gloires de cette époque.

C'était déjà beaucoup pour le commerce d'avoir vu tomber
avec les souverainetés féodales une partie des obstacles et
des taxes que celles-ci imposaient à la circulation. Trop
souvent, il est vrai, l'annexion d'une de ces seigneuries au
domaine royal n'avait d'autre résultat immédiat que la su-
perposition aux charges antérieures de celles qu'exigeait
l'administration d'un grand État, mais en dépit de la fisca-
lité et des caprices de l'administration centrale, le besoin

d'ordre et de régularité se manifestait de plus en plus. Le gouvernement royal prenait conscience de ses devoirs. L'agriculture, l'industrie et le commerce entraient de plus en plus dans ses préoccupations. La fondation par Louis XI des manufactures de soieries de Tours; celle de la fabrique de tapis de Fontainebleau, par François 1er; la création de foires; des ordonnances de Louis XI, de Louis XII et de leurs successeurs, pour l'entretien des fleuves et des routes de terre et l'abolition des péages irréguliers; un édit de François 1er mettant les chevaux de poste à la disposition des particuliers; un autre, rendant uniforme, pour tout le royaume, l'usage des poids et mesures employés à Paris, rentrent dans cet ordre d'idées. Les édits de Villers-Coterets et de Crémieu, l'ordonnance d'Orléans, sont remplis de prescriptions avantageuses au commerce, mais la mesure la plus importante fut l'institution des tribunaux consulaires. Les premiers furent établis en 1544 à Lyon et à Toulouse, en 1562 à Reims, en 1563 à Paris. En 1565, les principales villes commerçantes du royaume en étaient dotées à leur tour. L'examen des affaires commerciales était confié à cinq marchands, élus pour une année, dont le premier portait le titre de juge, les autres de consuls, avec appel devant les parlements. La sécurité des transactions, le respect des contrats étaient ainsi placés sous la sauvegarde des négociants eux-mêmes. Les décisions de la juridiction consulaire de Rouen (*le Guidon de la mer*, 1584) firent jurisprudence en matière d'assurances maritimes. Des édits de 1540 et 1549 opéraient même une réforme plus importante encore. Ils reportaient les droits de douane à la frontière du royaume, uniformisaient et fixaient les droits jusque-là laissés à l'arbitraire des agents des fermiers, et simplifiaient les formalités pour l'acquit de ces droits. La

royauté avait été ici plus vite que l'opinion. Il fallut en 1556
rapporter ces ordonnances sur les réclamations des provinces ;
cette réforme ne devait être opérée que par la Révolution.
Les foires de Lyon sont encouragées ; le règlement des affaires
qui s'y concluent est favorisé par la création d'une chambre
de compensation, la plus ancienne des *clearing-houses,* où débiteurs et créanciers réglaient leurs comptes, *abattaient le
change* dans une assemblée générale qui marquait la clôture
de chacune des quatre foires annuelles ; le passage par cette
ville devenue « la boutique du commerce universel » de certains articles soumis à la traite, est rendu obligatoire. Une
grande ordonnance de 1581, œuvre du chancelier de Birague,
modifie le régime des corporations et facilite l'accès à la maî-
trise. Les préoccupations économiques apparaissent ainsi
sous mille formes et avec un plan préconçu, mais outre l'état
troublé du royaume et les guerres religieuses qui pendant
36 ans l'agitèrent, une autre cause de perturbation vint agiter
le commerce : la crise monétaire produite par l'importation
des métaux d'Amérique.

En présence de l'augmentation générale des prix, un édit
de janvier 1572 réglementa l'exportation des matières premières, prohiba l'importation de certains produits fabriqués,
et établit dans les villes des commissions pour taxer les
objets de première nécessité et les salaires. En 1577, les
transports sont taxés à leur tour. Des lois somptuaires sont
publiées à diverses reprises. Un nouveau tarif de douanes
double les droits établis par celui de 1540. L'ignorance des
vraies causes du mal, l'invasion de plus en plus grande de l'or
espagnol en France, les troubles du royaume et les exigences
croissantes du Trésor, rendaient toutes ces mesures inutiles.

Du règne de François Ier date un des traités les plus im-

portants pour notre commerce extérieur : les capitulations
de 1536, signées avec le sultan des Turcs, Soliman II. Non
seulement, en effet, les Français obtenaient le droit de s'établir, de commercer et de pratiquer en toute liberté leur culte
dans toute l'étendue de l'empire ottoman, mais ils n'étaient
justiciables pour toutes les causes civiles et commerciales que
de leurs consuls et de la loi française. La protection de la France
sur tous les catholiques orientaux était reconnue, et le pavillon français, seul admis avec ceux de Venise et de la Hongrie dans les mers de l'Orient, pouvait couvrir et protéger
tous les navires et commerçants européens qui invoqueraient
la protection et accepteraient la juridiction de nos consuls.
L'accès des fidèles aux lieux saints et les intérêts de notre
commerce en Orient se trouvaient par cette alliance, si fort
reprochée alors à François Ier, mieux garantis que par les
bruyantes et infructueuses expéditions de Charles - Quint
contre Tunis et Alger, et la brillante mais inutile victoire
de Lépante.

Les efforts faits pour nous donner des colonies en Amérique avaient été moins heureux. Il n'en resta de trace ni en
Floride, ni aux Antilles, ni au Brésil. Seul le Canada nous
demeura, mais sans nous être d'aucun profit. La fondation
du Havre en 1516, sur l'emplacement du petit port de Leure,
en vue de ces expéditions lointaines, nous dota du moins
d'un port destiné à un brillant avenir.

En Angleterre, le règlement de la question religieuse dans
les premières années d'Élisabeth permit de mieux profiter
des travaux des règnes précédents et d'y ajouter encore. Les
flots l'aidèrent à recueillir les fruits de l'épuisement de l'Espagne et des luttes soutenues par Philippe II en France et

dans les Pays-Bas. La décadence de la ligue hanséatique affaiblie par ses luttes contre le Danemark, la séparation des villes hollandaises, les progrès de la Russie (prise de Novgorod par Iwan III, 1481) et l'émancipation de la Suède, permirent aux Anglais de s'affranchir successivement de la mainmise opérée par cette association sur leur commerce extérieur. Des Pays-Bas, où le traité du grand intercourse (1498) leur assurait la liberté du trafic, et de la France avec laquelle ils commerçaient toujours par Calais, ils avaient étendu leurs relations directes à la Norvège, à la Suède que leur ouvrit Gustave Vasa (traité de commerce de 1551), à la Russie et à l'Orient.

Les marins anglais, suivant le plan dressé par les Cabot, cherchaient par le Nord-Ouest et par le Nord-Est des routes vers le pays des Épices. Chancellor obtint du czar Iwan IV pour les Anglais la permission de commercer librement dans ses États où l'avait amené une de ses courses. Le grand marché de Moscou où arrivaient par la Volga et les plaines de l'Est les fourrures de l'Asie septentrionale, renard bleu, zibeline, hermine ou castor, les poissons secs de la Volga ou de la Caspienne, le chanvre, le suif et les produits de l'Asie centrale, déversa ces articles sur l'Europe occidentale par le port, créé vers ce moment, d'Arkhangel. Jenkinson essaya d'ouvrir par le Turkestan (Boukhara) et la Perse des relations directes avec les Indes. Il échoua, mais malgré la concurrence des Italiens et des Hollandais, l'Angleterre entretint dès lors avec l'empire moscovite de fructueux échanges. La corporation des marchands de Londres devint une puissance dans l'État. Les statuts des *merchants adventurers,* approuvés par Édouard VI et Marie Tudor, servirent de modèle à ces grandes compagnies qui, au siècle suivant, devaient prendre un si grand développement, investies d'une sorte de délégation de la souveraineté avec pouvoir de traiter, conquérir et défendre, même par la force, leur monopole contre les rivaux étrangers dans les pays occupés par eux ou placés sous le protectorat de leur pays.

Mais cette prospérité d'Arkhangel ne fut qu'éphémère. La route était plus sûre et moins longtemps interrompue vers et par les marchés de l'Allemagne. Les troubles de la Russie, à l'extinction des Rurik, achevèrent de ruiner la voie de la mer Blanche, et les soies de la Chine et de la Perse, le thé de la Chine et les épices de l'Inde reprirent le chemin de Cracovie, Breslau, Leipzig, qui devint alors le grand marché de fourrures, Francfort-sur-le-Mein, la place la plus importante de l'Allemagne, Cologne, Brême et Hambourg. La compagnie anglaise se déplaça comme le commerce lui-même. La ruine d'Anvers laissait une place importante à prendre sur le continent, et bien qu'Amsterdam eût recueilli la meilleure part de sa succession, Emden et les places hanséatiques des embouchures de l'Elbe et du Weser attirèrent chez elles une partie de son immense mouvement. Les draps anglais affluèrent par ces comptoirs anglais en Allemagne, non plus comme autrefois pour aller recevoir dans ce pays la teinture et les apprêts, mais sortis des fabriques anglaises prêts à entrer dans la circulation.

Élisabeth avait, comme autrefois Édouard III, offert une hospitalité intéressée à tous ces industriels, artisans et marchands, que les persécutions religieuses, les règlements religieux de la paix d'Augsbourg, les guerres intestines chassaient en masse des Pays-Bas, de l'Allemagne et de la France. La création de la Bourse de Londres, en 1576, était un indice de l'importance prise par son marché ; celle de la Compagnie des Indes (1600) allait marquer un pas plus hardi encore dans la voie commerciale et maritime où Élisabeth avait définitivement lancé les Anglais. Drake avait renouvelé le voyage autour du monde, accompli seulement avant lui par l'équipage des vaisseaux de Magellan. La destruction de l'invincible Armada avait marqué la fin de la prépondérance maritime de l'Espagne; le Portugal avait été ruiné par sa réunion à l'Espagne; Lisbonne et Cadix avaient été pillées par les escadres anglaises. C'était les puissances du Nord-Ouest, Angleterre, Hollande et France, qui allaient se partager ou se disputer pendant le xviie siècle la souveraineté des mers.

Les Pays-Bas étaient trop avantageusement placés sur la mer du Nord pour que le commerce n'y maintînt pas, malgré tout, son activité. Il se déplaçait, mais à petites distances. De Bruges, il avait émigré à Anvers; d'Anvers il allait se transporter à Amsterdam. A Bruges, une circonstance tout physique, l'ensablement et la fermeture de son port, avait aidé et rendu irrémédiable sa ruine; ce fut une cause toute humaine qui mit fin à l'éblouissante prospérité d'Anvers. 200,000 habitants s'étaient pressés dans ses murs au xvie siècle; « ses mille maisons de commerce faisaient plus d'affaires en un mois que Venise en deux ans au temps de sa plus grande prospérité ». 50 vaisseaux visitaient son port par semaine; « on en comptait quelquefois plus de 2,000 à la fois, et les jours de marché il en entrait souvent jusqu'à 800 ou 900 pour la plupart chargés de produits de pêche ». 2,000 voitures et 10,000 charrettes et chariots de paysans y apportaient par terre les marchandises des pays voisins; ses deux foires annuelles, de 20 jours de durée, ouvertes à tout commerçant et à tout produit, y attiraient les marchands du monde entier. Toutes les maisons de banque y avaient des succursales ; les Fugger, les Velser et les Hochstetter y représentaient Augsbourg ; les Peutinger, Ratisbonne ; les Gualterotti et les Bonvisi, Milan ; les Spinola, Gênes ; les Peruzzi, Florence ; sa Bourse était le plus grand centre des opérations financières en papier (lettres de change) ou en espèces ; les Portugais eux-mêmes y transportaient les épices qu'ils apportaient des Indes ; les produits de son industrie, tapis, étoffes, orfèvrerie, argenterie, s'écoulaient jusqu'en Orient. Les douanes et droits de marché rapportaient 1 million 726,000 florins, et le mouvement des marchandises s'y élevait à 500 millions de couronnes.

Dans cet énorme mouvement d'affaires, les Pays-Bas n'entraient eux-mêmes que pour une part assez restreinte. Anvers était comme un grand entrepôt, une halle où se donnaient rendez-vous les produits et les marchands du monde entier. Bien que certaines maisons étrangères y fissent faire leurs opérations par des indigènes, c'était surtout par leurs agents directs, c'est-à-dire par des étrangers au pays, que se faisaient les achats, que se concluaient les marchés. Les Flamands et les Brabançons étaient plutôt industriels que marchands, mais ils savaient quelle source de bénéfices était pour eux ce commerce et ils ne négligeaient rien pour attirer les étrangers.

Avec ceux-ci avaient naturellement pénétré l'influence et les idées du dehors. La Réforme que les étudiants allemands avaient introduite dans les universités françaises (Orléans, Bourges, etc.) où ils venaient étudier en si grand nombre, l'avait été dans les Pays-Bas par les marchands. Charles-Quint, né en Flandre, toujours attaché de cœur malgré ses nombreuses couronnes à son pays d'origine, avait su conci-

lier sa haine des idées nouvelles avec le souci des intérêts
de ses concitoyens et les siens propres et fait oublier ses persécutions religieuses par la protection donnée à leur commerce. Les Pays-Bas sentaient eux-mêmes combien cette
réunion de tant de pays entre les mains de leur souverain
était favorable à leur prospérité, combien il leur était avantageux d'avoir les sympathies et le concours de l'Espagne au
lieu de son hostilité. Mais la dure et inflexible politique de
Philippe II frappant à la fois leurs intérêts et leurs cons-
ciences, ils s'insurgèrent contre ce joug intolérable et les
deux sièges d'Anvers (1567, 1584), la digue élevée par Far-
nèse dans le lit de l'Escaut, le pillage de la ville et la ruine
de sa campagne, l'émigration d'une grande partie de ses habitants, l'interdiction enfin par Philippe II de tout commerce
entre la péninsule ibérique et les provinces révoltées mirent
un terme à cette splendeur. Des Pays-Bas espagnols, le commerce, l'industrie, les capitaux se transportèrent dans les
Pays-Bas affranchis. Amsterdam prit la place d'Anvers et cet
avènement d'un nouveau peuple et d'une nouvelle métropole
marque une nouvelle ère de l'histoire du commerce.

CHAPITRE XVII

Le dix-septième siècle. — Puissance maritime de la Hollande. — Rivalité commerciale de la Hollande et de l'Angleterre. — Les grandes compagnies de commerce. — L'acte de navigation.

Trois puissances se sont disputé au xviie siècle la prépondérance maritime et commerciale : la Hollande, l'Angleterre et la France. Leur lutte pour la suprématie l'occupe tout entier, marquée par des péripéties émouvantes et des faits qui ont exercé une influence décisive sur la marche ultérieure des événements.

Sa première moitié peut être appelée la période hollandaise de l'histoire du commerce.

Affranchis par la mort d'Élisabeth (1609) et d'Henri IV (1610) de toute crainte de rivalité de la part de l'Angleterre et de la France, assurés bientôt en outre, par la communauté de haine pour l'Espagne, de la protection intéressée de Richelieu, et, par les troubles de l'Angleterre, de l'inaction de ce pays, les Hollandais se trouvèrent seuls à profiter des victoires remportées par Élisabeth sur mer et par Henri IV sur le continent aux dépens de l'Espagne, et de la ruine de sa puissance. La conquête du Portugal par Philippe II, la réunion des possessions portugaises à celles de l'Espagne entre des mains incapables de défendre un aussi vaste empire, agrandit encore le champ de leurs attaques comme celui de leurs ambitions et de leurs espérances, et ce petit peuple de pêcheurs éleva en quelques années un des plus brillants et

des plus solides édifices commerciaux dont l'histoire fasse
mention.

Ces provinces du Nord, toutes maritimes, devaient presque
exclusivement leur fortune à la mer. L'industrie des draps,
quoique florissante en Frise et dans quelques villes de la
Hollande, n'était rien pour elles auprès des profits que leur
procuraient la pêche et les transports. Le hareng, tiré par
des milliers de barques des eaux de la mer du Nord, salé et
préparé selon des procédés spéciaux, était envoyé par elles
sur tous les points de la chrétienté. Leurs navires marchands,
construits sur un modèle approprié à la nature de leurs rivières et de leurs côtes, transportaient dans leurs vastes
flancs les produits du Nord, dont ils avaient ravi le marché
aux Hanséates, et cette vie active, cette pratique de la mer,
la lutte continuelle qu'ils soutenaient contre elle pour lui
enlever ses richesses ou lui disputer leur sol, avaient trempé
les caractères et fait des Hollandais d'intrépides navigateurs.
Les gueux de mer furent les principaux artisans de l'indépendance et ils sentirent de suite que c'était de cet océan,
tour à tour indomptable ennemi et puissant auxiliaire, que
dépendaient leur existence et leur fortune.

Poursuivant la baleine dans les mers polaires, découvrant
les terres les plus septentrionales de l'Europe, disputant aux
Anglais le marché d'Arkhangel et de la mer Blanche, poursuivant sur toutes les mers les galions de l'Espagne, ils sai-
sirent avec une remarquable intelligence le moment précis
où, de corsaires, il fallait se faire marchands et demander
désormais au commerce et à l'exploitation des colonies le
surcroît de richesses que leur avaient procuré des courses
fructueuses. Élisabeth avait édifié la marine militaire plus
que la marine marchande de l'Angleterre. Le roulage des

mers était à prendre, ils s'en emparèrent. Les bois de l'Allemagne, des Vosges et des Ardennes, amenés dans leurs eaux
par le Rhin et la Meuse, les chanvres de la Baltique, le goudron de la Norvège, charriés par leurs navires, mettaient à
leur disposition tous les matériaux nécessaires à la construc-
toin et au gréement des navires. Sobres et austères autant
que hardis, aussi dociles à la voix des chefs qu'ils s'étaient
donnés qu'ardents à concevoir les tentatives les plus auda-
cieuses, marchands dans l'âme et sachant concilier avec la
sévérité de leurs principes et la rigidité de leurs mœurs la
recherche de la richesse, ils poursuivirent avec ténacité le
but qu'ils s'étaient proposé et créérent ou perfectionnèrent
un système colonial auquel est resté attaché leur nom.

Habitués à la navigation de concert pour la grande pêche,
à l'association pour les armements et le partage des bénéfices,
à la régularité pour les expéditions, fortifiés encore par la
lutte récente dans leurs règles d'entente et d'association, ils
appliquèrent à la fondation de leur empire d'outre-mer leur
expérience déjà vieille des choses de la mer et du commerce.
Un instant la fièvre d'action née de la guerre de l'Indépendance avait, en éparpillant leurs efforts et créant des concur-
rences, compromis le succès de leurs opérations lointaines,
ils se ressaisirent promptement. Les *chambres* rivales s'en-
tendirent et de leur fusion naquit la Compagnie des Indes
orientales (1602).

Amsterdam avait depuis vingt ans doublé sa population.
Aux émigrés d'Anvers s'était jointe en 1593 une nombreuse
colonie de juifs portugais ; Anvers avait encore souscrit une
bonne partie des actions de la Compagnie ; ces capitaux émi-
grèrent à leur tour et Amsterdam eut dans l'association une
place bien plus considérable que les autres participants, Rot-

terdam, Delft, Hoorn, Enkhuysen, et les villes de Zélande.
Comme Venise, la République des Provinces-Unies était un
État marchand ; l'initiative des particuliers n'avait donc à
redouter aucun obstacle ni aucune compétition de l'État. Les
statuts n'innovent en rien sur les pratiques usitées jusqu'alors
chez les puissances commerçantes. Le monopole étant partout
considéré comme le mode le plus sûr et le plus fructueux
d'exploitation du commerce d'un pays, la Compagnie se le
fait attribuer ; les mers étaient trop peu sûres pour que l'on
exposât les navires isolément aux dangers d'une aussi longue
navigation : comme en Portugal et en Espagne, l'on adopta
la règle de voyages en groupe, les flottes partant à époques
fixes sous la protection de navires de guerre. Trois convois,
de chacun trente ou quarante voiles quittaient annuellement
le port d'Amsterdam et, tournant l'Écosse par le Nord (c'était
la route obligatoire), se rendaient directement, sans relâche
en route, à Batavia. Si les ports associés gardaient le droit
de faire eux-mêmes les armements, un marché unique,
Amsterdam, recevait tous les produits des Indes qu'expédiait en Europe un port unique, Batavia, fondée dans l'île
de Java en 1619, où ils étaient concentrés de tous les points
visités par les Hollandais. Les droits de souveraineté qui lui
étaient attribués, droit d'avoir une armée et une flotte, de
construire des forteresses, de conclure des traités, d'acquérir des territoires rappelaient ceux qu'un demi-siècle plus
tôt avaient obtenus en Angleterre les *merchants adventurers*.
La force de la Compagnie résultait de la surveillance et du
contrôle exercé par les États généraux sur son administration
et de l'identification de ses intérêts avec ceux de la République elle-même ; de l'abondance des capitaux dont elle disposait ; de l'habileté avec laquelle elle sut choisir son champ

d'opération et rester puissance commerçante ; de l'appui qu'elle
trouva dans les institutions et les pratiques commerciales de
la Hollande ; de l'esprit pratique des Hollandais, qui ne con-
centrèrent pas sur la seule exploitation de leurs colonies
toute leur activité, mais firent marcher de front avec elle le
développement de l'industrie, la pêche et les transports ; elle
fut enfin puissamment favorisée par la situation de l'Europe
qui lui abandonna pendant un demi-siècle aussi bien le commerce dans les mers de l'Europe que dans les parages lointains de la mer des Indes.

La Malaisie avait déjà ses traditions commerciales. Des
princes hindous, les Arabes, les Portugais y avaient précédé
les Hollandais. Ternate et Tidore y avaient été au moyen
âge le centre d'une véritable puissance commerciale. « C'est
un des phénomènes les plus remarquables dans l'histoire de
l'Insulinde, dit M. Reclus, que l'importance extraordinaire
prise par ces deux îlots relativement aux vastes terres environnantes ; à l'époque même où les républiques de marchands
italiens, Venise, Pise, Gênes, jouissaient d'une si merveilleuse prospérité, et par les mêmes raisons, en des conditions
analogues, les communautés malaises de l'Orient acqué-
raient, par la navigation et le commerce, de grands empires
coloniaux s'étendant au loin sur les rivages des îles et des
continents ; des colonies de traitants venus de Tidore et de
Ternate se rencontraient dans tous les marchés de la Malaisie. L'ascendant des communautés marchandes s'accrut aussi
longtemps qu'elles se bornèrent au trafic ; mais quand leurs
doges furent devenus de riches potentats entourés de milliers
d'esclaves, et que leur ambition fut de commander à des armées nombreuses de mercenaires, à des flottes de pillards
allant chaque année prélever de lourds tributs ou voler des

hommes sur les côtes des îles environnantes, la décadence commença, et les États des Moluques se trouvèrent sans force contre les conquérants étrangers [1]. »

Les Hollandais s'étant présentés non comme conquérants, mais comme acheteurs, furent bien accueillis des indigènes. Des conventions passées avec les sultans et les princes établirent rapidement un courant d'affaires ; les Hollandais n'avaient qu'à paraître au port convenu pour y trouver réunis tous les produits du pays ; ils en fixaient le prix, les embarquaient, les transportaient à Batavia et de là ils faisaient route vers Amsterdam. Arrivés à destination, ces produits étaient mis aux enchères ; ce n'étaient plus comme à Lisbonne ou à Anvers des navires étrangers qui venaient les y chercher ; c'étaient des navires néerlandais qui les portaient à leur lieu de destination, et le bénéfice de ce fret venait s'ajouter à celui de la vente. La différence des prix était de 100 à 200 p. 100 entre celui que les Hollandais avaient payé les marchandises et celui auquel ils les adjugeaient en Europe ; cependant 13 fois, entre 1611 et 1625, la Compagnie ne distribua aucun dividende. C'est que les risques de la navigation, les frais d'armement, les dépenses occasionnées par les luttes contre les concurrents portugais ou anglais, les sommes à verser aux princes indigènes, la durée des voyages qui ne demandaient pas moins de trois années entre le départ d'Europe et le retour absorbaient tout le profit. Mais le commerce des épices donna bientôt des bonis considérables. La production en fut exclusivement réservée pour les noix muscades à Banda, pour les clous de girofle à Amboine. Partout ailleurs, les arbres furent détruits avec une impitoyable rigueur ; dans

---

1. E. Reclus, *Océan et terres océaniques.*

les îles même, toute infraction au monopole fut punie de
mort. Seuls dispensateurs de ces denrées, ne les offrant à la
consommation qu'en quantité limitée, ils abusèrent de ce monopole pour les vendre à un prix très élevé fixé par la Compagnie, et les dividendes qui dès lors pendant de longues
années ne descendirent jamais au-dessous de 15 p. 100, attei-
gnirent le plus souvent 20 p. 100 et jusqu'à 40 et 50 p. 100.

S'abstenant de toute occupation territoriale sur le continent hindoustanais, les Hollandais furent cependant amenés à
élever dans quelques positions importantes, des forts. Java
et les Moluques restèrent leurs principaux centres d'action,
mais ils s'avancèrent jusqu'en Chine, furent quelque temps
maîtres de Formose, s'établirent au Japon, s'assurèrent par la
prise de Malacca d'une importante station, fondèrent quelques
comptoirs sur les côtes de Coromandel, ne négligèrent pas
Ceylan dont la cannelle devint un de leurs principaux articles d'échanges, et enfin, en 1651, se donnèrent au Cap, à
l'extrémité de l'Afrique, un précieux point de relâche.

Comme les Espagnols, les Hollandais, pour défendre leur
monopole commercial, punissaient de mort quiconque faisait
connaître les itinéraires de leurs navigateurs. Après s'être
procuré les cartes de leurs îles et en avoir fait de nouvelles,
ils se gardaient bien de les publier; on en donnait des copies
à chaque capitaine de vaisseau, avec injonction de les remettre dans les archives de l'amirauté, et la peine du fouet,
la marque, le bannissement étaient réservés aux traîtres qui
les montraient à des étrangers. Même dans les parages dangereux, et dont les périls étaient grossis à plaisir par la légende, on refusait des pilotes aux navires en détresse.

Les 60 représentants des actionnaires, parmi lesquels les
États généraux, choisissaient les 17 directeurs, réglaient sou-

verainement tout ce qui concernait les opérations commerciales ; le chef de la flotte les représentait dans la mer des
Indes ; mais celui-ci changeant incessamment, toute une administration fut créée à Batavia qui, sans renouveler les
abus des gouverneurs portugais, se rendit souvent coupable
d'excès de pouvoir. Les Européens qui allaient aux colonies
ne le faisaient qu'avec esprit de retour ; la métropole était
donc pleine de gens qui avaient visité les comptoirs lointains,
connaissaient les ressources des pays occupés ; tous, animés
du même esprit mercantile entretenaient donc une continuité
de vues, de persévérance dans la conduite, qui assurèrent la
prospérité de la Compagnie.

Créée sur le modèle de la Compagnie des Indes orientales,
celle des Indes occidentales eut une destinée moins longue,
mais un instant plus brillante. Il eût été difficile de disputer
aux Espagnols les parties du continent américain sur lesquelles ils s'étaient établis. Ce fut dans les contrées négli-
gées par eux et au Brésil, possession portugaise, que s'attaquèrent les Néerlandais. Leur échec de ce côté, en leur
permettant de se tourner tout entier vers l'Insulinde, fut un
bonheur pour eux. Dès 1667, le traité de Bréda leur enlevait
New-Amsterdam, qui avait remplacé la Nouvelle-Avesnes et
allait devenir New-York, avec les territoires environnants ;
le Brésil leur échappa pour retourner au Portugal au traité
de La Haye de 1661 ; la Guyane, bien qu'aucun des autres
peuples qui s'y sont établis n'en ait tiré un aussi bon parti
que les Hollandais, n'eut jamais une bien grande importance
et Curaçao ne prospéra que par la contrebande. Grâce aux
prises faites sur les Espagnols, la compagnie distribua cependant quelque temps des dividendes plus élevés que la
compagnie des Indes orientales. De 1623 à 1636, avec

800 navires, elle en enleva 545 à l'ennemi, fit pour 90 millions de prises et put répartir 25, 50 et même 100 p. 100. Cette saisie de métaux précieux sur les galions facilita les achats en Orient sans déplacement du capital antérieurement amassé et exerça par là une heureuse influence sur l'économie générale de cette phase du développement hollandais. La grandeur et le nombre des entreprises pouvaient paraître en effet excéder les forces et les ressources de la République. Mais leur entente des affaires, l'esprit pratique qui empêcha les Hollandais de déserter les anciennes voies de leur fortune, pour se lancer exclusivement dans les entreprises lointaines, l'habileté avec laquelle ils profitèrent de tous les exemples du passé et tirèrent de leur propre fond des expédients nouveaux, les préservèrent du sort des Espagnols et des Portugais. La banque d'Amsterdam, créée en 1609, fut une de leurs plus heureuses et plus fécondes institutions.

Les principes commerciaux d'Amsterdam n'étaient plus ceux d'Anvers. Plus de comptoirs étrangers, de factoreries, de grandes maisons italiennes ou allemandes soutenues par des banquiers de leurs pays. Ce sont les Hollandais qui font le commerce en Hollande. Des droits, des prohibitions, protègent le commerce national. Celui-ci, toutefois, ne peut prospérer que si le marché se prête facilement aux règlements avec les acheteurs. Banque de dépôt et de compensation, la banque d'Amsterdam accepte toutes les monnaies, les évalue à leur valeur réelle, déduction faite des frais de monnayage et de la perte par l'usure, ouvre des crédits pour les sommes qu'elle reçoit, et, par des virements, règle ou compense en argent de banque toutes les lettres de change.

L'asile ouvert largement par la Hollande à tous les proscrits politiques ou religieux y fit affluer les capitaux; le taux de l'intérêt s'abaissa : de 5 p. 100 au temps de Maurice de Nassau, il descendit à 4 p. 100 sous Jean de Witt, à 3 p. 100 en 1700, alors qu'en France et en Angleterre le taux courant était de 8 p. 100.

Cet afflux des capitaux était favorisé encore par la vente des produits de la pêche et de l'industrie. Plus de 450,000 personnes vivaient au xviie siècle dans les Provinces-Unies de la pêche et de la manutention et de la vente de ses produits. La pêche de la baleine, dans les parages du Spitzberg, concédée d'abord à une compagnie, puis rendue libre en 1642, occupait, en 1680, 200 navires et 14,000 matelots, et une véritable foire animait, pendant la saison, l'établissement fondé dans cette île à 11 degrés du pôle, pour la fonte de la graisse, la préparation des fanons et des peaux et la récolte de l'huile. De 1669 à 1778, 14,167 navires hollandais tuèrent dans les mers du Spitzberg 57,590 baleines qui leur valurent un profit de 92,775,000 fr. Des manufactures s'étaient, en outre, fondées sur tout le territoire de la République. Les provinces du Nord, Groningue, Frise, Over-Yssel, fabriquaient des draps, des toiles, des tapisseries; Leyde, devenue la ville la plus industrielle en même temps que la plus savante de la Hollande, avait aussi des fabriques florissantes de lainages; Harlem, ses blanchisseries; Delft et Gouda, des faïenceries; Utrecht, des fabriques de velours; Amsterdam, des marbreries, des moulins à huile, des scieries, des savonneries, des tanneries, etc., et bientôt ses raffineries de sucre et sa taille des diamants. Les produits agricoles de la Hollande, beurre et fromages, les brasseries, les distilleries de genièvre, les ateliers de construction de Saardam, les filets, les cordages fournissaient aussi au commerce extérieur. Amsterdam était devenu le plus grand marché de l'Europe.

La Bourse d'Amsterdam troublait quelquefois par des spéculations le jeu régulier des opérations commerciales. Les tu-
lipes donnèrent même pendant quelque temps le prétexte du
jeu le plus désordonné. On vit vendre des oignons 25,000 fr. ;
la recherche de la tulipe noire tint en suspens toute une population. Les États généraux durent intervenir pour interdire certains marchés et réprimer la propagation de fausses nouvelles.

La communauté juive, qui s'augmentait incessamment des
réfugiés de toute l'Europe méridionale, prenait une grande
importance ; elle fournissait un nombre si considérable de
courtiers, qu'on dut lui fixer une limite. Ses relations avec
tous les juifs d'Orient ouvraient encore de ce côté un champ
d'activité au commerce de la Hollande et Smyrne devint un
de ses principaux comptoirs. L'Espagne, la France, l'Angleterre, les pays du Nord et de la Baltique ne commerçaient
guère que par navires hollandais ; les Provinces-Unies
avaient à elles seules 16,000 bâtiments de commerce, plus
que tous les autres États européens réunis. Le bas prix du
fret était une des grandes causes de la prospérité de cette
industrie. Sur un navire de cent tonneaux où les Anglais
mettaient trente hommes d'équipage, huit marins hollandais
suffisaient pour faire la manœuvre. Les bateaux hollandais,
moins coûteux, obtenaient donc la préférence et ce commerce
de transport, évalué à un milliard par an, était un des éléments essentiels de leur richesse.

Tandis que la fermeture de l'Escaut par le traité de Westphalie (1648) portait le dernier coup à Anvers, les fleuves
qui viennent finir en Hollande restaient de grandes voies
ouvertes à son trafic, et ses navires tenaient, alors comme
aujourd'hui, la place de beaucoup la plus considérable dans
la navigation du bas Rhin.

Dans ce moment unique de son histoire, la Hollande avait sur l'Europe tous les genres de supériorité. En même temps qu'elle fondait le crédit commercial, Grotius créait le droit des gens ; elle avait des hommes d'État éminents, des savants remarquables, d'incomparables artistes. Cette prospérité n'avait pu qu'exciter la jalousie des puissances voisines ; l'Angleterre lui porta les premiers coups.

Les deux révolutions qui ont fixé les institutions politiques et la situation religieuse de l'Angleterre, ne sont pas, en effet, malgré la place immense qu'elles occupent, le seul intérêt qu'offre son histoire au xviie siècle. Il a préparé, en outre, par une série d'évolutions, le mouvement économique et social du siècle suivant.

Les côtés brillants du règne d'Élisabeth recouvrent une crise agraire d'une intensité profonde et qui avait provoqué de grandes souffrances. La vente ou la transformation des biens ecclésiastiques avaient modifié les conditions de la propriété. Les nouveaux possesseurs des terres substituèrent, suivant une tendance déjà ancienne, à la culture, l'élevage du bétail et principalement du mouton en vue de la producduction de la laine ; des *enclosures* agglomérèrent, comme plus tard au xviiie siècle, de petites fermes en grandes exploitations. Un grand nombre d'ouvriers agricoles restèrent ainsi sans emploi. « Où trente personnes auparavant trouvaient leur nourriture, on ne vit plus qu'un berger avec son troupeau. » D'un autre côté, l'élévation du prix des denrées par suite de l'arrivage des métaux précieux d'Amérique ne coïncidant pas avec un accroissement des profits et de la rente pas plus qu'avec une hausse des salaires, les propriétaires vivant de revenus fixes, furent, comme les ouvriers, réduits à la gêne. Le statut du laboureur de 1563 essaya de remédier

à une partie de ces difficultés. Chaque chaumière ne devait
donner asile qu'à une seule famille et posséder au moins
quatre acres de terre avec certains droits sur les terres communales, et les juges de paix étaient chargés de la fixation
trimestrielle des salaires. Mais le développement de l'industrie était trop lent pour fournir du travail à tous les bras
inoccupés. L'arrivée des émigrés religieux des Pays-Bas et
de la France créait une concurrence redoutable aux anciens
travailleurs de la terre inexpérimentés. Ce n'était pas de
grandes usines qui se créaient comme deux siècles plus tard,
mais de petits ateliers, réunissant autour du patron dix ouvriers au plus et rappelant par leur organisation l'industrie
familiale des campagnes. Enfin la suppression des monastères
avait laissé en souffrance deux services dont ils s'étaient
chargés jusqu'alors, celui de la viabilité, attribué plus tard
aux paroisses qui s'en acquittèrent assez mal, et celui de
l'assistance. De 1501 à 1601, les règlements se succédèrent
pour organiser cette dernière. L'établissement en 1601 de la
taxe des pauvres témoigne assez de l'intensité des souffrances
auxquelles elle devait porter remède.

Ainsi toutes les classes de la société étaient atteintes et le
contre-coup s'en fit ressentir sur le mouvement commercial
avec l'étranger qui, malgré l'ouverture de débouchés nouveaux, n'atteignit pas le cinquième de ce qu'il avait été au
siècle précédent.

Tout était donc prêt pour une émigration sérieuse si un
entraînement puissant, un mobile impérieux donnait l'énergie nécessaire pour affronter le rude climat des régions d'au
delà de l'Atlantique, sur lesquelles Walter Raleigh avait
planté le drapeau britannique. La religion et la politique le
fournirent à la fois : ces ouvriers agricoles, ces cultivateurs

faméliques, soutenus par ces deux forces si actives, allèrent donc peupler en masse ces régions presque solitaires, et la Nouvelle-Angleterre grandit, unie d'abord à la mère patrie par des liens tout moraux, puis rattachée à elle par une dépendance économique qu'elle accepta, pourvu que ses franchises religieuses et ses libertés politiques demeurassent intactes.

C'était là comme un prolongement de l'Angleterre. Ces colonies ne ressemblaient à aucune de celles qui avaient été fondées jusque-là. Tout différait, la terre sur laquelle s'établissaient les émigrants, comme le caractère des émigrants eux-mêmes. La chasse, la pêche, le défrichement, telles étaient les seules perspectives des colons. Les découvertes de Davis et de Forbisher à la recherche du passage du Nord-Ouest ne laissaient aucune illusion sur les relations possibles avec l'Inde. Ils acceptèrent délibérément cette situation, et les convois se succédèrent amenant, sur ce sol au climat âpre et rude, d'énergiques pionniers.

Grotius avait dans son *mare liberum* réclamé la liberté des mers; Selden, par son *mare clausum*, établissait la souveraineté de l'Angleterre sur les mers voisines. L'ambition maritime des Anglais allait les mettre aux prises avec la Hollande. Cromwell et Vane eurent l'idée de réunir les deux pays en une seule République; les Hollandais, guidés par Jean de Witt, repoussèrent cette proposition dangereuse pour leur autonomie et l'Angleterre répondit à ce refus par l'Acte de navigation (octobre 1651). Aucun navire ne pourrait désormais importer en Angleterre que les produits de son pays d'origine. Les Anglais allaient être forcés de se faire marins pour aller chercher eux-mêmes aux lieux de production les marchandises dont ils avaient besoin; les rouliers des mers étaient frappés dans une de leurs plus lucratives industries.

En vain les Hollandais protestèrent dans un duel terrible. Tromp ne balaya que pour un instant la mer. Il leur fallut par le traité de Westminster (1654) reconnaître l'Acte de navigation ; Charles II l'aggrava encore (1660) ; une nouvelle guerre n'aboutit qu'au traité de Bréda (1667) et à une seconde acceptation par la Hollande de cette Grande Charte de la marine anglaise.

L'acquisition des trois colonies de New-York, New-Jersey et Delaware était doublement précieuse, parce qu'elle donnait aux territoires anglais une ligne continue de littoral et parce qu'elle écartait une chance de conflit entre les deux pays. La France, avec ses possessions du Canada, de la baie d'Hudson, de Terre-Neuve et de la Louisiane, se trouvait désormais seule en compétition dans ces parages avec les colons de l'Angleterre ; le besoin que ceux-ci auront contre nous de la protection de la métropole la leur fera accepter, bien qu'elle doive leur paraître plus pesante à mesure que les colonies deviendront plus puissantes ; elles s'en affranchiront dès qu'elle ne leur sera plus nécessaire.

La fondation de ces colonies n'eut pas une suite immédiate pour le commerce. Elles n'offrirent aux industries de la mère patrie qu'un débouché très restreint pendant tout ce siècle et n'ajoutèrent à la liste des objets d'échanges que des pelleteries et le tabac. Signalé dès 1560 par l'ambassadeur de France à Lisbonne, Nicot, il commença à arriver en quantités appréciables après la colonisation de Virginie, dès le règne de Jacques Ier. Introduite un instant en Angleterre, sa culture ne tarda pas à être prohibée et il devint de suite un article de monopole.

Les colonies des Antilles eurent bien plus rapidement une grande importance commerciale. Fondées, comme celles du

Nord, par des émigrants qui allaient y chercher une terre plus hospitalière et plus libre, elles ne tardèrent pas à voir arriver un flot d'aventuriers de toutes nations. Unis d'abord pour la course et la contrebande, ces boucaniers ou flibustiers se divisèrent bientôt suivant leur nationalité. La Barbade, Saint-Christophe, Nevis, Antigoa, Montserrat, furent les principales îles anglaises. La culture de la canne à sucre, introduite depuis 1508 à Saint-Domingue par les Espagnols, s'y répandit. En dépit des concessions accordées par les Stuarts à quelques gentilshommes, le commerce y resta libre; elles prospérèrent et, en 1650, la Barbade seule contenait 50,000 blancs et 100,000 noirs, et son commerce exigeait 400 bâtiments d'une jauge de 60,000 tonnes. En 1670, par suite d'une nombreuse immigration de royalistes au temps de la République, le nombre des blancs était de 70,000. Malheureusement le commerce des nègres était le principal aliment de cette activité. Cromwell échoua dans ses tentatives sur Saint-Domingue, mais enleva aux Espagnols la Jamaïque. Elle devient bientôt le séjour favori de flibustiers et le grand entrepôt des négriers anglais. Plus d'un million de ces malheureux passa par cette île, dont leur travail fit une grande productrice du sucre.

Les possessions des « Indes occidentales » firent néanmoins toujours un groupe à part dans l'empire britannique, et ce fut peut-être dans l'exploitation de ces îles que l'Angleterre se montra le moins habile. La culture du tabac, du rocou, du cacao, du piment, de l'indigo en fit d'abord la principale richesse. Lorsque s'y fut ajoutée celle de la canne à sucre, qui bientôt éclipsa toutes les autres, la métropole y poussa à l'excès le système colonial, se réservant à elle seule le droit de terrer et de raffiner le sucre, et les épuisant

par une production excessive. Mais leur possession affranchissait l'Angleterre de toute dépendance vis-à-vis de l'Espagne et de la France pour ces denrées coloniales et assurait
un fret à la marine marchande.

Antérieure de deux ans à la Compagnie hollandaise, la
Compagnie anglaise des Indes orientales fut loin de prospérer aussi rapidement. Les Hollandais mettaient d'autant
plus d'âpreté à la lutte que cette occupation des Indes leur
apparaissait comme un épisode de leur grande guerre d'Indépendance. Et, de plus, ils avaient une éducation commerciale
bien supérieure à celle des Anglais. L'Amérique exerçait
d'autre part une bien grande attraction. Les Indes n'étaient
qu'un champ de commerce, le Nouveau-Monde offrait des
terres à cultiver, une autre patrie à habiter. Ni l'opinion, ni
le Gouvernement ne s'émurent donc de conflits qui se terminèrent à l'avantage de la Hollande. On se contenta de semer
quelques comptoirs, à Surate, à Madras ; en 1662, on aidait
les Persans à prendre et détruire Ormuz ; des relations
importantes et suivies avec la Perse, par le nouveau port de
Bender-Abassi, furent créées ; les Anglais en rapportèrent de
la soie, de la laine, des poils de chèvre, des tapis, des peaux
travaillées, des perles, des essences et y livrèrent des cotonnades de l'Inde, des épices, du sucre, des métaux. L'acquisition de Bombay, donnée à la Compagnie par Charles II
qui l'avait obtenue comme dot de sa femme, Catherine de
Portugal, et celle de Calcutta (1689) cédée par le Grand
Mogol Aureng-Zeb, lui donnaient deux importantes stations,
mais la Compagnie eut à traverser à la suite de la Révolution de 1688 une crise redoutable. Une nouvelle compagnie
fut même fondée en 1702 ; elles fusionnèrent en 1709 et
ainsi fut constituée cette « grande dame de Londres » qui

devait avoir pendant un siècle et demi une si brillante carrière.

Malgré ces émigrations, malgré des pestes terribles et des
famines fréquentes, la population de l'Angleterre avait plus
que doublé pendant ce XVIIe siècle. De deux millions et demi
d'habitants qu'elle comptait en 1600, elle était montée cent
ans plus tard à plus de cinq millions, peut-être cinq millions
et demi. L'immigration des réfugiés politiques et religieux
de Flandre, d'Allemagne et de France, l'arrivée à Londres
sous Cromwell de juifs portugais, la colonisation des parties
septentrionales du royaume, désormais assurées de la paix
par la réunion entre les mêmes mains de l'Écosse et de l'Angleterre, expliquent en partie ce phénomène.

L'accroissement de la population urbaine fut le résultat
d'une double émigration des campagnes du fait des lords
propriétaires qui, depuis la fin de la guerre des Deux-Roses,
avaient commencé la désertion de leurs manoirs, et des
paysans que le prix excessif des fermages fit renoncer à la
culture. Les progrès de l'industrie aidèrent à ce déplacement.
Celle des laines, encouragée par les exportations aux Indes
et en Perse, se développa et se transporta des comtés de l'Est,
son berceau, vers ceux de l'Ouest dont le climat, plus humide
et plus égal, convenait mieux à la filature et au tissage et
ceux du Nord à cause de la présence de la houille dont l'exploitation allait croissant. La fabrication des briques se dé-
veloppait; celle de la fonte grandissait. Au moment où les
forêts du Sussex étaient épuisées pour le travail du fer et de
la verrerie, lord Dudley découvrait de nouveaux procédés
pour traiter les minerais par la fonte. Mal accueillie par la
routine, cette découverte ne porta pas immédiatement ses
fruits, mais elle était une précieuse indication pour l'avenir.

Les protestants français, chassés par la révocation de l'Édit de Nantes, avaient apporté l'industrie de la soie. Enfin l'acte de navigation, en forçant brusquement les Anglais à se faire marins, avait donné aux constructions navales une impulsion violente. Le prix de la construction monta subitement de 30 p. 100, le salaire des matelots grandit au point de rendre la concurrence impossible avec les Hollandais qui s'emparèrent du commerce avec la Russie et le Groënland ; mais ce ne fut là qu'une crise passagère et négligeable en présence des autres résultats de cet acte fameux. L'institution de la poste par Cromwell (1657) en vue du bien « du commerce, du transport des dépêches officielles et de la découverte des desseins criminels et attentatoires à la sûreté de l'État », bien que son établissement eût surtout un but de police, n'en procura pas moins une grande facilité au commerce. Un mouvement intellectuel remarquable accompagna toute cette évolution économique, et la politique moderne de l'Angleterre, inaugurée par son duel avec la Hollande malgré la communauté de religion, devait s'affirmer au siècle suivant. La création de la Banque d'Angleterre (1694), bien qu'étant avant tout une œuvre politique, allait favoriser l'édification de cette suprématie maritime qui est le fait capital de l'histoire de l'Angleterre au xviii° siècle.

CHAPITRE XVIII

Premiers développements de la puissance maritime et coloniale de la France. — Henri IV et Richelieu.

La France avait un instant, sous le ministère de Colbert, possédé cette suprématie. La période comprise entre la publication (1598) et la révocation de l'Édit de Nantes (1685) est une des plus intéressantes de son histoire commerciale. Elle avait, en proclamant la liberté religieuse, en substituant une politique laïque à la politique religieuse, une politique d'intérêt à une politique de principes devancé toute l'Europe ; elle perdit par son retour à une politique intolérante et surannée — qui était au surplus celle de presque toute l'Europe — le bénéfice de cette situation.

« Il est cogneu, disent les notables en 1597, que l'on faisoit avant les troubles quatre fois plus de manufactures de draps de laine qu'à présent. Témoin la ville de Provins en Brie, où il y avoit dix-huit cents mestiers de draps, et n'y a pas pour le jourd'hui quatre mestiers. Ainsi en est-il de Senlis, Meaux, Melun, Saint-Denis et autres villes et bourgs à l'entour de Paris... Nos voisins nous envoyent tous les ans d'Angleterre plus de mil navires ou vaisseaux, en partie chargez de marchandises manufacturées qui sont draps de laine, bas d'estame, futaines, bural et autres marchandises... Les Anglois font apporter en ce royaume telle abondance de leurs manufactures de toutes sortes, qu'ils en remplissent le pays ; jusqu'à leurs vieux chapeaux, bottes et savates, qu'ils font porter en Picardie et Normandie à pleins vaisseaux, au

grand mépris des François et de la police. » L'Angleterre
était donc un des pays qui avaient le plus profité de la dé-
pression de notre industrie et de notre marine pendant la
longue période des guerres religieuses. Un traité, signé à
Blois en 1572 entre Charles IX et Élisabeth, lui avait ac-
cordé, sans réciprocité, la libre importation et la libre exportation de marchandises sous pavillon anglais, avec le droit
de créer des entrepôts, et de ceux qu'ils avaient établis à
Rouen, Caen, Dieppe et Bordeaux, les Anglais inondaient
les campagnes de draps grossiers, mais bon marché, que
l'industrie française ne pouvait pas leur livrer aux mêmes
conditions; mais la part de la marine hollandaise dans notre
commerce extérieur était plus considérable encore. La piraterie et les mauvais procédés dont étaient victimes les négociants français établis à l'étranger ajoutaient à cette détresse
de notre commerce maritime. Henri IV s'efforça d'y remédier.

Deux opinions étaient en présence dans ses conseils : l'une
représentée par Sully, plus favorable à la liberté des échanges ;
l'autre, par Laffemas, réclamant au contraire une énergique
protection pour notre industrie. « En premier lieu, Sire, dit
Sully, Votre Majesté doit mettre en considération qu'autant
qu'il y a de divers climats, régions et contrées, autant semble-
t-il que Dieu les ait voulu diversement abonder en certaines
propriétés, commodités, denrées, matières, arts et mestiers
spéciaux et particuliers qui ne sont point communs, ni pour
le moins de telle bonté aux autres lieux, afin que pour le
trafic et commerce de ces choses, dont les uns ont abondance
et les autres disette, la fréquentation, conservation et société
humaine soit entretenue entre les nations, tant éloignées
pussent-elles être les unes des autres, comme ces grands

voyages aux Indes Orientales et Occidentales en servent de preuves. » — « Que l'on regarde, écrit Laffemas, le nombre d'icelles marchandises étrangères qui sont entrées à Paris à la foire Saint-Denis, dont le contreroolle a esté tenu aux portes de la ville, outre le nombre de celles qui n'ont pas été contreroollées, vendues aux bourgeois et autres, qui ont été transportées par les villes et maisons nobles, bourgs et villages, il s'y trouvera plus de trésors employés ordinairement que le roy d'Espaigne à payer ses armées en guerre... abus pernicieux qui achèvera de perdre et ruyner ce royaume ; et au contraire coupant et retranchant ces fautes, c'est le seul moyen de remettre l'Estat en splendeur... mais je dis de vérité que les négoces et traffic desdites marchandises, mises en ouvrages estrangères, sont pires que les guerres, à cause que l'on ne s'apperçoit de telles fautes cachées et voulans considérer meurement ses raisons, et y mettre remède qui est facile, faisans lesdits ouvrages et marchandises dans cedit royaume. Cette police fera trembler les ennemis de la France à cinq cents lieues d'icelle. »

Ce n'est pas cependant que la France ne vendît rien à l'étranger. L'Angleterre elle-même nous achetait des laines, particulièrement celles du Midi, des vins, et l'on donnait le nom de flotte de Bordeaux au convoi qui les transportait, du sel, du pastel, des toiles, du papier, du bois, des soieries, des meules de moulin, des chardons à foulon, de la poterie, des pruneaux ; l'Espagne et le Portugal nous achetaient des grains et la plupart des produits destinés à leurs colonies; l'Italie, du bétail. Nous recevions par contre ces produits d'Angleterre, draps, futaines, etc., dont nous avons vu les notables déplorer l'invasion, et aussi du plomb, de l'étain, de la cire, des harengs ; de Hollande et de Flandre, des ser-

ges de Leyde, des camelots de Lille, des toiles, du savon,
du beurre, des fromages ; du nord de l'Afrique, des cuirs,
des laines, de la cire, du corail ; une partie de nos échanges
avec l'Espagne, surtout par les ports entre Loire et Garonne,
se faisait même par navires français et Marseille, notre seul
port sur la Méditerranée, était le centre d'un commerce actif.
Aussi, sans accepter aucun des deux partis extrêmes qu'on
lui proposait, Henri IV se borna-t-il à obtenir pour nos
nationaux et nos produits un traitement meilleur que celui
qui leur était fait jusqu'alors. Ce fut l'objet d'un traité avec
Jacques Ier (1606) qui, à la suite de difficultés parfois aigres,
établit l'égalité de traitement pour les commerçants des deux
nations ; d'un traité avec l'Espagne (1604) faisant cesser les
pillages dont étaient réciproquement victimes sur mer les
navires des deux pays et abolissant les droits excessifs et
même la prohibition de relations établie quelque temps entre
la France, l'Espagne et les Pays-Bas ; d'une nouvelle con-
vention avec la Turquie (1606) nous rendant, dans tous les
ports du Levant et des États barbaresques, la situation privilégiée que nous avaient assurée les capitulations de 1536 ;
avec les Hanséates, le Maroc, les Hollandais. L'étranger, sans
être traité sur le pied d'égalité avec les nationaux, était soumis à moins de vexations. La France se montrait même mieux
accueillante que l'Angleterre, qui exigeait notamment que
l'on achetât chez elle des marchandises pour solder les ventes
qui lui étaient faites.

Henri IV protégea, d'accord avec Sully, les industries déjà
existantes, notamment celles des draps et des toiles, et, selon
le vœu de Laffemas, voulut acclimater chez nous les industries de luxe pour lesquelles nous étions tributaires de l'étranger. Olivier de Serres faisait développer en France la culture

du mûrier et l'industrie de la soie, dont avaient déjà voulu nous doter Louis XI et François Ier, fut définitivement implantée en France. L'exploitation des mines fut encouragée ; la fabrication du fer améliorée ; celle de l'acier fin créée ; la préparation des cuirs restaurée ; l'industrie des laines relevée, celle du papier introduite. Des crêpes fins, façon de Bologne, furent fabriqués à Paris ; des satins et des damas, à Troyes ; la teinture et les apprêts furent apportés des Pays-Bas ; les dentelles de Flandre, les tapis de haute lisse, les glaces, les cristaux furent acclimatés en France.

De grands travaux publics entrepris et les embellissements de Paris ajoutèrent encore à l'activité pacifique de la nation. Le commerce intérieur et le commerce extérieur furent, en effet, également l'objet des soins d'Henri IV. Le rétablissement de l'ordre, la réfection de nos finances, la remise d'arriérés d'impôts, accrurent les disponibilités et la puissance d'achat des particuliers ; la circulation intérieure fut favorisée par la création de routes, l'amélioration de la navigation fluviale, la réfection ou la construction de ponts, l'établissement de relais de chevaux, de services de coches et de messageries. Le canal de Briare, destiné à unir la Loire à la Seine, fut commencé. C'était le premier grand pas dans une voie indiquée au siècle précédent par Adam de Craponne et où l'exemple donné par Sully ne fut que bien lentement suivi. La liberté du commerce des grains à l'intérieur, des dessèchements de marais, des défrichements, favorisèrent l'agriculture ; mais les douanes multipliées, les réglementations vexatoires, imposant de longs détours aux marchandises, continuèrent à gêner le développement des transactions.

Henri IV et Sully avaient bien compris les causes de notre infériorité sur mer : le mauvais état de nos ports, la fai-

blesse de notre marine militaire, l'insuffisance comme nombre et comme tonnage de nos bateaux marchands. Le temps
leur manqua pour porter remède à cette situation. Une ins-
pection du littoral fut faite par ordre du roi, la construction
de galères fut encouragée ; une expédition dirigée contre les
corsaires barbaresques leur apprit à respecter nos bâtiments,
la création d'un port à Cette fut entreprise, puis abandonnée.
Nous avions en 1610 quatorze galères armées à Marseille,
mais appartenant à des particuliers et ayant des équipages
mal exercés ; des navires danois étaient chargés de la protection de nos ports de l'Océan ; le commerce de Marseille avec
le Levant avait pris une certaine activité ; une commission,
origine de la Chambre de commerce de cette ville, délibérait
sur ses intérêts comme le Conseil du commerce institué à
Paris sur celui de la France entière. Mais, malgré tous les
efforts faits par le roi et ses conseillers, une chose manqua
pour les rendre fructueux et durables : le concours de la
nation.

En Angleterre comme en Hollande, le développement colonial et commercial au XVIIe siècle fut surtout l'œuvre des
particuliers, en France il fut avant tout l'œuvre du Gouvernement. En France, on voit de brillantes initiatives, mais aucun
entraînement national ; en Hollande, en Angleterre, quelques
noms sont en relief, sans doute, mais ils valent surtout par
les efforts et les sacrifices qu'ils résument, les groupements
d'idées ou de capitaux qu'ils représentent. Cette différence
se manifeste d'une manière bien sensible dans l'issue si dis-
semblable des tentatives de colonisation faites simultanément
par les trois pays.

Au moment où la Hollande édifiait si rapidement son empire tout commercial, où l'Angleterre fondait ses colonies

d'Amérique destinées à un si brillant avenir, la France, elle aussi, s'essayait à la fondation d'une colonie.

La possession d'un territoire extérieur, d'un débouché extra-européen semblait être la condition indispensable d'un commerce florissant. Le marché européen tendait de plus en plus à se localiser. Derrière ce cosmopolitisme, que semblait accuser l'accaparement par les Hollandais de la plus grande partie des transports, ces guerres de tarif, ces rivalités industrielles que nous avons trouvées se développant parallèlement indiquent une tendance de chaque État à se suffire à lui-même, à attirer et retenir chez lui par tous les moyens ce qui semble le signe unique de la richesse, le numéraire. Vendre le plus possible à l'étranger, lui acheter le moins possible, est le but suprême vers lequel on tend. De là, outre les prohibitions, les droits élevés, les règlements, conditions et vexations de toutes sortes imposés aux étrangers, le désir de posséder quelques-unes de ces terres d'où l'on tirera notamment ce que l'on commence à appeler les denrées coloniales. C'est le motif qui va faire se rencontrer aux Antilles presque toutes les nations de l'Europe, c'est celui qui faisait créer presque simultanément les compagnies des Indes orientales en Angleterre et en Hollande. Il était difficile que la France n'éprouvât pas la même ambition.

Malheureusement la pacification du pays ne vint qu'un peu tard. En Hollande, la guerre d'Indépendance avait rapproché tous les cœurs et imposé l'union ; la solidarité nationale avait été cimentée en Angleterre par les menaces de Philippe II ; en France, trente-six ans de guerres religieuses avaient au contraire menacé l'unité, favorisé le particularisme provincial, créé ou entretenu un patriotisme local un peu étroit, mal disposé à l'entente pour des entreprises hasardées et lointaines. Après un siècle remarquable surtout par l'affirmation des énergies individuelles et l'éclat des personnalités, un siècle commençait d'effacement des caractères, d'abandon de toute initiative entre les mains de la royauté, d'idolâtrie monarchique. La popularité même d'Henri IV contribuait à développer ce sentiment ; les intermèdes d'agitation, de désordres, de guerres civiles provoquées par la turbulence de la noblesse, les nouvelles manifestations de son impuissance, allaient l'accélérer. La France en arrivera jusqu'à ne plus pouvoir tolérer des opinions religieuses autres que celles du roi, jusqu'à considérer comme un crime d'État le refus de se convertir à sa foi. Dans ces dispositions d'esprit, on attend tout de l'initiative souveraine et cette initiative ne se bornant pas à donner l'impulsion veut tout régler jusque dans les moindres détails. Qu'on y ajoute les conditions géographiques de la France, son double rôle de puissance continentale et de puissance maritime, les nécessités ou les entraînements de la politique européenne et l'on aura l'explication de l'insuccès final de nos tentatives coloniales, malgré les brillants épisodes qui illustrent leur histoire.

Celle de notre première Compagnie des Indes orientales est fort courte. Créée en 1604, par l'initiative de Gérard de Roy, au capital de quatre millions de couronnes, avec pouvoir de faire construire et d'équiper des vaisseaux, de s'emparer de ceux qui attaqueraient les siens et de garder les quatre cinquièmes de ses prises, elle s'occupa de recruter en Hollande les hommes et le matériel dont elle avait besoin. La Hollande s'en alarma, fit de sérieuses remontrances, et l'on n'entendit plus parler de rien [1].

---

1. Cf. Pagniez, *Le Commerce de la France sous Henri IV*, ap. *Revue historique*, t. XVI, 1881.

Cette pauvreté de la France en bâtiments et en marins, dont souffrait notre commerce, était en effet une grosse difficulté pour les entreprises coloniales. Elle est d'autant plus surprenante que la France avait alors, comme aujourd'hui, tout ce qui était nécessaire pour la construction, le gréement et l'armement des navires, que ses pêcheurs étaient depuis longtemps renommés pour leur intrépidité, qu'alors même ils disputaient aux Hollandais et aux Anglais la pêche du hareng dans la mer du Nord, poursuivaient la baleine dans les parages arctiques et que nos pêcheurs basques étaient les fournisseurs de l'Europe pour la morue qu'ils allaient depuis longtemps chercher dans les eaux de Terre-Neuve.

La France avait depuis 1536 fait dans ces régions plusieurs tentatives. Elles avaient échoué à Charlebourg avec Cartier, dans l'île du Cap-Breton avec Roberval ; Henri III avait inutilement concédé aux neveux de Cartier des privilèges de commerce, mais il y avait là une tradition, une place ouverte à notre action dans une contrée dont l'Espagne ailleurs défendait avec tant de jalousie les abords ; Henri IV songea sérieusement à en tirer parti. On ne trouvait là ni mines de métaux précieux, ni épices. La pêche et la chasse d'une part, la culture du sol de l'autre, telles étaient les ressources du pays. Ce qu'il importait donc d'y diriger en premier lieu, c'étaient des agriculteurs patients et laborieux. On y envoya des forçats. Laissés à l'île de Sable par le chef de l'expédition, de La Roche (1598), ils y restèrent cinq ans sans recevoir de secours, dans la plus affreuse détresse ; de 40, 12 seulement d'entre eux revinrent en France et le récit de leurs infortunes ne contribua pas à mettre en faveur le voyage d'outre-mer. Les expéditions suivantes ne furent pas plus heureuses : en 1604, un hiver terrible accabla les premiers

colons de Sainte-Croix, sur la côte occidentale de la baie
française; pendant cinq mois, trois pieds de neige couvrent
la terre et la moitié de ces infortunés succombe faute d'eau
douce, de bois de chauffage et de viande fraîche. L'année
suivante, même désastre à Port-Royal (Annapolis), de l'autre
côté de la baie, en Acadie, où Champlain a dirigé le convoi.
Le poste est évacué deux ans après. Cependant, en 1608,
Port-Royal est réoccupé; Québec est fondé par Champlain.
Le commerce des fourrures attire cette année plus de quatre-
vingt vaisseaux sur les côtes d'Acadie et du Canada; la pêche
a pris une plus grande activité. Le roi, sur les plaintes de
quelques villes maritimes, retire à la compagnie de Monts le
monopole qu'il lui avait concédé; la concurrence fait hausser
le prix des fourrures; Champlain obtient, en 1613, du prince
de Condé, la reconstitution de la compagnie, mais une sorte
de défaveur est jetée pour longtemps sur le Canada. En 1620,
Québec ne compte encore que 60 habitants, 240 en 1641,
800 en 1663. Ni les encouragements et l'énergie de Richelieu,
ni les efforts de Colbert ne pourront triompher de l'éloignement des agriculteurs pour cette région discréditée; de
1669 à 1681, la population des colons ne s'élèvera que de
2,500 âmes à 10,000. Du moins ces représentants de la
France n'ont-ils pas été choisis, comme les premiers, dans
les bagnes, et doivent-ils faire souche d'honnêtes gens.

La courte période de 1604 à 1613, pendant laquelle ont été
faites les expériences vraiment sérieuses, a vu passer à plusieurs reprises le commerce du Canada du système du monopole à celui de la libre concurrence. Aucun des deux systèmes
n'avait été assez longtemps pratiqué pour que l'on pût, après
ces essais, se prononcer en faveur de l'un ou de l'autre. Mais
deux faits restaient acquis : c'est que le monopole permettait

une véritable exploitation des indigènes, et que, d'autre part, la liberté du commerce avait suscité une émulation que le rétablissement du monopole arrêta complètement. « Il'y a huit ans, écrit Lescarbot (1609), que pour deux gâteaux ou pour deux couteaux on eût eu un castor, et aujourd'hui il en faut quinze ou vingt. » Que la rivalité des acheteurs ait fait hausser les prix, diminué les bénéfices de ce trafic des pelleteries, ait même un instant constitué la compagnie et ses concurrents en perte, cela n'a rien que de très naturel, mais fallait-il livrer, en reconstituant le monopole, les indigènes à l'exploitation sans scrupule de la compagnie ou attendre du jeu régulier des transactions l'établissement d'un prix également rémunérateur et pour eux et pour les acheteurs? Les profits du commerce des pelleteries et fourrures avaient contribué pour leur part à déprécier les profits plus lents et plus modestes que pouvait procurer l'exploitation des autres richesses de ce sol, bois, prairies, grains, mines de cuivre. L'émulation des villes et des armateurs fut découragée ; le monopole triompha, comme en Espagne, comme en Angleterre, comme en Hollande, et ce fut désormais en France le seul mode adopté pour les relations commerciales entre les colonies et la métropole.

Les résultats obtenus par l'initiative privée dans quelques ports militaient en faveur de la liberté du commerce, les partisans du monopole pouvaient l'appuyer sur la nécessité d'opposer à la concurrence non plus de nos nationaux, mais des Anglais et des Hollandais un adversaire capable de lutter contre eux. « Faute de ces compagnies, dira Richelieu, et pour ce que chaque petit marchand trafique à part et de son bien, et partent pour la plupart en de petits vaisseaux assez mal équipés, ils sont la proie des corsaires et des princes nos alliés, parce qu'ils n'ont pas les reins assez forts, comme aurait une grande compagnie, de poursuivre leur justice jusqu'au bout. Ces compagnies seules, ajoute-t-il, ne seraient pas néanmoins suffisantes si le roi, de son côté, n'était armé d'un bon nombre de vaisseaux pour les maintenir puissamment en cas qu'on s'opposât par force ouverte à leurs desseins. » Cet appui, que la marine royale n'était pas en état de donner à la Compagnie du Canada, allait la laisser exposée sans défense suffisante à toutes les attaques et perfidies de ses voisins.

L'opposition à ces monopoles se retrouve formulée dans les cahiers des États généraux de 1614. Sous l'inspiration de Robert Miron, ceux-ci dressent tout un plan de politique commerciale remarquable par sa précision :

Prohibition d'entrée de tous les produits manufacturés de l'étranger ; défense de sortie pour toute matière première, à manufacturer en pays étrangers ; suppression de tout monopole industriel et commercial et des douanes intérieures. Sans doute, bien des restrictions accompagnaient ces vœux, ils n'en ont pas moins le mérite de la netteté et Richelieu et Colbert allaient puiser dans ces cahiers plus d'une inspiraion.

Les besoins du Trésor, les nécessités de la politique, les vrais intérêts du commerce inspirèrent à Richelieu plus d'une dérogation à ces principes. Les préjugés provinciaux ne permirent pas le report à la frontière commune de toutes les douanes provinciales ; mais plusieurs mesures et créations utiles préparèrent cette réforme en facilitant la circulation. L'organisation définitive du service des postes en est la principale. Préparée par plusieurs édits, elle fut achevée par celui de mai 1630, divisant la France en vingt circonscriptions postales que deux courriers par semaine, circulant à raison d'une poste (4 lieues) par heure en été et par heure et demie en hiver, reliaient à la capitale. Le prix de transport était de 2 sols par lettre de Paris à Lyon et s'élevait suivant les distances jusqu'au maximum de 5 sols. Des services de messageries, de coches et carrosses publics, de roulage et de poste aux chevaux complétèrent cette organisation et rendirent de très grands services au commerce. L'achèvement du canal de Briare, la réorganisation du service des ponts et chaussées et sa mise sous l'autorité des intendants, enfin la destruction des forteresses féodales ne lui furent pas moins favorables.

Le code Michau (1629) donnait satisfaction à plusieurs des vœux des États généraux de 1614, renouvelés en 1626 par les notables. L'entrée des draps anglais devait être interdite ; l'exportation des marchandises françaises, à l'exception du sel, prohibée sur les navires étrangers ; les taxes levées à l'étranger sur les navires et marchandises de France seraient par réciprocité levées en France sur les navires et marchandises de l'étranger. Le commerce ne dérogeait plus à la noblesse et la noblesse était acquise aux armateurs et négociants sous certaines conditions. Mais les principes douaniers inscrits dans ce code ne purent pas être appliqués. Bien que l'Angleterre eût, à l'époque de la révolte des protestants, essayé de s'établir à La Rochelle, bien que les Hollandais commissent contre nos bâtiments marchands maints actes d'hostilité, la politique commanda des ménagements à leur égard. Mais Richelieu nous préparait les moyens de moins ménager ces exigeants alliés en nous donnant une forte marine. Devenu grand-maître, chef et surintendant général de la navigation et du commerce de la France, non seulement

il reprit les travaux des ports abandonnés depuis Sully,
créant pour ainsi dire Brest, Port-Louis, le Brouage, agran-
dissant le Havre et Marseille, commençant à Agde la construction d'une digue que Colbert n'achèvera pas, mais deux
flottes commandées par Sourdis et Brézé parurent avec éclat
sur les mers. Des traités de commerce furent conclus avec
le Maroc, la Russie et le Danemark. Pour assurer enfin des
débouchés à notre industrie que, comme Henri IV, il s'efforçait de relever, il fit, sans se laisser abattre par les résistances,
les difficultés et les échecs, de sérieuses tentatives pour nous
donner avec des colonies des débouchés au dehors.

En face des grandes compagnies de l'étranger, il résolut
de créer des associations non moins puissantes. Ses premières
conceptions étaient même plus larges. La Compagnie du
Morbihan (1626), la Nacelle de Saint-Pierre fleurdelisée
(1627), devaient être des compagnies de commerce universelles. Il se flattait d'y attirer les capitaux de la bourgeoisie,
enrichie par les fermes de finances, lui faisant entrevoir,
outre les bénéfices qui devaient sortir des multiples entreprises de la compagnie, l'anoblissement. A défaut de monopole commercial, ces associations devaient coloniser, et elles
pouvaient à cet effet disposer des vagabonds et des mendiants,
fabriquer, commercer. Elles échouèrent, la première devant
l'opposition du parlement de Rennes, la seconde devant
l'incrédulité et l'indifférence de ceux auxquels on faisait
appel. On en revint aux compagnies locales. Les statuts de
la Compagnie du Canada furent publiés au camp de La
Rochelle mai (1628), Champlain nous conserva cette colonie;
les Anglais nous restituèrent au traité de Saint-Germain
(1632) Québec qu'ils avaient prise et l'Acadie. Après la mort
de Champlain (1635), les établissements de Silleri (1637) et

Montréal (1640) furent fondés, mais, nous l'avons vu, les progrès furent lents.

Aux Antilles, des aventuriers, comme cela se produit si souvent, nous avaient ouvert le chemin. Richelieu eut l'audace et le bon sens de les suivre. D'Esnambouc et l'Oliva nous acquirent Saint-Cristophe, la Guadeloupe, la Martinique, Saint-Domingue; les privilèges de la Compagnie furent renouvelés deux fois en 1635 et en 1640; mal soutenue après Richeleu, elle tomba, mais Colbert reprit l'œuvre des flibustiers et nous assura leurs conquêtes. En Guyane, Cayenne était fondée (1636); en Afrique, les compagnies du Cap-Vert (1633), de Guinée (1634), du Cap-Blanc (1635) reprenaient l'œuvre des Dieppois et la France, par la fondation de Saint-Louis, jetait sur le Sénégal les bases d'un empire; une autre compagnie fondait notre premier comptoir à Madagascar (1640) et pénétrait dans l'île de Sumatra (1642). Les dix-huit années du ministère de Mazarin vont être pour tous ces établissements comme pour notre marine une phase d'autant plus critique qu'elle correspond à la période de Cromwell en Angleterre et de Jean de Witt en Hollande, mais les fondations de Richelieu seront relevées par Louis XIV et Colbert. C'est dans la seconde moitié du XVIIᵉ siècle et les premières années du XVIIIᵉ siècle que se résoudra la grande question de la suprématie maritime et coloniale.

CHAPITRE XIX

Prépondérance économique de la France sous Louis XIV.
Le colbertisme.

Cette grande phase de l'histoire du commerce s'ouvre brillamment pour nous ; le ministère de Colbert est la plus glorieuse époque de l'ancienne monarchie. Son nom personnifie toute une politique, tout un système. Quelle que soit sa valeur absolue, elle eut alors les plus heureux résultats. C'est la floraison d'une plante semée par Henri IV et soignée par Richelieu. C'est l'épanouissement de toute une organisation industrielle et commerciale, de toute une conception politique et sociale ; le colbertisme est au point de vue économique ce qu'est au point de vue politique l'établissement monarchique de Louis XIV, l'apogée d'une théorie, le point culminant d'une période. — La pente est souvent abrupte et la descente bien rapide sur l'autre versant de la montagne, mais les chutes qu'elles ménagent n'enlèvent rien à la grandeur du panorama dont on jouit du sommet.

La France était, de tous les États de l'Europe, celui où l'évolution nationale et monarchique s'était le plus régulièrement et le plus complètement accomplie. Sa situation sur deux mers, la variété de ses climats et de ses productions, de ses besoins et de ses aptitudes, comme la continuité de ses aspirations et de ses efforts, la disposaient tout spécialement à être le théâtre de cette expérience qui apparaissait comme l'idéal des conceptions économiques de l'époque : la constitution d'un organisme complet trouvant en lui-même ou dans ses extensions de quoi satisfaire à tous ses besoins et à tous ses goûts, ne dépendant en rien du dehors, mais à même d'attirer à soi, par la vente de ses produits, et sous la forme de métaux précieux, un surcroît de bien-être et de richesses.

Préparé par une longue étude au maniement des affaires publiques, Colbert embrasse simultanément toutes les faces du vaste problème qu'il veut résoudre : raviver les industries que possède la France et la doter de celles qui lui font défaut ; assurer et faciliter la circulation intérieure en lui donnant les organes qui lui manquent et supprimant les entraves qui la gênent ; nous affranchir de la nécessité de recourir à l'étranger pour les transports par mer en développant notre marine marchande et protégeant celle-ci par la création d'une forte marine militaire contre les attaques des puissances rivales et la piraterie ; nous mettre en état d'aller chercher dans les lieux de production, sans intermédiaire étranger, les produits exotiques indispensables et nous assurer, dans la mesure du possible, des colonies où nous les puiserions ; donner au commerce une représentation régulière, une charte, le constituer, non pas comme un pouvoir, il ne doit pas y en avoir en France d'autre que celui du roi, mais comme un des rouages du gouvernement, tel est le plan que pendant les vingt-deux ans de son ministère il prend à cœur de réaliser.

Comme François Iᵉʳ, comme Henri IV et Richelieu, c'est en dérobant à l'étranger les secrets de sa fabrication, en attirant et retenant des artisans habiles et favorisant la formation sous leur direction d'ouvriers nationaux, qu'il crée ou développe les industries en possession desquelles il veut nous mettre, qu'il varie, perfectionne ou remplace celles que nous possédons déjà : soieries, glaces, dentelles, draperies, tapisseries, bas de laine et de soie, feutres, ferblanterie, quincaillerie, savons, teintureries, raffineries, etc. 60,400 ouvriers sont employés dans les manufactures de laines, 17,300 à la fabrication des dentelles ; le roi protège et subventionne les manufactures ; il se fait manufacturier lui-même en donnant à quelques établissements le titre de manufacture royale ; il se porte garant des produits en réglementant strictement et inexorablement leur fabrication. L'hérésie, le choix, n'est pas plus permise en matière industrielle qu'en matière politique ou religieuse. L'autorité dicte les modes de fabrication, les dimensions, les couleurs, au risque de rebuter l'acheteur par l'aspect et la nouveauté comme par la perfection du produit. Les réclamations que ces changements imposés dans les habitudes et les goûts soulèvent de tous côtés ne sont que rarement écoutées. Mais la France se couvre de tous côtés de fabriques. » « Jamais l'industrie française n'avait été aussi prospère, dit M. Levasseur. La Flandre, la Picardie, la Normandie au nord-ouest, le Languedoc au sud-est, la Touraine au centre, se distinguaient parmi les plus riches provinces manufacturières. Au nombre des principaux produits des fabriques étaient les sucres raffinés de Marseille et des bords de la Loire (Orléans) ; les papiers de Bourgogne, d'Auvergne et d'Angoumois ; les chapeaux de Dauphiné, de Provence et de Berry ; les fers de Hainaut, de Bourgogne, de Dauphiné, du comté de Foix, de l'Angoumois et du Limousin ; les soieries de Tours et de Lyon ; les dentelles de Flandre, d'Alençon, de Lorraine, du Puy, d'Auvergne ; les toiles de Normandie, du Maine, du Dauphiné, de Bretagne ; les tricots de l'Ile-de-France, de l'Orléanais et du Berry ; les tapis de l'Ile-de-France et de la Touraine ; les draps et tissus de laine de Flandre, de Picardie, de Normandie, d'Ile-de-France, de Champagne, d'Alsace, du Berry, du Languedoc, et les cadis du Midi[1]. »

Cette reprise du travail national était d'autant plus remarquable qu'elle succédait à une période de misère affreuse, conséquence de la guerre étrangère et de la guerre civile, et que les années 1661 et 1662 avaient été elles-mêmes marquées par une épouvantable disette. Mais l'heureuse issue de la lutte avec l'Espagne, la prépondérance que nous assuraient en Europe les traités de Westphalie et des Pyrénées, la brillante entrée en scène de Louis XIV, avaient donné au Gouvernement et à la nation cette assurance qui décuple les forces et ajoute à la confiance en soi-même la fermeté devant l'étranger.

Ce fut cette situation qui seule rendit possible la réalisation des vues de Colbert pour notre industrie et notre commerce.

Les taxes de protection et les prohibitions étaient la monnaie courante de la politique commerciale. Dès 1659 Fouquet, dont le père avait été un des principaux collaborateurs de Richelieu, avait frappé d'un droit de 50 sous par tonneau les navires étrangers à leur entrée en France. Mais le tarif de 1644, alors en vigueur, ne frappait que de droits très peu élevés les produits étrangers.

La France avait alors, malgré ses guerres et ses embarras intérieurs, une grande avance industrielle sur les pays voisins. Malgré les efforts faits depuis 1620 en Angleterre et en Hollande, nos exportations dans ces deux pays d'objets fabriqués atteignaient encore, en 1654, 80 millions de livres :

---

1. Levasseur, *Histoire des classes ouvrières en France*, II, p. 277 et suiv.

toiles, serges et étamines de Reims et de Châlons, futaines
de Troyes et de Lyon, bas de soie et de laine de la Beauce,
de l'Ile-de-France et de la Picardie, soieries de Lyon et de
Tours, castors de Paris et de Rouen, et une foule d'articles
de mercerie, pelleterie, quincaillerie, etc.[1]. En 1664, Colbert n'évalue plus qu'à 18 millions les marchandises que
nous envoyons au dehors, dont les deux tiers sont, dit-il,
payés en marchandises et un tiers seulement en argent.
« Or, ajoute-t-il, je crois que l'on demeurera facilement d'accord de ce principe, qu'il n'y a que l'abondance d'argent dans
un État qui fasse la différence de sa grandeur et de sa puissance[2]. » En 1662, par suite des ménagements que la politique
commande envers les Hollandais, on leur permet de n'acquitter le droit de 50 sous que dans un port par voyage. Mais
en 1664, les vues commerciales de Colbert s'affirment nettement.

Un nouveau tarif élève les droits à l'entrée sur les marchandises étrangères; en 1667, un édit plus rigoureux encore
double ou triple les taxes, dicte des prohibitions et provoque,
des représailles de la part des autres puissances. « Il faut,
disait Colbert à Louis XIV, réduire les droits à la sortie sur
les denrées et les produits des manufactures du royaume,
diminuer aux entrées les droits sur tout ce qui sert aux fabriques; repousser par l'élévation des droits les produits des
manufactures étrangères. » Alla-t-il trop loin dans l'application de ces principes ? N'eût-il pas été plus sage de s'en tenir
au tarif modéré de 1664, sans pousser jusqu'au tarif presque
prohibitif de 1667 ? Aucune puissance, en tous cas, n'était en

---

1. *Lettres, instructions et mémoires de Colbert,* publiés par Clément, t. II,
1ʳᵉ partie, introduction, p. cxxv.

2. *Idem, Mémoires sur le commerce,* p. ccLxix.

droit de le lui reprocher, moins que toute autre l'Angleterre
dont l'acte de navigation, aggravé par Charles II en 1660,
allait bien au delà des mesures édictées par Colbert pour
protéger notre marine. Colbert s'entourait de conseils ; une
vaste enquête avait été faite par ses soins dans tout le royaume ;
le Conseil de Commerce, créé par Henri IV, réorganisé en
1664, avait toujours une représentation auprès du roi ; peut-
être, au lieu d'augmenter les taxes, parce que les fabricants
déclaraient insuffisantes celles de 1664, eût-il été préférable
de laisser plus de liberté à la fabrication. Mais le grand mérite
de Colbert est de ne pas avoir compté exclusivement sur ces
droits de douane pour la protection de notre industrie et de
s'être efforcé de préparer par une série de sages mesures le
moment où elle pourrait se passer de ces taxes toujours oné-
reuses pour le consommateur.

La suppression des douanes intérieures qu'il rêvait échoua
devant les résistances provinciales ; douze provinces seulement, que l'on appela provinces des cinq grosses fermes,
acceptèrent le report à leur frontière commune des droits de
douane ; elles trouvèrent dans la facilité de commercer entre
elles sans acquitter de taxe une ample compensation aux
taxes mises sur les importations étrangères ; d'autres, voulant
conserver le droit de commercer librement avec l'étranger,
refusèrent, sans que Colbert osât les contraindre, d'adhérer
à cette réforme et formèrent les provinces réputées étrangères ; enfin les acquisitions postérieures à 1664 gardèrent
après leur réunion leur organisation douanière antérieure et
furent des provinces d'étranger effectif. Mais onze entrepôts
francs furent créés, les ports de Marseille, de Dunkerque et
Bayonne furent déclarés ports francs, de grands travaux
entrepris dans nos ports. Dunkerque, racheté à l'Angleterre,

fut l'objet de l'attention toute particulière de Louis XIV et de Colbert. En 1671, toute une armée de 30,000 hommes, sous les ordres de Vauban, fut employée à ces travaux. Tous les jours le roi à cheval parcourait les chantiers, l'encourageait par sa présence. « De tous les ports de France, écrit Spanheim dans sa relation de la cour de France (1690), Dunkerque est peut-être le plus remarquable par les prodigieux ouvrages qu'on y a faits, par les esplanades des montagnes et des dunes, par les écluses, par la ville et la citadelle revêtues de briques jusqu'au haut du parapet, par des tours sur un banc de sable pour la défense de la rade, enfin tant par les fortifications de la place que pour le havre, et dont on fait monter la dépense qu'on y a faite... jusqu'à douze millions de livres. » Rochefort sur la Charente, Cette sur la Méditerranée, furent créés ; les canaux du Languedoc et d'Orléans creusés ; les routes bien entretenues. La publication de l'Ordonnance de commerce (1673) était un bienfait peut-être plus considérable encore.

Elle soumit a un règlement uniforme toutes les transactions commerciales. « Tenue de livres, mode de paiement, lettres et billets de change, contrainte par corps, sociétés de commerce, faillites, banqueroutes, juridiction des tribunaux de commerce, tout y est, dit un historien de Colbert, réglé avec un soin minutieux. » L'Ordonnance de marine (1681) eut pour le commerce maritime une autorité plus grande encore. C'est le plus parfait des codes de l'époque ; l'amirauté anglaise nous l'a en grande partie emprunté et la plupart de ses dispositions sont encore en vigueur. La mesure par laquelle toutes les corporations d'arts et métiers furent soumises à une réglementation uniforme fut moins heureuse, mais imposée par les besoins du Trésor.

La marine marchande ne comptait en 1663 que 200 bâtiments. Exemptée des droits d'ancrage et de tonnage qui
pesaient sur les navires étrangers, elle fut favorisée en outre
par des primes à l'importation et à l'exportation, des primes
aux constructeurs, et à ceux qui allaient chercher les matières
premières nécessaires pour la construction des navires, la
fondation de compagnies d'assurances, la création de grands
ports militaires et d'une flotte puissante. L'institution du
système des classes établit une solidarité complète entre
la marine militaire et la marine marchande ; elle délivrait la
population des côtes du système de la presse et des chiour-
mes, lui réservait le droit de pêche dans les eaux françaises
et lui assurait une pension de retraite sur la Caisse des inva-
lides de la marine. Toutes ces mesures, la création des compagnies de commerce et la fondation de colonies, lui permirent d'atteindre un développement qu'elle n'avait jamais
connu.

Ces compagnies de commerce et les colonies furent une
des parties les plus laborieuses de l'œuvre de Colbert. Notre
domaine colonial prit sous son ministère une grande extension, mais son exploitation ne fut pas heureuse. Le Gouvernement voulut procéder en cette matière avec la même rigoureuse régularité qu'en France, mais il avait à opérer sur
d'autres éléments. La docilité même avec laquelle la nation
se soumettait au despotisme monarchique indiquait son peu
de goût pour les aventures ; la masse du pays était donc
peu disposée à favoriser ces entreprises coloniales et ceux-là
seuls devaient s'y lancer qu'y poussaient une grande fièvre
d'indépendance, l'impatience de toute autorité, le désir de
trouver sur ces terres lointaines une vie libre et à l'abri de
toute contrainte. Les capitaux n'étaient pas moins prudents ;

les appels faits par le roi lui-même, ce manifeste, si en dehors des principes de Louis XIV, qu'adressa sur son ordre à la nation l'académicien Charpentier en faveur de Madagascar, l'exemple même du roi, ne purent entraîner la nation. La confiance en ces opérations lointaines manquait ; ceux même qui se hasardaient semblaient se défier de l'avenir ; ils se lançaient dans ces affaires avec hâte d'en tirer profit. Les compagnies se succédèrent, sombrant, renaissant pour disparaître encore.

La Compagnie des Indes occidentales comprenait dans son lot toutes les terres possédées par la France en Amérique et sur la côte occidentale de l'Afrique, c'est-à-dire des pays aussi différents que le Canada, les Antilles et le Sénégal. Fondée en 1664, elle aliénait en 1672 ses droits sur l'Afrique et en 1674 elle cessait d'exister, ayant perdu en dix ans 3,523,000 livres.

Celle des Indes orientales, créée la même année, échouait à Madagascar, échouait dans les îles de la Sonde, établissait quelques comptoirs dans l'Hindoustan, Surate, Pondichéry (1675) et Chandernagor (1688), Trinquemalé, dans l'île de Ceylan, mais, mal soutenue par ses actionnaires, s'endettait, s'émiettait par l'abandon successif des diverses parties de son domaine et mourait à feu lent.

Celle du Nord (1669), à qui l'on cédait pour vingt ans le privilège du commerce avec la Hollande, la Suède, la Norwège et la Russie, dépérissant dès 1671, mourait pendant la guerre de Hollande.

Celle du Levant ne durait que vingt années (1670-1690), mais aissait du moins derrière elle les échelles du Levant organisées et notre prépondérance, éclipsée sous Richelieu, relevée.

Les compagnies formées du démembrement des premières n'eurent pas une fortune plus brillante, mais ce qui resta, ce fut un agrandissement considérable de notre domaine dans l'Amérique du Nord, étendu à toute la région des grands lacs et à l'immense vallée du Mississipi ; des îles florissantes aux Antilles, grâce à la demi-liberté qu'on avait dû accorder aux compagnies et aux colons et à l'oubli en leur faveur de tous les principes que l'on suivait ailleurs ; des droits, qui auraient pu être importants, en Guyane, d'autres qui le seront de nos jours au Sénégal et sur Madagascar ; le fondement d'un empire un instant brillant aux Indes, et une certaine excitation qui, sans atteindre le degré qu'aurait voulu lui donner Colbert, fut favorable au développement de notre activité maritime et commerciale.

La répression de la piraterie, l'institution de consuls de commerce, le règlement par des traités de la situation des Français établis à l'étranger, y aidèrent également.

La réalisation des plans de Colbert eût demandé deux conditions indispensables : le temps et la persévérance. Dès 1672, il lui fallait, pour satisfaire la nouvelle politique du roi, détruire en partie son œuvre. Quelles qu'aient été ses fautes, quelque exagération qu'il ait donnée à sa manie de réglementation, quelque désordre qu'ait causé au Canada la rivalité des gouverneurs, des intendants et des jésuites, quelque tort qu'ait fait à la prospérité des Antilles l'introduction des esclaves noirs, quelque insensée qu'ait été la politique d'intolérance religieuse qui chassait les protestants des colonies et la manie de prosélytisme qui voulait faire marcher les conversions de front avec les opérations commerciales et même avant elles ; bien qu'on ait eu tort de trop éparpiller nos forces au lieu de constituer en face de rivaux entreprenants des éléments compacts de colonisation et de résistance, la vraie cause de notre insuccès fut la prédominance dans les conseils du roi de ses visées européennes et continentales, de la politique monarchique, religieuse, dynastique, sur la politique d'intérêts.

Le commerce de la France avait cependant pris un grand essor. Sous cette poussée vigoureuse, l'unité du royaume avait été plus étroitement cimentée par la fusion des intérêts. La guerre de tarifs, qui avait suivi la promulgation des droits protecteurs, était elle-même une preuve de l'importance du coup porté par ces taxes au commerce étranger. Ripostant par des droits sur nos vins et nos eaux-de-vie à nos droits sur ses draps, la Hollande avait frappé juste. Le rétablissement par le traité de Nimègue du tarif de 1664 fut par suite moins sensible pour nous.

M. Levasseur a résumé, d'après un livre du temps, le *Parfait négociant* de Savary, nos échanges avec les principaux pays. Ce tableau nous donne un intéressant aperçu de ce qu'était notre commerce à cette époque.

« La Hollande, dit-il, recevait de nous des vins, des eaux-de-vie, du vinaigre, des céréales, des huiles, des fruits, du miel, du pastel et du safran, toute sorte de draperie, mercerie, quincaillerie, papier, verre et fil ; elle nous fournissait des draps, des camelots, des toiles, du fil, du beurre et du fromage que le pays produisait, du coton, des laines, du castor, des épiceries, du sucre, des drogues de teinture, des métaux, des pelleteries, du soufre, du salpêtre, du goudron, des armes que ses navires allaient chercher dans les pays étrangers.

« La Flandre demandait les mêmes marchandises que les Hollandais, et de plus des velours, des satins, des rubans, des chapeaux et toute sorte de mercerie ; elle donnait en échange des toiles, des basins, des tapisseries, des dentelles et des laines filées.

« Avec l'Angleterre, notre commerce à l'exportation comprenait blés, vins, eaux-de-vie, vinaigre, sel, huiles, fruits, taffetas, étoffes d'or et d'argent, satins, velours, merceries, pastel, liège, papier, plumes, etc.; à l'importation, plomb, étain, charbon de terre, beurre, fromage, poissons, cuirs, draps, serges, bas, toiles de soie, moires, rubans, dentelles, etc.

« Avec l'Italie, l'exportation consistait en blés, vins, toiles, draperies du Languedoc, merceries de toutes sortes, étoffes de soie et d'or, dentelles, guipures, etc ; l'importation, en soies grèges et soies apprêtées, or filé, satins, velours de toute espèce, damas, étoffes de soie et d'or, dentelles, crêpes, ratines, brocatelles, tapis, cristaux, olives, huiles, confitures, vermicelle. L'importation dépassait l'exportation, quoique l'établissement des manufactures et des droits de douane de France l'eussent beaucoup diminuée, et que les seigneurs italiens, curieux de suivre la mode, fissent venir de France leurs plus belles soieries.

« A l'Espagne on vendait des toiles, des chapeaux de castor, des velours et autres étoffes de soie et de laine, des dentelles d'or, d'argent fin ou faux, des bas, toutes sortes de de merceries et quincailleries, des lunettes, des miroirs, des grelots ; on recevait en échange des draps de laine, des perles, des laines, du bois de campêche, de l'indigo, de la cochenille, du cacao, des métaux précieux et de l'argent. La plupart des marchandises envoyées en Espagne et surtout à Cadix étaient destinées aux Indes. Les Hollandais étaient les principaux intermédiaires de ce commerce ; cependant les armateurs de Rouen, de Saint-Malo, de Nantes et de Bordeaux pouvaient leur faire une concurrence sérieuse.

« Le commerce de la France avec le Portugal avait pour objet, à l'exportation, des céréales, des légumes, du sel, des serges, des toiles, des rubans, du fil, des articles de mercerie et de quincaillerie, des cartes, du papier, des cuirs, des habits tout faits ; à l'importation, des laines, du coton, du sucre, du poivre, de la cannelle, des figues, des citrons, des oranges, des fruits confits et des huiles.

« Le commerce avec les pays du Nord, tels que les villes hanséatiques, le Danemark, la Suède, n'était pas très actif ; il était difficile d'y lutter contre la concurrence, et presque toutes les marchandises françaises qui y étaient vendues venaient sur des navires de Hollande ou d'Angleterre. Il paraît même que les bâtiments français n'y allaient que fort rarement avant la création de la Compagnie du Nord. Cependant les vins et eaux-de-vie, le sel, le papier, les fruits, les soieries, les merceries et les quincailleries s'y plaçaient d'une manière avantageuse ; et l'on en rapportait des matériaux de construction, des peaux et des cuirs, de la laine de Dantzick, de l'acier, de Hongrie, du plomb de Cologne, du cuivre et du goudron.

« Le commerce de Moscovie se faisait principalement par Arkhangel. On y portait vins, eaux-de-vie, vinaigre, sirops, confitures, fruits, tabac, papier blanc et papier gris, toiles, draperie grossière, étoffes de soie et d'or, chapeaux, rubans, castor, mercerie et quincaillerie ; on en tirait des pelleteries, des cuirs, du lin, du chanvre, de l'huile de poisson, du goudron ; mais, si la plupart des marchandises qui se débitaient à la foire d'Arkhangel étaient françaises, il faut ajouter que la plupart des navires qui les apportaient étaient hollandais ou anglais.

« Le commerce de la France avec ses colonies d'Amérique
consistait en viandes salées, farines, vins, eaux-de-vie, étoffes,
toiles, meubles et tous autres articles de consommation domestique qu'elle leur fournissait, et en denrées du pays qu'elle
rapportait, telles que sucre, tabac, gingembre, indigo, casse,
coton, écaille, cuirs, etc.

« Au Sénégal et sur les côtes de Guinée, on portait des
verroteries, du corail, des pots d'étain, de menues merceries, des toiles de coton de toute couleur, des taffetas
rayés, des miroirs, de la coutellerie, des grelots, du papier,
quelques chapeaux, de la poudre ; on achetait de l'or en poudre, de l'ambre gris, de l'ivoire, de la cire, des cuirs et de
la gomme ; les esclaves étaient de beaucoup le plus important
des articles d'exportation.....

« Le commerce du Levant se faisait principalement à
Smyrne, à Alep, à Constantinople et à Alexandrie. La France,
dans ces villes, luttait sans infériorité avec l'Italie, la Hollande et l'Angleterre. A Smyrne et à Alep, elle portait des
piastres, des draps dits londrines, nin-londrines et londres,
des bonnets, du papier, du verdet, de l'indigo et des étoffes
de soie. Elle en rapportait des soies, des laines, du coton en
laine et du coton filé, de la gomme, de l'agaric, du maroquin,
des noix de galle, de la cire, de l'opium, des cuirs, des tapis,
du savon. A Constantinople, les draps, les cadis, les satins
de Florence, fabriqués à Lyon, les velours de Gênes, les
quincailleries, les bonnets et les sucres se plaçaient facilement. Les retours, consistant en laines, en peaux et en cire,
étaient loin d'égaler les envois et la différence se soldait par
des lettres de change tirées des échelles du Levant sur Constantinople. A Alexandrie, le commerce, qu'alimentaient
surtout les produits de l'Arabie et de l'Inde, avait beaucoup

diminué depuis qu'on s'était habitué à suivre la route du cap de Bonne-Espérance. Marseille était le port d'où partaient presque tous les navires français qui se rendaient dans le Levant : pour la ville de Smyrne, il sortait chaque année dix vaisseaux et quatre grandes barques.

« Sur la côte de Barbarie, au Bastion de France, à la Calle, au cap de Rose, à Bône, on vendait de l'argent, des draps, des soies, de la mercerie, de la quincaillerie, et on achetait du corail, des blés, des orges, des fèves, du millet, de la cire, des cuirs et des chevaux barbes[1]. »

Ce développement de l'industrie et du commerce avait une haute portée sociale. Le reproche, injuste d'ailleurs, fait à Colbert d'avoir négligé l'agriculture, reflète la situation nouvelle faite à cette branche de la richesse nationale. A mesure que s'accroît la richesse mobilière, la terre perd de son importance. Le système de gouvernement de Louis XIV l'atteint de tous les côtés. En quittant ses terres pour venir résider à Versailles, la noblesse se désintéresse de plus en plus du progrès rural. La substitution de grands ateliers aux ateliers familiaux, des industries de luxe concentrées dans les villes aux industries particulières de chaque province pratiquées dans les campagnes, faisait croître la population urbaine au détriment de la population rurale ; celle-ci se trouva frustrée d'une partie du travail industriel auquel elle se livrait pendant l'hiver et dont le gain s'ajoutait au maigre profit de la culture. Les débouchés agricoles s'élargissaient moins vite que les débouchés industriels. Les préjugés que Colbert avait à vaincre pour permettre la libre circulation des grains s'étendaient à toutes les denrées. Les provinces qui

---

1. Levasseur, *Histoire des classes ouvrières en France*, II, p. 238 et sq.

récoltaient du vin redoutaient et proscrivaient la concurrence des vins de la province voisine. Les fausses manœuvres en faveur de l'industrie tournaient au détriment de l'agriculture. C'étaient nos vins et nos eaux-de-vie qui subissaient le contre-coup de la surélévation des droits protecteurs en 1667, et les Hollandais allaient chercher en Portugal et en Espagne les vins qu'ils achetaient en France.

Bien que plusieurs cultures nouvelles, celle de la luzerne, par exemple, eussent été introduites en France à la suite des guerres d'Italie, la production du bétail était insuffisante ; Colbert fit venir pour y remédier des béliers, des brebis et des chevaux d'Allemagne (création des haras 1665), des vaches et des taureaux de la Suisse ; l'exportation du bétail était donc défendue. Le développement de l'industrie augmenta les débouchés de l'agriculture.

Au reste, celle-ci souffrait plus encore que l'industrie des entraves au commerce. Les famines et les disettes étaient fréquentes ; on compte encore 11 famines et 33 disettes au XVIIᵉ siècle, et, dans l'intervalle de ces calamités, les campagnes souffraient parfois de l'abondance des récoltes. En 1668, la Provence fait entendre ses doléances parce qu'elle ne peut pas écouler son blé ; en 1673, le Languedoc se plaint de ne pouvoir faire traverser le Rhône à ses blés dont il a pléthore pour les vendre à la Provence qui en manque. La réglementation s'attaquait à l'agriculture comme à l'industrie. La culture de la vigne était restreinte par des édits pour laisser plus de place à celle des grains. La vieille idée du moyen âge que chaque province doit se suffire à elle-même, les préjugés contre l'accaparement qui empêchaient de constituer dans les années d'abondance des réserves pour les années de disette, l'interdiction fréquente de la circulation d'une province à l'autre, l'incertitude de la liberté du commerce avec l'étranger restreignaient donc la production, et le commerce intérieur souffrait, dans un pays aussi essentiellement agricole que la France, de ces vices de la législation et de l'ignorance populaire.

Le petit commerce ou commerce de détail se débattait toujours au milieu des mêmes entraves. A mesure que le commerce en gros prenait plus d'extension et d'importance, la ligne de séparation s'allongeait, la distance grandissait entre les gros commerçants et les petits marchands. Dans les déclarations même où le roi permettait à la noblesse de se livrer sans déroger au commerce, le commerce de détail était distingué du grand commerce. Celui-ci formait maintenant entre la haute bourgeoisie de robe et de finance, qui elle aussi se détachera de plus en plus du monde des industriels et des commerçants, et la petite bourgeoisie des boutiquiers, une classe intermédiaire, la moyenne bourgeoisie. Le boutiquier se rapproche plus de l'artisan par la simplicité de sa vie et de ses mœurs. Ses modestes échoppes, son humble logement, la frugalité de ses habitudes, son irréprochable probité, ont triomphé des préventions que l'on avait contre lui.

L'organisation apparente du commerce reste toujours la même qu'au moyen âge ; les corporations subsistent, mais elles sont dans la main du roi. Leur réglementation est étroite et mesquine, leur humeur, par suite, tracassière et processive. Elles défendent avec obstination des privilèges souvent plusieurs fois achetés. Les six corps de marchands de Paris ont toujours leur rang dans les processions et dans les cortèges, mais les confréries sont moins nombreuses. Le « Calendrier de toutes les confrairies de Paris » de 1621 en mentionne 180, il n'y en a plus que 121 en 1691.

Les dernières années de Colbert ne ressemblaient déjà plus à celles qui avaient précédé la guerre de Hollande. Sa mort, en laissant libre carrière aux entraînements personnels du roi, à l'influence de Mme de Maintenon et surtout à celle de Louvois, précipita la décadence.

La persécution contre les protestants avait commencé presque avec le gouvernement personnel de Louis XIV. Non seulement il les avait successivement chassés de toutes les fonctions publiques, mais dès 1665 il interdisait aux religionnaires certains métiers, entre autres celui de bouquetière! C'était cependant dans l'industrie et le commerce qu'ils avaient trouvé un refuge et ils avaient été pour Colbert d'actifs auxiliaires. Lorsque, comme conclusion des dragonnades, le roi révoqua l'Édit de Nantes (1685) 250,000 à 300,000 personnes quittèrent, en dépit de toutes les défenses et de tous les dangers, la France pour aller chercher à l'étranger un pays où il leur fût permis d'exercer librement leur culte. Les colonies même leur ayant été strictement fermées, ils se répandirent dans tous les pays protestants qui les appelèrent à l'envi : Londres, Amsterdam, Genève, Berlin, se peuplèrent de ces fugitifs qui leur portèrent leur industrie, leurs richesses et leurs bras. Tours vit sa population descendre de 80,000 à 20,000 habitants ; Lyon, Nîmes, la Normandie se dépeuplèrent ; la Sologne, transformée par leur infatigable labeur, manqua de bras et redevint un foyer de fièvres. Les nombreux offices créés par Louis XIV et qu'il se trouvait toujours un sot pour acheter, les impôts croissants, le ralentissement du commerce par les guerres, achevèrent d'écraser le pays. Le traité d'Utrecht consomma notre ruine. Les Hollandais obtenaient le tarif de 1664, l'Angleterre, le traitement de la nation la plus favorisée dans nos ports,

l'Acadie et Terre-Neuve en Amérique, le comblement du port
de Dunkerque et les positions si fortes contre nous de Gibraltar et de Minorque. La lutte pour la prépondérance maritime se terminait en sa faveur. La Hollande s'était épuisée
par son effort gigantesque pour écraser la France. Son grand
rôle était fini. Il lui resta ses riches colonies et les profits
accumulés de son commerce. Enchaînée à la politique anglaise, elle cessera dès 1725 d'être comptée parmi les grandes
puissances, mais conservera toujours une situation importante en Europe comme marché des épices et des capitaux.

CHAPITRE XX

**Les colonies européennes au dix-huitième siècle.
Le pacte colonial.**

Un des grands intérêts que présente l'histoire si vivante
et si variée du xviiie siècle est dans le conflit entre les théories nouvelles qu'il met au jour et les idées, principes,
systèmes, conventions et préjugés que ces théories vont détruire. Nulle part les vieilles pratiques ne furent plus tenaces
qu'en matière d'exploitation et d'administration coloniales.
Les colonies avaient pris, dès la seconde moitié du xviie siècle,
dans les préoccupations de la politique et de la diplomatie,
une place presque aussi importante que les territoires et les
intérêts européens. Elles apparaissaient de plus en plus en
présence de la tendance si manifestement accentuée des
divers États à se réserver presque exclusivement leur propre
marché, leurs capitaux, leurs transports, comme les seuls
lieux où l'activité économique pût désormais librement et
despotiquement s'étendre. Les traités de la fin du siècle
ont tous des clauses qui les concernent. Elles vont être pendant le xviiie la principale cause des grands conflits européens.

Le commerce colonial constitue alors une branche à part
dans le grand mouvement des échanges. Il est devenu le mobile dirigeant, presque unique, de la conduite des États vis-à-
vis de leurs possessions d'outre-mer. Ce plan de conduite, cet
ensemble de règles communes à toutes les nations, a un nom
dans l'histoire, et de même que l'ordre politique et social

qu'allait détruire la Révolution est l'ancien régime, il s'appelle le système ou pacte colonial.

Les Espagnols n'avaient pas été les seuls à se croire vis-à-vis des pays et des peuples qu'ils découvraient ou soumettaient une autre mission que celle de les exploiter commercialement. Il est curieux de voir ces préoccupations religieuses, qui les avaient au surplus si mal guidés, affirmées avec non moins de solennité, près de deux siècles après la découverte de l'Amérique, par Louis XIV.

« La plus haute fonction de la puissance royale, dit une dépêche de de Lionne (1665)[1], est sans doute de procurer le bonheur et la félicité des autres hommes et comme cette félicité ne se peut rencontrer hors de la connaissance du vray Dieu et hors de la voye de l'Église qu'il a fondée par son sang, ny les Roys ne peuvent mieux répondre aux grâces qu'ils ont receues du ciel ny les peuples leur être plus redevables que lorsque vivant encore dans les esgarements de la première licence de la nature on prend soin de les ramener à la chaste société des lois divines et humaines... Nous croyons nous appartenir plus particulièrement comme au premier Roy chrestien d'entre tous les Roys de faire voir à tous les peuples le soleil de la foy et porter la lumière divine de l'Évangile aux nations les plus reculées qui s'en trouvent privées. »

Les Hollandais n'avaient apporté avec eux aux îles de la Sonde aucun esprit de prosélytisme religieux; les Anglais, tout en proclamant que leurs colonies d'Amérique étaient des colonies religieuses et non des colonies de commerce, se gar-

---

1. *Provisions de gouverneur et lieutenant-général en l'isle Dauphine et autres isles* pour M. de Mondevergue. (Archives du ministère de la marine.)

dèrent bien de négliger ce dernier. Au surplus étaient-elles non pas une entreprise officielle, mais une œuvre privée.

La nature des colons, le caractère des compagnies différaient également, nous l'avons vu, entre les trois pays. Le gouvernement français ne semble pas avoir admis qu'un homme bien élevé et honnête pût s'expatrier pour aller chercher fortune. Dans une lettre à M. de Baas, gouverneur des îles de l'Amérique, en date du 16 avril 1670, le roi s'exprime ainsi : « A l'égard des désordres que vous dites estre au-dedans et dans l'esprit de tous les habitants, *vous pouvez bien vous persuader que des gens bien establis dans mon royaume ne prendront jamais la résolution de s'aller habiter dans les isles,* en sorte qu'il ne faut pas attendre d'eux la mesme conduite et le mesme règlement de mœurs que dans mon royaume, ni mesme apporter la mesme sévérité à punir leurs dérèglements. » Cette prévention contre nos colons, qui se retrouvera jusqu'à nos jours, explique bien des défaillances de notre politique coloniale, bien des pages douloureuses de notre histoire au xviiie siècle.

La conception que l'on a de la conduite à tenir et de l'utilité des colonies se trouve exposée dans un autre document d'une époque postérieure, il est vrai (25 janvier 1765), mais qui résume bien les traditions de notre office colonial.

« Trois conséquences, y est-il dit, renferment toute la science de ces établissements (colonies).

« La première de ces conséquences est que ce serait se tromper étrangement que de considérer nos colonies comme des provinces de France séparées seulement par la mer du sol national. Elles diffèrent autant des provinces de France que *le moyen diffère de la fin :* elles ne sont absolument que des établissements de commerce.

« Deuxièmement, *plus les colonies diffèrent de la métropole par les productions, plus elles sont parfaites,* puisque ce n'est que par cette différence qu'elles ont de l'aptitude à leur destination et telles sont les colonies des isles Antilles.

« La troisième vérité qui sort de la destination des colonies est qu'elles doivent être tenues dans le plus grand état de richesses possible et *sous la loi de la plus entière prohibition en faveur de la métropole ;* sans l'opulence, elles n'atteindraient pas à leurs fins ; sans la prohibition, ce serait encore pis ; elles manqueraient également leur destination et ce serait au profit des nations voisines [1]. »

Le programme se trouve complété dans une autre dépêche quelques années plus tard : « L'office de ces établissements est d'opérer la consommation des produits de la nature et de l'industrie du royaume... Plus les colonies, répète-t-elle, diffèrent du royaume par leurs productions, plus elles sont parfaites et telles sont nos isles à sucre [2]. »

Et le commerce avec ces colonies doit être fait exclusivement par les vaisseaux de la métropole. « Entre toutes les choses que vous avez ordre de faire, écrit Louis XIV (1667), il n'y en a point à quoi je désire que vous donniez plus d'application qu'à chasser tous les vaisseaux étrangers et em-pescher par toutes voyes qu'ils ne fassent aucun commerce dans les isles sans souffrir aucune exception pour quelque cause et sous quelque prétexte que ce puisse être [3]. »

---

1. *Mémoire pour servir d'instruction au sieur comte d'Ennery, maréchal de camp, gouverneur et lieutenant-général, et de Peynier, intendant de la Martinique.* (Archives de la Marine).

2. *Mémoire du Roy au sieur marquis de Bouillé, gouverneur de la Martinique, et au sieur Tascher, intendant de la même colonie* (7 mars 1777).

3. *Lettre du Roy à M. de Baas, gouverneur et lieutenant-général pour S. M. dans les isles de l'Amérique.* (Archives de la Marine.)

La même pensée directrice s'affirme ainsi nettement à plus d'un siècle de distance sous des règnes et dans des conditions bien différentes. Le système colonial est tout entier dans ces instructions données à nos gouverneurs, et les autres puissances n'en ont pas une autre conception. Consommer les produits de la nature ou de l'industrie de la métropole, la fournir du plus grand nombre et de la plus grande variété possible de productions qui lui manquent, et servir d'aliment à sa marine, tel est leur office. A la prohibition de commercer avec d'autres pays, de cultiver ou fabriquer rien de ce qu'elle cultive ou fabrique, répond de la part de la métropole l'engagement de prendre, consommer ou réexporter tout ce que, dans les limites où il lui est permis de se mouvoir, la colonie produit de son côté, et par ce pacte elle croit s'acquitter amplement de ses devoirs.

Les colonies échappent-elles par la condition de leur fondation, leurs chartes, leurs privilèges à cet assujettissement absolu aux exigences et aux besoins de la métropole, celle-ci se relâche de sa rigueur. A côté des *articles énumérés* sur lesquels pèsent la réglementation et les lois, les articles *non énumérés* peuvent être exportés librement vers d'autres pays... sous la surveillance des représentants de la mère patrie et sous la réserve de se conformer aux édits qui concernent le transport, la navigation, et les conditions du commerce avec les pays étrangers. C'est ainsi que l'Angleterre permettra d'exporter ailleurs que chez elle les céréales, dont les landlords écartent la concurrence, les bois de construction qu'elle trouve sur son sol, les salaisons qu'elle repousse dans l'intérêt de ses pêcheurs, le sucre et le rhum dont elle désire favoriser la production dans ses îles.

Le sucre, telle est la denrée coloniale qui prime alors

toutes les autres. Quelque progrès qu'ait fait déjà l'usage
du tabac (celui de la Virginie a détrôné en Angleterre celui
que fournissait l'Espagne), bien que le thé ait déjà fait son
apparition sur les tables anglaises, que le café devienne d'une
consommation chaque jour plus courante, le sucre est le roi
des produits exotiques et il se récolte précisément dans ces
îles où toutes les puissances européennes ont des établissements, où sa culture importée a pris de suite des développements si rapides.

Les Antilles anglaises, la Barbade et la Jamaïque surtout,
furent les premières à lui devoir leur prospérité. Si la Barbade fut assez vite épuisée, la Jamaïque devait rester pendant
plus d'un siècle un des grands producteurs de sucre. En 1805
elle comptait 859 grandes plantations sucrières et exportait
137,000 boucauts. C'était une des plus florissantes de ces
îles, grâce, il est vrai aussi, à son grand commerce d'esclaves.
Pour donner plus de fret à leur marine, les Anglais avaient
interdit de raffiner le sucre dans leurs colonies. C'était à
peine au reste s'ils permettaient dans leurs autres domaines
la manufacture de ce qui était nécessaire pour les besoins
locaux. Ils les traitaient moins durement que l'Irlande sans
doute, mais les sacrifiaient à leur propre industrie.

Les Antilles françaises avaient aussi rapidement progressé.
En 1663, Colbert évaluait à 2 millions de livres, en sucres,
et 1 million en bois, coton, tabac, indigo et autres marchandises ce que les Hollandais importaient en France de ces
îles. « Pour avoir ces 3 millions, ils portent environ pour
un million de nègres qu'ils prennent en Guinée ; des chairs
salées qu'ils prennent en Moscovie et Irlande, et d'autres
marchandises qu'ils prennent chez eux. Pour avoir ces mes-
mes marchandises d'Irlande et Moscovie, ils y portent

des sucres, tabacs et de nos vins et eaux-de-vie. Outre ces
chairs, ils rapportent de ces pays-là le bois, le chanvre nécessaires à la navigation. Tout ce trafic occupe 200 vaisseaux,
qui sont montés de 30 hommes pour le moins, l'un portant
l'autre ; ce sont 6,000 hommes qui gagnent leur vie dans ce
travail et qui sont propres à servir l'Estat en une nécessité [1]. »

La création de la Compagnie des Indes occidentales avait
nécessairement bouleversé tout ce trafic, modifié toutes les
habitudes, créé des gênes, entravé le commerce par des taxes,
des impôts et des règlements, mais les colons y avaient
été quelque temps, après une période d'agitation, traités,
comme le recommandait Louis XIV à M. de Baas, un peu
autrement que s'ils eussent habité la France, et cette politique
relativement libérale leur avait permis de donner à la culture de la canne une grande extension. En 1682, ces îles
produisaient 27 millions de livres de sucre brut par an, ce
qui, à 13 ou 14 fr. le quintal, représentait un revenu de
plus de 7 millions ; mais la France ne consommait que
20 millions de livres ; sa consommation ayant même diminué
dans les années malheureuses qui suivirent, la réexportation
étant interdite, les prix cessèrent d'être rémunérateurs et la
culture diminua [2]. Les importations françaises furent réduites
dans les mêmes proportions ; toutes nos colonies d'Amérique
ne faisaient avec la France qu'un commerce de 25 millions
700,000 livres dont 16,700,000 à l'importation des colonies
en France, sucre et café (11 millions), indigo, drogueries
(4 millions), pelleteries, tabac, etc., et 9 millions à l'exportation de France, dont 4,100,000 livres de produits fabri-

1. P. Clément, *op. cit.*, p. cclix.
2. Cf. Leroy-Beaulieu, *op. cit.*, 2ᵉ édit., p. 172.

qués, 1,900,000 de denrées alimentaires, 1,564,000 de vins et eaux-de-vie, 1,548,000 de bois de construction, métaux, etc.; la situation n'était pas meilleure dans les colonies qu'en France quand mourut Louis XIV.

Les colonies eurent leur large part de bénéfice dans le mouvement de réveil universel qui suivit cette mort. Le XVIIᵉ siècle s'était prolongé 15 ans au détriment de son successeur. Celui-ci eut hâte de manifester sa vie. Toutes les intelligences se trouvèrent comme dégagées, les volontés affranchies. La nation, dont le souffle était comme étouffé par le lourd et imposant décor qui la dissimulait, apparut enfin avide de jouir et d'agir. L'appareil gouvernemental resta le même en apparence, les maximes officielles n'étaient pas changées, mais l'esprit fut bien différent.

Law avait vu se prononcer en Angleterre le mouvement colonial. Outre ses conquêtes sur la France, elle avait obtenu de l'Espagne le vaisseau de permission, grave atteinte de principe et, par la manière dont en abusèrent les Anglais, de fait, au système colonial. Elle avait dans le cours de la guerre obtenu par le traité de Methuen une sorte de monopole commercial en Portugal, auquel elle allait vendre les produits de son industrie en échange de ses vins, en faveur desquels elle excluait ceux de France. La fièvre de spéculation avait commencé à sévir dans l'île. La contagion passa le détroit avec Law. Les Anglais rêvaient de mines d'or et d'argent dans ce qu'ils appelaient la mer du Sud, c'est-à-dire dans les pays au delà de l'Orénoque, les Français en virent en songe sur les bords du Mississipi. L'écroulement de la Compagnie d'Occident fut terrible, mais au point de vue commercial, et surtout au point de vue de nos colonies, les résultats du système furent importants et heureux.

Law manqua de prudence et de mesure; il fut débordé par ceux qui le suivaient, entraîné par eux où il ne voulait pas aller, mais si son entreprise dévia en une aventure, elle était au début parfaitement combinée. Ainsi, en matière commerciale, on le vit à la fois frapper, dans l'intérêt de nos manufactures, certains produits étrangers de droits protecteurs et, par un règlement de 1717, rendre presque libre le commerce de nos colonies avec la métropole. En 1715, d'Aguesseau se plaignait de ce que les Anglais introduisaient à la Martinique des farines et du bœuf salé. « Comment l'empescher? répondait Pontchartrain. Cela cessera quand les négociants français approvisionneront ces îles et cela permet au reste aux colons d'écouler des produits que ne prendraient pas les négociants français [1]. » Les produits français furent affranchis de tous droits à l'entrée dans les colonies, droits qui étaient un encouragement à la contrebande; les importations des colonies n'eurent plus à acquitter que des droits très réduits, leur sucre brut put être envoyé directement dans toute l'Europe. Ce fut pour les Antilles l'ouverture d'une période de grande prospérité. En réunissant en une seule (1718) toutes les compagnies de commerce existantes, Law les galvanisa. Ni les gouvernants, ni la masse de la nation, sauf un engouement aussi passager qu'irréfléchi, ne le suivirent, mais un certain nombre d'esprits se laissaient séduire ; les idées et les conceptions pratiques se mêlèrent aux goûts d'aventure et aux aspirations chevaleresques. Un courant se dessina vers les entreprises coloniales qui, malheureusement, ne fut pas soutenu, mais n'en eut pas moins sur quelques points des résultats fort appréciables.

---

1. **Archives** de la Marine.

Ce fut sur Saint-Domingue que se porta de préférence la faveur publique. En 1687, la partie française de l'île avait 7,993 habitants dont 4,411 blancs et 3,582 noirs; en 1789, elle en aura 570,000, dont seulement 33,000 blancs, 509,000 noirs esclaves, 26,000 mulâtres recensés et plus de 100,000 autres errants dans toute l'île. Elle comptera à cette date 793 sucreries, 3,117 caféières, 3,150 indigoteries et 733 cotonneries. Elle exportera 165 millions de livres de sucre, 68 millions de café, 930,000 d'indigo, 6 millions de coton, 1,500,000 de campêche, 20,000 de cuirs de bœuf et aura un mouvement commercial de 330 à 350 millions; la Guadeloupe exportait, en 1775, en France pour 7,138,000 fr. de sucre; la Martinique, très prospère de 1715 à 1744, les dépassait toutes deux pour la production du café.

Devenue comme le marché général de toutes les îles françaises du Vent, ajoutant au bénéfice de la vente de ses produits, celui de la vente et du transport des produits de ces îles, elle avait du numéraire en abondance et le commerce s'y faisait dans des conditions particulièrement favorables. « L'étendue de ses affaires attirait annuellement dans ses ports deux cents bâtiments de France, quatorze ou quinze expédiés par la métropole pour la Guinée, trente du Canada, dix ou douze de la Marguerite ou de la Trinité, sans compter les navires anglais et hollandais qui s'y glissaient en fraude. La navigation particulière de l'isle aux colonies septentrionales, au continent espagnol, aux îles du Vent, occupait cent trente bateaux de vingt à soixante-dix tonneaux, montés par six cents matelots européens de toutes les nations et par quinze-cents esclaves formés de longue main à la marine [1]. »

---

1. Raynal, *Histoire philosophique des Deux-Indes*. Genève, 1780, t. VII, p. 98.

Aussi ces îles, dont en 1740 le commerce total atteignait
50 millions, furent-elles pendant quelques années l'objet d'un
véritable engouement. De tous nos ports, mais particulièrement de Nantes et de Bordeaux, partait vers elles une émigration de négociants et de planteurs dont l'activité et les capitaux entretenaient et développaient cette prospérité. Si quelques-uns de ces émigrants revenaient dans la mère patrie,
fortune faite, beaucoup s'établissaient aux colonies et les
relations et les souvenirs de famille contribuaient à maintenir les relations commerciales. C'est le commerce colonial
qui, enrichissant nos ports, leur permettait de se transformer;
à Nantes, le quai de la Fosse, les îles Joliette et Gloriette se
couvraient de ces beaux hôtels dont la présence surprend si
étrangement dans ces îles aujourd'hui désertées ; Bordeaux
construisait ses quais, son théâtre, ses allées de Tourny, ses
quinconces. La guerre de 1744 avait déjà porté un grand
coup à cette prospérité, mais la paix d'Aix-la-Chapelle fut
suivie d'une reprise générale du commerce pendant laquelle
la métropole ne sembla pas s'apercevoir de cette situation
nouvelle. Les événements dont plus tard la plus grande de
nos îles à sucre fut le théâtre eurent par suite de ces rapports
étroits un douloureux retentissement dans nos ports. Nantes
conserva néanmoins de cette période de rester notre grand
marché d'importation pour les sucres coloniaux et toutes les
villes de la Loire, Saumur et Orléans entre autres, d'en tirer
de longues années encore l'aliment pour leurs raffineries
d'une industrie fort active.

Le rhum, dont l'importation en France était défendue
pour protéger nos eaux-de-vie, et la mélasse étaient vendus
aux colonies espagnoles ou aux colonies anglaises du continent
nord-américain. Le café, dont le haut prix de vente dédom-

magea la Martinique de la ruine, par un insecte, de ses plantations de canne à sucre, avait été importé en France vers
1660 par la voie toujours suivie d'Égypte et de Marseille.
Vendu alors 80 fr. la livre, il n'avait pas tardé à tomber à
24 en 1686, remontant à 35 l'année suivante ; il était rapidement entré dans la consommation. Les cafés commençaient
à Paris à remplacer les cabarets. Ce fut un pied de café importé en 1720 au prix de mille difficultés à la Martinique
par le chevalier Des Rieux qui fut le point de départ de la
prospérité de cette île.

Le cacao, dont la culture y avait été introduite dès le
XVIIe siècle, avait cessé depuis 1720, à la suite d'une maladie
des cacaotiers, d'y être l'objet d'un commerce important.

Le thé, introduit en Europe par les Hollandais, n'eut pas
le même succès en France. Il y avait pénétré en 1642, dix
ans plus tôt qu'en Angleterre. Il se payait 30 fr. la livre au
début, descendit à 20 fr. mais pour remonter vers la fin du
siècle à des prix inabordables : 70 fr. le thé de Chine, 150 fr.
à 200 fr. celui du Japon. Il devait rester longtemps une
spécialité de ces pays.

Les épices dérobées à grand'peine à la surveillance jalouse
des Hollandais étaient introduites dans la seconde moitié du
XVIIIe siècle à la Réunion (Bourbon) par l'intendant Poivre.
Elles passaient de là plus tard en Amérique et le giroflier
pénétra en 1777 à la Guyane. Ces cultures devaient avoir pour
résultat fâcheux de faire négliger dans toutes nos colonies
tropicales les cultures vivrières et de trop les mettre pour
leur subsistance à la merci des arrivages d'Europe. Toutes
cependant en profitèrent d'abord. La Guyane elle-même,
bien que pouvant donner lieu par ses forêts, ses terres cultivables et ses prairies à une colonisation agricole, devint

comme les Antilles une colonie de plantations. Jamais populaire au reste, malgré l'habile administration de Malouet,
ruinée dans l'esprit public et à jamais discréditée par la malheureuse tentative de Choiseul au Kourou, la France équi-
noxiale n'exportait en 1788 qu'une valeur de 539,000 livres.

A cette date, le Canada ne nous appartenait plus. Les vices
de son organisation politique et sociale, la préférence apportée
dès le début par la compagnie privilégiée au commerce des
pelleteries sur le développement de la culture avaient détourné
cette colonie de ses véritables voies. Si une partie des colons
appartenait par son origine aux classes agricoles, l'autre,
anciens officiers ou soldats envoyés par le gouvernement en
Amérique et forcés de s'y établir, devait naturellement se
sentir peu portée à se transformer en laboureurs et préférer
à cette vie pénible, servile et peu lucrative, la vie libre dans
les forêts, la chasse avec ses émotions et ses aventures. Portant au loin leurs courses, dans les régions glacées de la
baie d'Hudson comme dans les forêts de la Rivière-Rouge,
dans les parages des grands lacs ou le bassin du Mississipi,
ils avaient donné à la colonie une extension hors de toute
proportion avec sa population. Grâce à eux, la France a eu
la meilleure part dans la révélation à l'Europe des immenses
contrées où fleurissent aujourd'hui les deux grandes confédérations des États-Unis et du Canada dont les lacs et les
fleuves ont porté des noms français, mais ils nous forçaient
à multiplier les postes, à éparpiller les garnisons. Tandis que
les « Bostonnais » s'avançaient à leur tour en bataillons plus
serrés, nos rangs restaient éclaircis. Le Canada, ces quelques arpents de neige, comme dira Voltaire, n'exerçait pas
plus d'attrait sur nos gouvernants que sur nos agriculteurs.
Alors que l'Angleterre avait, par le traité d'Utrecht, entamé

déjà nos possessions d'Amérique, le régent, au lendemain de l'échec du système, repoussait encore le concours des calvinistes français (1721). On allait sans doute, pour défendre l'entrée du Saint-Laurent et compenser la perte de Terre Neuve, élever à grands frais, dans l'île du Cap-Breton, la forteresse de Louisbourg, construire ailleurs de nouveaux forts, mais on n'apportait pas un soin suffisant à ce qui devait constituer la véritable sauvegarde de la colonie : une forte immigration. Le chiffre total des colons envoyés par la France au Canada ne s'élève pas au-dessus de 10,000, ce qui justifie peu l'opposition que l'on se plaît quelquefois à établir entre notre prétendue impuissance actuelle à coloniser et ce qu'ont fait nos pères.

De 1713 au moment de sa perte, il apparut bien souvent au milieu des rêves de paix comme un trouble-fête. Du moins en pratiquant vis-à-vis de lui par indifférence le sage précepte de d'Argenson : pas trop gouverner, permit-on à la colonie, abandonnée à ses seules forces, de faire des progrès rapides. En 1759, sa population s'élevait à 82,000 âmes. Mais ses exportations, en 1753, ne dépassaient pas 1,700,000 livres, ses importations, 5,200,000 livres. Les pelleteries, dont Montréal concentrait le commerce, étaient toujours le grand article d'échange. Le seul avantage de cette colonie à laquelle on s'intéressât véritablement en France, la pêche sur le banc de Terre-Neuve, fut en partie sauvé au traité de Paris, affirmé de nouveau et précisé au traité de Versailles (1783). En 1784, 301 bâtiments de 47,300 tonneaux partaient pour cette pêche. En 1789, elle occupait 10,995 marins et donnait 12,040,340 livres de produits.

La Louisiane a reçu de l'élément français qui la posséda jusqu'en 1763 une empreinte encore sensible. Une série d'en-

treprises malheureuses avaient marqué les débuts de la
colonie. Après la triste fin de La Salle et de ses compagnons,
l'établissement fondé en 1699 sur le Mississipi par d'Ideville
avait échoué ; Crozat avait de 1712 à 1717 dépensé inutilement des sommes énormes ; Law ne put, même en laissant mi-
roiter aux yeux l'espérance de mines d'or, y entraîner des colons volontaires ; ceux qu'on y conduisit moururent en grand
nombre et cependant la Nouvelle-Orléans, qu'ils fondèrent
(1718), est aujourd'hui une des grandes villes et un des ports
les plus commerçants des États-Unis. L'abandon dans lequel
fut ensuite laissé le pays lui fut profitable. Quelques postes
s'élevèrent. La culture du tabac et de l'indigo y fut développée.
La suppression de tous les droits de douane pour dix ans,
prononcée en 1731, la favorisa. Le commerce ne fut jamais
bien prospère, les colons étant trop dispersés et sur un trop
vaste espace. Il n'y eut jamais plus de 7,000 blancs, sans
compter les troupes, et 8,000 noirs. L'indigo, les cuirs, les
pelleteries, le suif, les viandes, le riz, le goudron et les bois
qu'elle envoyait en France valaient à peu près 2,000,000
de livres et ce qu'elle recevait en échange de marchandises
d'Europe ou des Indes orientales dépassait cette somme.
Ce commerce se faisait par les bâtiments qui se rendaient
à Saint-Domingue ou en revenaient. Nul doute que sans
l'abandon qui fut fait à l'Espagne en 1763 et auquel nos
colons refusèrent longtemps de croire, ceux-ci, renforcés par
l'émigration des Canadiens qui refusaient de vivre sous la
domination de l'Angleterre, n'eussent donné à la mise en
valeur et au peuplement du pays une vive impulsion.

L'initiative privée avait été un instant plus heureuse, mais
pour aboutir à une aussi triste issue, sur un autre théâtre.

La Compagnie des Indes orientales a traversé bien des

crises. Au moment où Law l'absorba dans sa grande Compagnie des Indes, elle était presque à bout de ressources. Tout avait contribué à son échec : les fortes dépenses de l'infructueuse tentative sur Madagascar, la difficulté de lutter contre les Hollandais, les fausses manœuvres des actionnaires, les variations incessantes des conditions du commerce tantôt ouvert, tantôt fermé aux négociants libres, l'abandon au roi, à des particuliers, à des compagnies d'une partie de ses privilèges, les dépenses exagérées de défense ou d'administration, les guerres, les succès même de nos corsaires qui revendaient à vil prix les prises faites sur les vaisseaux anglais ou hollandais.

Law la ressuscita. Lorient, fondé en 1670, fit en une année jusqu'à 18 millions d'affaires ; 48 vaisseaux richement chargés en partirent en un seul hiver, dont 18 pour les mers des Indes ; des colons français allèrent peupler l'île Maurice ; le café fut introduit dans l'île Bourbon ; c'est le moment où Dupleix partait pour l'Inde, « emportant sur son front quelque chose du génie aventureux de Law ». (Henri Martin.) De 1664 à 1684, la Compagnie n'avait pu faire aux Indes que 9,000,000 de livres de vente. Entraînée dans la chute du Système, mais relevée par Orry, encouragée par Fleury, bien servie par Dumas, son gouverneur général à Pondichéry, et par Dupleix à Chandernagor, elle fit pendant une période de 30 ans plus de 12,000,000 de vente par an en moyenne, lui rapportant moitié de bénéfice. Les relations devenaient plus intimes avec les indigènes ; l'influence française pénétrait au loin ; des comptoirs se fondaient partout ; des fabriques se montaient avec la main-d'œuvre indigène ; aux relations avec la métropole se joignait le commerce d'Inde en Inde; Pondichéry envoyait en une seule année pour 24 millions de

produits en France ; Chandernagor voyait à la fois quarante
vaisseaux dans son port. Dans le bassin occidental de la mer
des Indes, l'île de France, transformée par La Bourdonnais,
était le centre d'une activité merveilleuse. L'indolence du
vieux cardinal de Fleury, permettant là comme aux Indes
occidentales à l'initiative individuelle de s'exercer librement, avait enfanté ce miracle. La Bourdonnais l'avait ex-
primé sous une forme bien frappante dans une réponse aux
directeurs de la Compagnie. « Comment se fait-il, lui deman-
daient-ils, que vos affaires prospèrent, quand les nôtres vont si
mal? — C'est que, répondit-il, lorsqu'il s'agit de mes intérêts,
je n'ai qu'à suivre mes propres inspirations, tandis que pour
les affaires de la Compagnie, je suis forcé de me conformer
aux vôtres. » L'œuvre de La Bourdonnais dans nos îles de
l'Océan Indien, Bourbon et l'île de France, dépérit après lui.
La Compagnie ne sut pas ou ne voulut par conserver à l'île
de France ce rôle d'entrepôt pour lequel elle était si bien
faite ; Bourbon, à cause de son manque de port, fut traitée
comme une colonie inutile. Madagascar avait toujours la préférence. Même après qu'en 1770 Poivre eut ajouté au café, au
blé, au maïs que produisaient ces îles, les épices, muscadier
et giroflier, apportées des Moluques, l'île de France ne semblait avoir qu'une importance stratégique. En 1780, on comptait qu'elle coûtait 8,000,000 par an à la métropole. Elle lui
coûtait encore 4,583,000 fr. en 1789.

Quant aux Indes, où nos possessions furent, après le triste
abandon de Dupleix, la désastreuse guerre de Sept ans et le
traité de Paris, réduites à cinq comptoirs et à quelques factoreries, notre commerce ne s'y élevait plus à la fin du XVIII⁰ siècle qu'à 400,000 livres et la Compagnie des Indes avait dû
abdiquer son privilège.

L'épisode de Dupleix éclaire d'un jour particulier l'histoire des compagnies du commerce. L'intuition de son génie avait pressenti les destinées de l'Inde ; une étude attentive du climat, des mœurs et du caractère des populations, de sa situation politique, de son histoire, lui avait tracé la conduite à suivre pour en assurer la domination à la France. Un long séjour dans le pays, sa bienveillance pour les indigènes, le respect de leurs habitudes et de leurs croyances, ses relations avec eux et le prestige qu'exerçait sur eux sa femme, « la princesse Jeanne », créole familière avec leurs langues, lui avait donné sur tous ces Orientaux une influence franchement acceptée.

Le succès de son gouvernement à Chandernagor, l'animation donnée à son port, l'étendue de ses relations commerciales avaient prouvé la justesse de ses vues. Son action à Pondichéry avait été par surcroît admirablement préparée par un administrateur habile qu'une même conviction avait conduit à une même politique. Un instant ralentie par la guerre et sa déplorable querelle avec La Bourdonnais, elle avait repris avec vigueur ; grâce à ce Français devenu prince hindou et à ses indigènes disciplinés à l'européenne, 30,000,000 d'Hindous et un tiers de l'Inde reconnaissaient notre suzeraineté. Dupleix avait agi bien véritablement non pas en marchand, mais en roi. Toute sa fortune, celle de ses amis avaient été libéralement consacrées à cette œuvre ; il avait compris, lui aussi, comme Bacon, qu'une colonie est un arbre que l'on plante et dont les générations suivantes récoltent les fruits. Mais si le gouvernement français le voyait avec effroi inquiéter l'Angleterre et risquer de susciter des démêlés avec elle, la Compagnie et les actionnaires réclamaient non des territoires, mais des dividendes. Les Antilles rapportaient alors moins de gloire, mais plus d'argent. Dupleix vit opposer à ses demandes de secours le fameux dilemme par lequel les marchands de Carthage avaient répondu à Annibal victorieux. Abandonné de tous, le conquérant de l'Inde revint mourir en France dans la misère pendant que son successeur abandonnait toutes ses conquêtes, et que les Anglais, reprenant ses idées et ses plans, se rendaient maîtres de l'Inde avec laquelle l'Angleterre fait aujourd'hui un commerce de plus de 2,500,000,000 de francs.

La Compagnie avait cessé d'exister en 1770 et tout son avoir, évalué à 30 millions de livres dans lesquelles le port de Lorient figurait pour la moitié, avait été cédé au roi moyennant une rente de 1,200,000 livres à répartir entre ses actionnaires. Le chiffre le plus élevé qu'aient atteint ses opérations avec l'Inde avait été de 6,618,000 livres à l'exportation en marchandises de France pour les Indes en 1752 et de 15,296,000 livres à l'importation en France (valeur d'achat aux Indes) en 1754. Le prix de vente de ces dernières ayant été de 28,000,000 de livres, le bénéfice avait été de 12,785,000 livres, sur lesquelles 4,039,000 livres avaient été distribuées en dividende.

Une autre s'était reformée en 1785 qui n'eut qu'une courte existence, toutes les compagnies privilégiées ayant été supprimées par la Révolution. Le chiffre même des importations qu'elle opéra et qui de 14 millions de livres, la première année, s'éleva à 35 millions en 1791, dont plus de la moitié en produits manufacturés (chiffre comprenant le commerce avec la Chine et les îles de France et Bourbon), montre toutefois combien, malgré notre anéantissement territorial, ce commerce lointain était susceptible de s'étendre.

Le commerce avec la Chine faisait, il est vrai, partie du

privilège de la nouvelle compagnie. Or, en 1766, au lendemain de la guerre de Sept ans, il s'élevait à 26,754,494 livres,
partagées entre l'Angleterre, la Hollande, la France dont la
part était de 4,400,000 livres, le Danemark et la Suède. Le
thé, dont Canton était le principal marché, en formait les
quatre cinquièmes. La France avait vainement essayé de
s'ouvrir le Siam, le Tonkin et la Cochinchine ; elle y avait
trouvé la Chine en possession du marché, et n'avait pas persisté. Comme l'Hindoustan lui-même, tous ces pays d'Orient
étaient des pays d'industrie, des pays de traite plutôt que
d'échanges, où il fallait solder la plupart des achats en argent
et non en marchandises, ce à quoi, selon les préjugés du
temps, l'on ne se résignait qu'avec peine.

Sur les côtes d'Afrique, la traite des noirs prospérait. Elle
occupait, en 1789, 105 navires jaugeant 35,227 tonneaux et
exportait 30,000 nègres d'une valeur de 15 millions de francs.
Il s'y ajoutait des achats de gomme, cire, or et ivoire pour
1,700,000 livres.

En somme, en 1789, grâce, il est vrai, à l'abandon du système de monopole et à l'ouverture de nos colonies aux navires
et au commerce étrangers, le commerce avec nos colonies
s'effectuait par 1,392 bâtiments américains, 313 français,
189 anglais, 245 espagnols et 34 autres bâtiments à l'importation et à l'exportation par 1,127 américains, 534 français,
155 anglais, 249 espagnols et 32 autres, représentant comme
tonnage 133,109 tonneaux à l'importation et 117,799 à l'exportation[1]. Le commerce total de nos colonies était évalué
à 600,000,000 contre 450,000,000 seulement que donnaient
les colonies anglaises[2]. En 1776, Raynal estimait celui des

1. Paul Boiteau, *État de la France en 1789*.
2. Cf. Leroy-Beaulieu, *De la Colonisation européenne*.

seules Antilles à 251 millions, sur lesquels 126 millions faisaient la part de la France ; Chaptal évaluait les exportations
de ces colonies en France, en 1788, à 218 millions, sucre
(85 millions), café (87 millions), coton (21 millions), indigo
(10 millions et demi), bois de teinture, rocou, cuirs, etc.
(8 millions), cacao (975,000 fr.), dont la France réexportait
pour 157,734,000 fr. dont 78,449,000 fr. de café. Nos importations s'y élevaient à 76,780,000 livres ; l'étranger y
importait pour 23,000,000 et exportait pour 13,744,000 fr.

Quelque inférieurs que soient ces chiffres à ceux qui ont
été donnés depuis, sur de nouveaux documents, ils attestent
une singulière activité et ne font que mieux ressortir l'étrange
contradiction par laquelle un peuple qui tirait de ses colonies
un si grand profit, manifestait d'ailleurs une si grande indifférence pour elles et les sacrifiait avec une si déplorable
indifférence.

Si les colonies hollandaises ne fournirent plus au xviii°
siècle aux actionnaires de la Compagnie des Indes des dividendes aussi élevés qu'au siècle précédent, si la Compagnie
eut même à se débattre fréquemment contre des embarras
financiers, les Indes néerlandaises continuèrent cependant
à fournir au commerce hollandais un précieux aliment. De
1720 à 1729, les relations avec elles occupèrent, année
moyenne, de 37 à 38 bâtiments à l'aller et 30 au retour; le
produit général des ventes s'élevait à 41 millions et demi de
livres, sur lesquelles 17 millions et demi provenant de la
vente des épices, et le dividende atteignait encore 23 et demi
p. 100. En 1776, la situation avait peu varié, mais par suite
de l'augmentation des frais, bien que la Compagnie eût réduit
à une trentaine le nombre des bâtiments expédiés, le dividende s'était abaissé à 12 p. 100. La Compagnie avait main-

tenu la plupart de ses règlements, jusqu'à celui qui obligeait
les navires à ne regagner la Hollande qu'en contournant les
Orcades. Son privilège venait d'être renouvelé pour 20 ans
(1774). Elle avait rendu de si grands services à l'État, en
entretenant ses matelots, faisant d'Amsterdam le plus grand
marché du monde, édifiant des fortunes particulières, prêtant
à l'État, alimentant le Trésor public soit par les sommes
avec lesquelles elle achetait le renouvellement de son privilège, soit par les taxes qu'elle acquittait, qu'elle était devenue, malgré le grand nombre de ses ennemis, une des forces
et un des soutiens de la République.

Le Portugal n'était plus au XVIIIe siècle que l'ombre de
lui-même. Le traité de Methuen lui avait imposé la plus dure
des servitudes économiques ; il n'avait jamais soumis ses
colonies à une aussi stricte dépendance. Aux Indes, réduite
à Macao, Timor, Goa, Diu et Damaun, sa puissance était
morte. En 1752, le monopole y avait été aboli sauf pour quelques articles, sucre, tabac, poivre, salpêtre, perles et bois de
sandal que s'était réservé le gouvernement. On estime cependant que vers la fin de ce siècle la valeur des produits qui
en étaient rapportés n'atteignait pas 4 millions de livres.

Au Brésil, la situation était meilleure. Rio-Janeiro s'était
rapidement relevé des pertes que lui avait fait subir le terrible bombardement de 1710. Non seulement le Portugal
tenait la France en échec aux Guyanes, disputait au midi
du Brésil des territoires à l'Espagne, mais il tirait du commerce de ce pays de sérieux avantages. Le produit de l'or
dont les mines n'avaient été exploitées que depuis le commencement du siècle, monté vers 1730 jusqu'à 45 millions
de francs par an, était descendu vers 1776 à 25 millions ; la
vente des diamants rapportait 3 millions et demi à la cou-

ronne ; les expéditions au Portugal en sucre, tabac, coton, bois de teinture, cuirs, café, riz, indigo, etc., montaient au chiffre de 33 millions de francs ; en sorte que le commerce du Portugal avec ses colonies égalait en importance (60 millions) celui du Portugal avec l'Europe. Les relations du Brésil avec la côte d'Afrique, où l'on achetait annuellement pour plus de 5 millions d'esclaves, et les îles (Açores, Madère) étaient encore une ressource pour la marine portugaise.

Pombal avait relevé l'industrie portugaise, malgré tous les obstacles suscités par l'Angleterre, et l'avait mise en état de payer avec ses produits la moitié des achats faits au Brésil. L'Espagne avait fait des efforts plus énergiques encore et plus heureux. Le traité d'Utrecht lui avait laissé la totalité de ses possessions d'outre-mer, mais sa souveraineté y était entamée par le vaisseau de permission, comme en Europe par la présence des Anglais à Gibraltar. En 1739, ses protestations contre les abus commis par les Anglais lui avaient valu une guerre terminée à son avantage et depuis lors une série de mesures libérales avait relevé son commerce. Cadix, mieux situé et plus commodément abordable, avait remplacé, en 1724, Séville comme point de départ des galions et de la flotte. En 1748, ces convois dont la fixité des départs mettait toujours les corsaires en éveil furent supprimés. Des *vaisseaux de registre* partirent à époque indéterminée pour les colonies où leur arrivée irrégulière déjoua les spéculations de la contrebande. Ce fut un coup sensible porté à la Martinique, à Curaçao et aux îles anglaises. En 1764, pour relier plus étroitement les colonies à la métropole, Charles III instituait un service de paquebots partant régulièrement le premier de chaque mois de la Corogne. En 1765, le commerce des colonies était ouvert à tous les Espagnols ; en 1774, les colonies étaient autorisées, ce qui leur avait été, chose à peine croyable, défendu jusqu'alors, à communiquer entre elles. Le Gouvernement avait, pour parer aux craintes qui avaient dicté cette interdiction, renforcé son action en portant à quatre le nombre des vice-royautés et à huit celui des capitaineries générales. De 1748 à 1753 ses envois en Amérique s'élevèrent à 76 millions, ses retours à 145 millions, dont 109 en métaux précieux, le reste en marchandises. La Nouvelle-Espagne (Mexique), Lima, Carthagène et Buenos-Ayres étaient les principaux points du continent où abordaient les navires.

Les Antilles espagnoles comptaient peu et étaient, malgré leurs ressources si bien utilisées depuis, d'un minime profit. Ce n'était qu'après la guerre de Sept ans que l'Espagne s'était sérieusement occupée de Cuba. En 1774, sa population n'était que de 171,000 habitants, blancs et hommes de couleur. De 1774 à 1792 elle monta à 272,000. L'introduction d'un grand nombre d'esclaves permit de développer les cultures du tabac, du sucre, du café. Jusqu'en 1763, Cuba n'avait guère exporté que des cuirs et de la cire. L'élève du bétail fit alors place aux cultures coloniales. Le tabac prit d'abord la prééminence ; des règlements avaient gêné et arrêté le développement de sa culture, leur suppression eut de suite ses effets. De 860 tonnes en 1750, la production avait passé à 2,900 en 1790. L'immigration des colons français de Saint-Domingue devait donner à toutes ces cultures une impulsion plus grande. La partie espagnole de Saint-Domingue et Porto-Rico participèrent aussi, mais plus faiblement, à ce mouvement général de transformation qu'on signale vers cette fin du xviie siècle sur tous les territoires espagnols.

Mais déjà l'exemple des États-Unis avait porté ses fruits et les idées d'affranchissement travaillaient toutes ces sociétés hispano-américaines qui avaient grandi dans l'ombre et allaient bientôt conquérir leur indépendance.

Le commerce de l'Angleterre avec ses colonies du continent de l'Amérique du Nord avait progressé pendant tout le cours du xviiiᵉ siècle, mais l'accroissement de son domaine colonial y avait contribué dans une bonne mesure. En 1698, après la paix de Ryswick il était de 16,100,000 livres ; en 1715, de 17,300,000 livres ; en 1741, de 42,300,000 livres ; en 1751, il dépassait 50,100,000 livres ; en 1771, il atteignait 136 millions. De 1697 à 1745 inclusivement, les importations d'Amérique en Angleterre avaient dépassé 34 fois les exportations d'Angleterre ; à partir de 1746, les exportations d'Angleterre en Amérique l'emportent au contraire constamment. En 1771, année où, avant l'émancipation, le commerce de la métropole avec ses colonies parvint à son point culminant, cet excédent est de 70,330,000 livres ; les exportations d'Amérique ont peu gagné, celles d'Angleterre ont suivi au contraire une marche plus rapide. 1771 fut une année exceptionnelle, mais en moyenne l'Angleterre vendait pour 50 à 55 millions et achetait pour une somme variant de 28 à 32 millions. La plus grande partie des importations d'Amérique, plus des trois quarts, provenait de la Virginie, du Maryland et de la Caroline. De 1697 à 1773, les échanges entre les vieilles colonies et la métropole s'élevèrent à un chiffre total de 2,670,000,000 dont 1,577,000,000 d'Angleterre en Amérique et 1,093,000,000 d'Amérique en Europe, ce qui laissait, dans un temps où l'on attachait un si grand prix à la balance du commerce, un excédent de près de 500 millions de vente au bénéfice de l'Angleterre.

L'affranchissement des États-Unis, loin de porter un coup sensible au commerce britannique, fut au contraire, par l'ouverture plus large de ce marché, le point de départ pour lui d'une activité croissante. Le développement rapide du nouvel État accrut le nombre des clients. La liberté acquise de fabriquer à leur gré, en augmentant les articles et les moyens d'échange des habitants de la nouvelle République, augmenta leur puissance et leurs moyens d'achat; ce fut pour l'industrie anglaise, alors en pleine période de développement, une précieuse ressource pendant la longue guerre de vingt-cinq ans qui suivit la Révolution française.

La Compagnie des Indes, délivrée par sa fusion en 1709 avec une compagnie rivale d'une concurrence redoutable, délaissée un instant pour la fameuse Compagnie des mers du Sud où les excès de la spéculation, l'exploitation de la naïveté populaire et les audaces de la réclame laissèrent très loin derrière eux les scandales du « système » de Law, avait d'abord marché lentement. Les fondateurs de la puissance anglaise aux Indes, Clive et Hastings, sont restés célèbres par leurs exactions. Vers le milieu du xviiie siècle, l'exportation totale des Indes ne dépassait pas 30 millions de francs. Elles avaient successivement excité la convoitise de toutes les puissances. Danois, Suédois, Autrichiens (compagnie d'Ostende) avaient paru là sur la trace des Portugais, des Hollandais, des Français et des Anglais. Ces exportations cependant, il fallait les payer pour une très grande partie en numéraire. Les débouchés pour les produits européens étaient peu importants. Mais l'Inde avait son prestige. La navigation qui poursuivait jusque dans la mer de Chine la recherche du thé, trouvait en outre dans ce commerce un champ précieux d'activité.

Toutes ces tentatives ne devaient laisser que peu de traces.
Clive avait jeté les bases de la puissance anglaise ; Warren
Hastings, premier gouverneur général des Indes (1773),
l'établit plus solidement encore : son procès mit au jour la
malséance de quelques-uns de ses procédés, mais le Parlement
finit par l'absoudre, comme l'avait fait la Compagnie, qui
avait toujours joint aux observations qu'elle lui adressait,
des demandes d'argent. Un récent biographe et apologiste de
Hastings a amnistié ses procédés et ceux dont se sont trop souvent servis ses émules dans des termes bien caractéristiques :
« Les intérêts britanniques dans l'Inde, dit-il, n'ont jamais
été servis par un homme plus pénétré de ce principe d'impé-
rialisme que la race anglaise a dans le sang par droit de naissance. Les pirates qui s'élancèrent jadis des fonds du Nord
à la conquête de la Grande-Bretagne ont laissé ce principe
en héritage à leurs descendants, qui à leur tour ont conquis
la plus grande partie du monde. La règle de nos ancêtres
était de prendre et de garder. Ils n'admettaient pas qu'une
autre nation se glissât dans leur sillage, et quand ils avaient
maille à partir avec elle, ses acquisitions devenaient leur
proie[1]. » Il y avait beaucoup sans doute de ce sentiment dans
l'absolution de Hastings. Combien étaient-ils, et combien
devait-il y en avoir unissant comme lui dans leur pensée la
grandeur de l'Angleterre et leur enrichissement personnel ?
Mais il y avait surtout, il faut bien le dire, de la reconnaissance pour le grand proconsul auquel l'Angleterre devait,
même au prix de moyens blâmables, une si belle compensation aux sacrifices que lui avait imposés le traité de 1783.

---

1. Colonel Malleson, *Life of Warren Hastings, first governor general of India*. Londres, Chapman et Hall, 1894.

TABLE DES MATIÈRES

DU TOME PREMIER

Pages.

AVANT-PROPOS   V

CHAPITRE PREMIER. — Coup d'œil général sur l'histoire du commerce. — Ses relations avec l'histoire de la civilisation et l'histoire politique. — Ses grandes divisions. — Causes générales qui influent sur le développement ou la restriction du commerce. — Sources de l'histoire commerciale.   1

TEMPS PRIMITIFS

CHAP. II. — Les premières sociétés humaines. — Les premiers échanges   15

TEMPS ANCIENS

CHAP. III. — Les peuples de l'Orient classique. — Égyptiens. — Chaldéens. — Assyriens. — Babyloniens. — Phéniciens. — Mèdes et Perses   21

CHAP. IV. — Les Grecs.   39

CHAP. V. — Les Étrusques. — Les Carthaginois. — Les Romains   54

MOYEN AGE

CHAP. VI. — L'Europe occidentale jusqu'à l'époque des croisades.   77

CHAP. VII. — Les Perses. — Les Byzantins. — Les Arabes.   92

CHAP. VIII. — L'Europe à l'époque des croisades. — Les croisades. — Leurs résultats économiques 106

Pages.

Chap. IX. — Les républiques italiennes du treizième au seizième siècle. — Venise et le commerce maritime. — Florence et le commerce des banques 115

Chap. X. — La France de la fin des croisades à l'époque de la Renaissance. 130

Chap. XI. — Les Pays-Bas 149

Chap. XII. — L'Angleterre et l'Allemagne au moyen âge. — La ligue hanséatique 165

Chap. XIII. — Conditions générales du commerce au moyen âge. — Le commerce et la société féodale. — Naissance du droit commercial. — Le change. — Les monnaies. — Le crédit 182

TEMPS MODERNES

Chap. XIV. — Les Portugais et la découverte d'une nouvelle route vers les Indes. 200

Chap. XV. — La découverte de l'Amérique. — Les Espagnols. 212

Chap. XVI. — La Renaissance et la Réforme. — L'Europe centrale et occidentale au seizième siècle 232

Chap. XVII. — Le dix-septième siècle. — Puissance maritime de la Hollande et de l'Angleterre. — Les grandes compagnies de commerce. — L'acte de navigation. 246

Chap. XVIII. — Premiers développements de la puissance maritime et coloniale de la France. — Henri IV et Richelieu 265

Chap. XIX. — Prépondérance économique de la France sous Louis XIV. — Le colbertisme 281

Chap. XX. — Les colonies européennes au dix-huitième siècle. — Le pacte colonial 299

Nancy, impr. Berger-Levrault et Cie.

BERGER-LEVRAULT ET Cie, LIBRAIRES-ÉDITEURS

5, rue des Beaux-Arts, Paris. — 18, rue des Glacis, Nancy.

BIBLIOTHÈQUE D'ENSEIGNEMENT COMMERCIAL

DIRIGÉE PAR M. GEORGES PAULET

CHEF DU BUREAU DE L'ENSEIGNEMENT COMMERCIAL AU MINISTÈRE DU COMMERCE

La **Bibliothèque d'enseignement commercial** est principalement destinée aux élèves qui se préparent aux Écoles supérieures de commerce ou qui s'y disputent le diplôme supérieur; aux élèves des grandes écoles industrielles et des Facultés de droit, qui ne sauraient se désintéresser des études commerciales; aux jeunes gens et aux jeunes filles qui, dans les écoles professionnelles, dans les cours du soir ou à leurs heures de libre étude, cherchent à se mettre en état de rendre dans le commerce des services appréciés.

Rédigée par les professeurs, les jurisconsultes et les spécialistes les plus autorisés, échappant à tout parti pris de doctrine, sacrifiant les développements purement théoriques au souci d'une instruction réellement utile et pratique, cette Bibliothèque pourra rendre en même temps les plus précieux services aux industriels et aux négociants désireux de parfaire leur éducation technique et de se tenir toujours, comme leurs concurrents étrangers, au courant de la législation commerciale, des procédés et des faits commerciaux : elle constituera ainsi la véritable **Bibliothèque du commerçant**.

I. — Ouvrages en préparation.

La Colonisation et ses rapports avec le commerce, par P. BEAUREGARD, professeur à la Faculté de droit de Paris et à l'École des hautes études commerciales.

Précis d'Économie commerciale, par CHEYSSON, inspecteur général des ponts et chaussées, professeur d'économie politique à l'École nationale des mines et à l'École libre des sciences politiques.

Précis de Droit commercial, par E. COHENDY, professeur à la Faculté de droit et à l'École supérieure de commerce de Lyon.

Les Assurances sur la vie et contre les accidents, par Paul GUIEYSSE, député, président de l'Institut des actuaires français.

Les Transports par chemins de fer, par AUBURTIN, maître des requêtes au Conseil d'État, secrétaire du comité consultatif des chemins de fer, ancien professeur à l'École des hautes études commerciales.

Manuel des Opérations financières à long terme, par Léon MARIE, ancien élève de l'École polytechnique, actuaire au *Phénix*, examinateur à l'École des hautes études commerciales.

Précis de Législation ouvrière, cours professé à l'École des sciences politiques, par Georges PAULET, chef de bureau au Ministère du commerce.

PRINCIPAUX OUVRAGES A PARAITRE

Manuel de Correspondance commerciale.
Précis de Droit industriel.
Manuel du Commerce d'exportation.
Manuel des Opérations de banque.
Manuel des Opérations de Bourse.
Théorie et pratique du Change.
Manuel pratique des Postes, Télégraphes et Téléphones.
Éléments de Législation douanière.

Manuel des Sociétés commerciales.
Manuel des Liquidations judiciaires, faillites et banqueroutes.
Traité de la Vente commerciale.
Manuel des Brevets d'invention.
Manuel des Marques de fabrique.
Traité du Nom commercial et de la concurrence déloyale.